O GRANDE NEGÓCIO É SER PEQUENO

E. F. SCHUMACHER

O GRANDE NEGÓCIO É SER PEQUENO

Estudos sobre uma economia
em que as pessoas são importantes

Tradução
MARCELO BRANDÃO CIPOLLA

Esta obra foi publicada originalmente em inglês com o título
SMALL IS BEAUTIFUL: A STUDY OF ECONOMICS AS IF
PEOPLE MATTERED por Hutchinson, um selo da Cornerstone.
Cornerstone é parte do grupo Penguin Random House.

© 1980, Verena Schumacher
© 2024, Editora WMF Martins Fontes Ltda., São Paulo, para a presente edição.

O autor reconhece seu direito de ser identificado como autor da obra.

Todos os direitos reservados. Este livro não pode ser reproduzido, no todo ou em parte, armazenado em sistemas eletrônicos recuperáveis nem transmitido por nenhuma forma ou meio eletrônico, mecânico ou outros, sem a prévia autorização por escrito do editor.

1ª edição 2024

Tradução
Marcelo Brandão Cipolla
Acompanhamento editorial
Daniel Rodrigues Aurélio
Preparação de textos
Leonardo Ortiz Matos
Revisões
Mariana Cristine de Almeida
Beatriz de Freitas Moreira
Edição de arte
Gisleine Scandiuzzi
Produção gráfica
Geraldo Alves
Paginação
Renato Carbone
Capa
Vitor Carvalho

Dados Internacionais de Catalogação na Publicação (CIP)
(Câmara Brasileira do Livro, SP, Brasil)

Schumacher, E. F. (Ernst Friedrich), 1911-1977
  O grande negócio é ser pequeno : estudos sobre uma economia em que as pessoas são importantes / E. F. Schumacher ; introdução de Jonathon Porritt ; tradução Marcelo Brandão Cipolla. – São Paulo : Editora WMF Martins Fontes, 2024.

  Título original: Small is beautiful : a study of economics as if people mattered.
  ISBN 978-85-469-0481-5

  1. Economia I. Porritt, Jonathon. II. Título.

23-164450   CDD-330

Índice para catálogo sistemático:
1. Economia   330

Cibele Maria Dias – Bibliotecária – CRB-8/9427

Todos os direitos desta edição reservados à
Editora WMF Martins Fontes Ltda.
Rua Prof. Laerte Ramos de Carvalho, 133 01325-030 São Paulo SP Brasil
Tel. (11) 3293.8150 e-mail: info@wmfmartinsfontes.com.br
http://www.wmfmartinsfontes.com.br

SUMÁRIO

PREFÁCIO À EDIÇÃO BRASILEIRA   vii
INTRODUÇÃO   xv

PARTE I O mundo moderno

1. O problema da produção   3
2. Paz e permanência   13
3. O papel da ciência econômica   31
4. Economia budista   45
5. Uma questão de tamanho   55

PARTE II Recursos

6. O maior recurso: a educação   71
7. O uso adequado da terra   95
8. Recursos para a indústria   111
9. Energia nuclear: salvação ou condenação?   127
10. Tecnologia com fisionomia humana   141

PARTE III O Terceiro Mundo

11. Desenvolvimento   157
12. Problemas sociais e econômicos que demandam o desenvolvimento de uma tecnologia intermediária   165
13. Dois milhões de aldeias   185
14. O problema do desemprego na Índia   201

PARTE IV Organização e propriedade

15. Uma máquina de prever o futuro 219
16. Rumo a uma teoria das organizações de grande escala 237
17. O socialismo 251
18. Propriedade 259
19. Novos modelos de propriedade 269

EPÍLOGO 289

PREFÁCIO À EDIÇÃO BRASILEIRA
E. F. SCHUMACHER: UM DESBRAVADOR DE IDEIAS

O relançamento do livro *O grande negócio é ser pequeno: Estudos sobre uma economia em que as pessoas são importantes*, de E. F. Schumacher, propicia o contato com um pensador multifacetado, de rara visão, profundo, influente e, pode-se mesmo dizer, revolucionário. Schumacher foi um verdadeiro desbravador de ideias, ideias seminais que continuam relevantes e atuais num mundo que clama, entre outras coisas, por um desenvolvimento social, econômico e ambiental inclusivo.

A tarefa de um pesquisador, filósofo ou pensador começa com a elaboração de perguntas. De fato, não é possível investigar, evoluir ou desafiar os problemas existentes sem perguntas. No entanto, não basta elaborar qualquer pergunta, uma vez que o avanço na investigação e a superação dos problemas demandam perguntas cruciais. Em 1973, Schumacher, com *O grande negócio é ser pequeno*, nos brindou não só com perguntas cruciais, mas principalmente com perguntas que inverteram o sentido daquelas que eram feitas desde o início do século XX.

Não é coincidência o fato de que essas perguntas decisivas e arrojadas emergiram num contexto em que o mundo experimentava uma grave crise econômica, uma profunda transformação comportamental e cultural, uma forte expansão na integração das comunicações globais e expressivas conquistas tecnológicas.

Schumacher percebia todos esses fenômenos como "sinais dos tempos" da necessidade de uma mudança ampla e acentuada no rumo do pensamento até então predominante. Isso está em plena sintonia com algumas discussões, embrionárias naquele momento específico, sobre, por exemplo, a sofreguidão pelo aumento da produção industrial, a compulsão pelo crescimento a qualquer preço, a avidez pelo consumo cada vez maior de produtos, a depleção dos recursos naturais etc. Nessa perspectiva, a obra não só propicia como também adiciona provocações extremamente atuais, que têm sérias implicações para o cotidiano das empresas, governos e organizações da sociedade civil.

Nascido em Bonn, Alemanha, em 1911, Schumacher foi pela primeira vez para a Inglaterra em 1930, na condição de bolsista, para estudar economia em Oxford. Após ter-se graduado, aceitou o convite para lecionar economia na universidade norte-americana de Columbia. Retornou ao país natal por considerar frustrante o ensino teórico sem a devida experiência prática, vivenciando lá experiências no campo dos negócios, na agricultura e no jornalismo. Com a iminência da eclosão da Segunda Guerra Mundial, em 1937, decidiu mudar-se em definitivo para a Inglaterra. Nesse regresso, voltou à vida acadêmica em Oxford, conheceu e foi discípulo do eminente economista inglês John Maynard Keynes, que ficou muito bem impressionado com o plano de reconstrução econômica elaborado por Schumacher, e escreveu diversos artigos em parceria com respeitados economistas do seu tempo, como o renomado economista polonês Michal Kalecki.

Com o fim da Segunda Guerra, Schumacher assumiu, de 1946 a 1950, o cargo de Conselheiro Econômico da Comissão Britânica de Controle na Alemanha, colaborando dessa forma com o esforço de reconstrução de seu país. A partir de 1950, tornou-se Conselheiro Econômico do *National Coal Board*, função que ocupou por duas décadas e na qual teve a oportunidade de participar do planejamento da economia britânica e de contribuir para a sua recuperação. Além dessas atividades, cabe destacar que Schumacher escrevia regularmente sobre economia para o *The Times* de Londres e foi Conselheiro da Comissão de Planejamento

Econômico da Índia e dos governos da Zâmbia e da Birmânia (hoje Mianmar).

Dono de uma sólida bagagem econômica, Schumacher, na sua trajetória profissional, fez inúmeras viagens, sendo a da Birmânia, realizada no início dos anos 1950, um verdadeiro divisor de águas, na medida em que ali começou a mudança na sua forma de pensar a economia[1]. De fato, diante da concepção budista da vida, ele percebeu que o comportamento econômico no mundo ocidental decorria de critérios subjetivos, que estavam amparados em premissas materialistas. A implicação disso foi a busca por alternativas econômicas viáveis, em que a concepção da abordagem metaeconômica, que visava conjugar, de forma indissociável, análises do homem e da natureza, foi a consequência natural desse processo.

Essa mudança de concepção está presente em *O grande negócio é ser pequeno* e perfeitamente ilustrada no capítulo "A economia budista", no qual fica patente o forte impacto dos ensinamentos budistas na transformação tanto da sua visão de ciência econômica quanto da sua visão de mundo. A bem da verdade, Schumacher ressalta que a escolha do budismo foi fortuita, uma vez que os ensinamentos do cristianismo, islamismo, judaísmo, assim como de qualquer outra das grandes tradições orientais, poderiam ter sido aplicados. O ponto crucial, no entanto, é que esse seu novo olhar estava alicerçado em consistentes princípios filosóficos e religiosos, não sendo uma casualidade o fato de ele ter se tornado católico dois anos antes da publicação do seu *O grande negócio é ser pequeno*[2], encerrando assim uma intensa busca filosófica que tinha se iniciado no começo da década de 1950.

Reflexo da fusão do profundo conhecimento econômico e filosófico de Schumacher, com suas viagens e diversas influências, este livro é uma análise instigante a respeito da economia e de sua real finalidade, na qual a utilização dos recursos disponíveis

---

1. A esse respeito, consultar: Joseph Pearce (2009), *Literary converts: Spiritual inspiration in an age of unbelief*. São Francisco: Ignatius Press, e Barbara Wood (2011), *Alias Papa: A life of Schumacher*. Devon: Green Books.

2. Ver Pearce (2009).

e as repercussões na forma como o homem vive são discutidas com o claro propósito de interrogar se o sistema econômico espelha aquilo que realmente importa para a humanidade. Nesse sentido, a pergunta central, que tem interconexões com várias outras relevantes, é no que tange ao tamanho. Seriam, na verdade, as escalas maiores/grandiosas a evolução natural para a organização da produção, distribuição e consumo? A resposta é antecipada por uma legião notável de pensadores, incluindo o economista Leopold Kohr, que exerceu uma forte influência em Schumacher. Kohr argumentava que organizações sociais que operam em pequenas escalas eram as que resolviam da melhor maneira seus problemas e geravam mais bem-estar para suas populações[3]. Sublinhava ainda que pequenos estados ou organizações sociais eram mais propensos à paz e à prosperidade, uma vez que sustentavam suas bases produtivas, culturais e ambientais.

Schumacher, contudo, foge do caminho convencional. Embora fosse plenamente favorável ao estabelecimento de pequenas estruturas, ou de estruturas descentralizadas, para solucionar os problemas econômicos e sociais da humanidade, a sua resposta é mais sofisticada na medida em que aponta que a escala apropriada depende do problema em perspectiva, posto que "não há uma única resposta", ou melhor, "para cada atividade há uma escala apropriada..." Além da honestidade intelectual de mostrar que todas as opções devem ser consideradas, a sua resposta contrariava o culto da expansão ilimitada e da grandiosidade, necessitando essa idolatria ser evitada, pois, se algo é idolatrado, fica-se aprisionado, seja qual for a dimensão, à construção de perguntas equivocadas. Essa posição é de extrema atualidade nos dias de hoje.

A idolatria do gigantismo, em essência, levou a economia para uma trilha de aparente abundância, uma vez que essa abundância apenas atinge uma minoria, isso tanto do ponto de vista de prosperidade material quanto do da realização de suas vocações. A questão energética atual e a armadilha pela qual diversas sociedades se confrontam no fornecimento energético são problemas

---

3. Kohr, L. (2020), *Breakdown of Nations*. Newark, New Jersey: Green Books (a 1ª edição, publicada pela Routledge & Kegan Paul, é de 1957).

decorrentes das necessidades de abastecimento para escalas crescentes. É interessante notar que Schumacher, como Conselheiro Econômico do *National Coal Board*, tinha plena consciência de que toda a base industrial europeia do pós-guerra estava assentada não em recursos locais, mas sim em recursos impostos por seus financiadores, que ignoravam os potenciais locais em face dos seus interesses para que o petróleo se tornasse o principal insumo energético. Levando-se em conta não só as crises e o controle oligopolista da oferta do petróleo, como também a suposição de que a indústria petrolífera era próspera e estável na Europa Ocidental, as recomendações de Schumacher a respeito do erro de se desconsiderar o uso de recursos energéticos locais são premonitórias no contexto atual em que a economia europeia depende de adversários geopolíticos para se abastecer e, como se não bastasse, a preços crescentes.

Cumpre observar que a crítica tecida por Schumacher ao gigantismo econômico está intrinsecamente relacionada a uma crítica bem mais profunda ao capitalismo e sua idolatria do enriquecimento, em que o trabalho humano, apesar de ser fonte de riqueza, era tido como um mal necessário nas sociedades ocidentais, que buscavam reduzi-lo de todas as formas, sendo a automação um mecanismo frequentemente utilizado. A crítica também era endereçada ao socialismo, que só despertava interesse pelos "seus valores não econômicos" e pela possibilidade que gerava, naquele contexto histórico específico, de superar a "religião da ciência econômica". Como contrapartida, ele defendia as estruturas descentralizadas, as pequenas empresas e, sobretudo, as pequenas escalas como um caminho alternativo para o desenvolvimento, na medida em que havia "beleza e sabedoria na pequenez".

Essa visão de Schumacher, que engloba tanto as suas críticas quanto as proposições alternativas, guarda significativas conexões com o distributismo dos pensadores católicos Hillaire Belloc e G. K. Chesterton, sendo este último o crucial difusor das ideias distributistas. Concebida em fins do século XIX e início do XX e inspirada na doutrina social da Igreja católica, essa filosofia criticava os sistemas capitalista e socialista por serem concentradores de propriedade, um nas mãos de poucos indivíduos e o outro nas do Estado. Chesterton, empregando um de seus famosos paradoxos, sublinhava que "a cura para a centralização está na descentralização"[4], sinalizando que o combate ao gigantismo econômico que ameaçava a sociedade era o bom combate a ser travado. Nesse sentido, o distributismo, com a defesa da pequena propriedade, da pequena empresa e dos pequenos negócios, era o antídoto para o câncer social que irradiava nas sociedades. No Brasil, os eminentes pensadores católicos Alceu Amoroso Lima[5], também conhecido pelo pseudônimo de Tristão de Athayde, e Gustavo Corção[6] eram distributistas e propagadores dessa filosofia.

A lógica perversa relevada pelo gigantismo também é observada na questão da tecnologia moderna. Na visão de Schumacher, a tecnologia só faria sentido se pudesse atender à comunidade envolvida e torná-la mais próspera e realizada em termos de propósito, vocação e missão. No entanto, a tecnologia, em muitos casos, deixou de ser uma manifestação da realização humana, convertendo-se num objeto de idolatria do mais "produtivo" e do poupador de recursos. Além disso, havia, no entender de Schumacher, o seu caráter violento, prejudicial ao ecossistema, autodestruidor pelo seu uso de recursos não renováveis e de estupidificação da pessoa humana. Portanto uma "tecnologia com fisionomia humana" era vital para que as verdadeiras necessidades do homem fossem atendidas.

É dentro desse contexto que o conceito de tecnologia intermediária assume um papel central no pensamento de Schumacher, que percebia claramente que o crescimento da tecnologia ia muito além da escala humana. Isso significa que a tecnologia mo-

---

4. G. K. Chesterton (2016), *Um esboço de sanidade: Pequeno manual do distributismo*. Campinas, São Paulo: Ecclesiae (a 1ª edição, cujo título original é *Outline of Sanity*, publicada pela Dodd Mead & Company, é de 1927).

5. Alceu Amoroso Lima (2000), *Memórias improvisadas: Diálogos com Medeiros Lima*. Rio de Janeiro: Vozes/Educam.

6. Ver Gustavo Corção (2020), *Três alqueires e uma vaca*. Campinas, São Paulo: Vide Editorial.

derna não absorvia as pessoas da forma necessária, o que implica desemprego, problema esse que é agravado nas economias em desenvolvimento. A esse respeito, Schumacher foi preciso ao sublinhar que a tecnologia não estava em sintonia com a maturidade da capacidade produtiva daquelas economias. Essa questão continua relevante nos dias atuais, com o crescente e irrefreável processo de automação destruindo milhões de empregos ao redor do mundo, com impactos mais acentuados previstos para as economias em desenvolvimento. Em decorrência desse processo, há uma mudança em curso no mercado de trabalho contemporâneo, que tem reduzido drasticamente a demanda por mão de obra menos qualificada[7]. Esse cenário é mais complexo nas economias em desenvolvimento, que têm quase dois terços da mão de obra na informalidade.

Há aqui um considerável desafio social: como reinserir no mercado de trabalho esses trabalhadores afetados pela automação? E como inserir milhões de jovens no mercado de trabalho, dar a eles um sentido de estudo e reinvenção permanente e possibilitar o exercício de suas vocações diante do espectro da substituição mecânica de sua função? O problema do sentido do trabalho só tende a crescer nas sociedades modernas. Qual a resposta para essa angústia? Após décadas, a ideia da tecnologia intermediária ainda é uma possível resposta audível, ecoando a cada nova rodada como um instrumento simples e eficaz de resolução de conflitos sociais e atendimento às dimensões não econômicas.

A beleza de se equilibrar o poder criativo e tecnológico da humanidade com suas necessidades mais básicas é um permanente lembrete de que somos, ao fim e ao cabo, dependentes da natureza que nos cerca e, ao mesmo tempo, de que as transformações devem ser medidas não apenas em índices econômicos que orientam e promovem o gigantismo, mas em resultados para a comunidade em termos de bem-estar, saúde, segurança, paz e harmonia.

---

7. A esse respeito, consultar: World Bank (2019), *World Development Report 2019: The Changing Nature of Work*. Washington, DC: The World Bank, e World Economic Forum (2023), *The Future of Jobs Report*. Geneva: WEF.

As ideias desbravadoras contidas em *O grande negócio é ser pequeno* são tão pertinentes, estimulantes e provocativas hoje como quando foram publicadas pela primeira vez há pouco mais de meio século. No entanto, o leitor tem em mãos, acima de tudo, um livro de convicção e, sobretudo, de esperança. Convicção de que as respostas não estão centradas na "cegueira metafísica" de especialistas dogmáticos; e a esperança de que é viável construir e trilhar o caminho correto do desenvolvimento, desde que se tenha em mente as verdadeiras necessidades e aspirações humanas.

Gustavo Inácio de Moraes
Professor da Escola de Negócios da PUCRS

Maurício Serra
Professor do Instituto de Economia da Unicamp

INTRODUÇÃO

O grande negócio é ser pequeno já fez vinte anos. Quando foi publicado, não houve alarde instantâneo nem resenhas entusiasmadas. As vendas foram, a princípio, muito modestas, mas foram aumentando gradativamente a cada trimestre, até que o livro e seu título estavam, de repente, em toda parte.
E, vinte anos depois, ainda estão. Inúmeras pessoas em dezenas de países foram profundamente inspiradas por este livrinho e, impressionadas pela clareza de suas ideias, foram levadas a tomar atitudes em suas casas ou locais de trabalho, como decorrência direta de o terem lido.
Essa conquista se torna ainda mais surpreendente pelo fato de *O grande negócio é ser pequeno* ser essencialmente uma coletânea de ensaios e palestras escritos e proferidos no decorrer de vários anos, e depois montados de modo mais ou menos improvisado, na forma de uma série de retratos parcialmente sobrepostos. No entanto, até as repetições parecem funcionar bem, tornando a apresentar as mesmas questões a partir de pontos de vista muito diferentes, dependendo do público-alvo ou do veículo em que foram publicadas.
No conjunto, Fritz Schumacher operou uma grande síntese, juntando muitos problemas diferentes sob uma única estrutura

de referência. Foi o primeiro "pensador holístico" do moderno Movimento Verde.

Relendo *O grande negócio é ser pequeno*, percebemos com força a rica tradição na qual o próprio Schumacher bebeu. Ele foi um herdeiro natural das ideias de William Morris sobre a importância crucial de permitir que as pessoas tenham acesso a trabalhos de qualidade; de *lady* Eve Balfour e Henry Doubleday sobre a agricultura orgânica e a importância de conservar a fertilidade do solo; de Lewis Mumford sobre a tecnologia e a Revolução Industrial; de Gandhi, Kropotkin, Tawney e Galbraith. Todas essas ideias e muitas mais foram misturadas no caldeirão de Schumacher para produzir uma obra de incrível vitalidade e originalidade. Como dá a entender o subtítulo (*Estudos sobre uma economia em que as pessoas são importantes*), é aos problemas da economia que ele sempre torna a voltar. Tudo o que escreveu há vinte anos continua em pauta hoje em dia e a recusa dos economistas e políticos atuais a levá-lo em conta permanece inexplicável. Ele defende com paixão a ideia de que o erro crucial de todo o nosso modo de vida industrializado é a forma como continuamos tratando o insubstituível capital natural como se fosse renda:

> Os combustíveis fósseis são apenas uma parte do "capital natural" que nós continuamos insistindo em tratar como algo que pode ser consumido livremente, como se fosse renda; e não são, em absoluto, a parte mais importante. Se esbanjarmos os nossos combustíveis fósseis, poremos em risco a civilização; mas, se esbanjarmos o capital representado pela natureza viva ao nosso redor, poremos em risco a vida em si.

De onde vem o absurdo permanente de sociedades humanas que depositam toda a sua esperança em alcançar um crescimento econômico exponencial, de medir o sucesso unicamente pelo aumento do PIB e de ignorar as "externalidades" sociais e ambientais do consumismo contemporâneo. Não que os economistas não conheçam essas coisas; pelo contrário, eles têm escrito muito sobre elas há décadas. No entanto, continuam tratando-as como problemas menores, como aberrações irritantes em um sistema que, em tudo o mais, mostrou ser tão duradouro quanto flexível.

Com efeito, em um certo nível, muitas coisas têm acontecido. Já faz mais de quinze anos que a OCDE pediu a internalização dos custos ambientais. Os governos começaram a tagarelar sobre o princípio de que "quem paga é o poluidor" pouco tempo depois. A ONU destacou um grupo de trabalho para investigar alternativas ao PIB, que produziu relatórios infinitamente prolixos. Alguns países pioneiros desenvolveram sistemas paralelos para fazer sua contabilidade nacional e alguns economistas pioneiros fizeram pressão para que a economia ambiental passasse a ser ensinada nos cursos de faculdades, universidades e escolas de administração.

No entanto, nada muda. Mesmo os economistas interessados parecem incapazes de se organizar para empreender uma campanha proativa a fim de exercer, sobre os políticos, uma pressão especializada. E, pelo menos no Reino Unido, não há ninguém de estatura equivalente à de Fritz Schumacher para fazê-los se contorcer diante das insuficiências manifestas da ortodoxia econômica atual.

Quem dera, por exemplo, que um único ministro do Ministério do Trabalho, ou mesmo um ministro do Ministério Paralelo*, lesse e assimilasse o capítulo intitulado "Economia budista". Em uma luta inglória para tentar voltar às circunstâncias econômicas que possibilitavam o pleno emprego, continuam a desconsiderar o fato muito simples de que o trabalho tem, para as pessoas, um significado que vai muito além da questão relativamente objetiva de receber um pagamento em troca da venda do próprio esforço. Em uma sociedade industrial, benefícios psicológicos, como a segurança, a satisfação, o *status*, a solidariedade e o convívio são proporcionados, sobretudo, pelos empregos que as pessoas têm ou pelo trabalho que fazem.

---

* No sistema parlamentar do Reino Unido, os partidos de oposição formam um *shadow cabinet* (ministério paralelo), imagem ou "sombra" do ministério propriamente dito, cujo papel é o de criticar construtivamente as ações deste último. (N. do T.)

xvii

A distinção entre trabalho e emprego continua sendo fundamental. O "pleno emprego", investido com o poder da mais popular panaceia dos políticos contemporâneos, ainda significa empregos de tempo integral para todos, com exceção de uma minoria inacessível. Ainda não é usado para designar o interesse de dar acesso a um bom trabalho a todos que sejam capazes de desempenhá-lo.

Nesse assunto, como em muitos outros, Fritz Schumacher abriu um caminho que ainda constitui a *única* alternativa à anacrônica defesa do pleno emprego em uma era de robotização, na qual um "capital móvel" sai em busca de custos de trabalho cada vez menores.

Sob outros aspectos, contudo, suas opiniões não resistiram tão bem à prova do tempo. Como qualquer outro ambientalista que escrevia na década de 1970, Schumacher estava convicto de que o esgotamento do petróleo era iminente e tinha um medo profundo das revoluções sociais e econômicas que se seguiriam. Vinte anos depois, a ênfase já não recai no esgotamento do petróleo (é quase certo que as reservas atuais durem pelo menos até meados do próximo século), mas nos danos ambientais que ocorrerão caso ele continue sendo usado no ritmo atual.

Do mesmo modo, nos surpreendemos ao revisitar a defesa que Schumacher faz das indústrias nacionalizadas no Reino Unido! Convém lembrar que, naquela época, havia um vivo debate acerca dos modos de propriedade mais adequados. Não se considerava, então, o "livre mercado" como o único árbitro de todos os benefícios sociais e econômicos, nem seus defensores tinham assumido a supremacia intelectual que a sociedade lhes concede hoje em dia.

Mesmo essa ortodoxia, no entanto, está sendo desafiada neste momento. Os mercados de hoje não são livres nem são sempre eficientes; exacerbam a desigualdade de riqueza e aceleram a degradação ambiental. À medida que o pêndulo for oscilando de volta à ideia de um mercado regulado, planejado e adequadamente controlado, as ideias de Schumacher nesse campo poderão adquirir uma nova autoridade.

E agora que a noção de "subsidiariedade" está na boca de todos os cidadãos da comunidade europeia, podemos ter certeza de que *O grande negócio é ser pequeno* continuará sendo um *slogan* popular. Resta saber se será bem ou mal usado. É curioso lembrar que o próprio Schumacher buscou alguma de suas ideias sobre a escala apropriada na doutrina de subsidiariedade da Igreja católica ("É uma injustiça, e ao mesmo tempo um mal grave e uma perturbação da ordem correta, atribuir a uma organização maior e mais elevada em hierarquia aquilo que pode ser feito por organizações menores e subordinadas"), e esse pequeno *nem sempre* era belo a seus olhos.

O que quero sublinhar é a *dualidade* das exigências humanas no que se refere à questão do tamanho: não há uma resposta única. Para seus diferentes propósitos, os homens precisam de muitas estruturas diferentes, tanto pequenas quanto grandes, algumas exclusivas e outras abrangentes. [...] Para trabalhos construtivos, a tarefa principal é sempre a de restaurar algum tipo de equilíbrio. Hoje em dia, sofremos uma idolatria quase universal do gigantismo. Por isso, é necessário insistir nas virtudes da pequenez, quando elas se aplicam.

No entanto, como bem sabiam os editores de Schumacher, *O grande negócio é ser pequeno às vezes* não teria, como título, um impacto tão grande quanto o de *O grande negócio é ser pequeno*! Essa noção enganosamente simples ainda tem forte ressonância em todo o Movimento Verde, recordando-nos da vida e da obra maravilhosas e inspiradoras de um dos grandes personagens da era moderna.

Jonathon Porritt
Prefácio à edição de 1993

Poucos são capazes de contemplar, sem uma sensação de euforia, as esplêndidas realizações de energia prática e habilidade técnica que, desde a segunda metade do século XVII, vêm transformando o aspecto da civilização material e das quais a Inglaterra foi, com ousadia, se não sempre com escrúpulo, a pioneira. No entanto, embora as ambições econômicas sejam excelentes servas, são péssimas senhoras.

Os fatos mais óbvios são os que com mais facilidade são esquecidos. Tanto a ordem econômica existente quanto boa parte dos projetos propostos para reconstruí-la dão errado por ignorarem um truísmo: visto que até os homens mais comuns têm uma alma, nenhum acréscimo de riqueza material poderá compensá-los por sistemas que insultam sua dignidade e constrangem sua liberdade. Uma visão razoável da organização econômica deve levar em conta o fato de que, para que a indústria não venha a ser paralisada por revoltas recorrentes, estimuladas pela natureza humana indignada, ela deve atender a critérios que não sejam puramente econômicos.

R. H. TAWNEY
Religion and the Rise of Capitalism [Religião e a ascensão do capitalismo]

******

No geral, o problema atual é um problema de atitudes e implementos. Estamos reformando a Alhambra com uma escavadeira a vapor e estamos orgulhosos do ritmo com que temos avançado. Não precisamos deixar de lado a escavadeira, que, no fim das contas, tem muitos pontos positivos, mas precisamos de métodos mais criteriosos e objetivos para avaliar se seu uso está dando certo ou não.

ALDO LEOPOLD
A Sand County Almanac [Um almanaque de um condado arenoso]

PARTE I
O MUNDO MODERNO

CAPÍTULO 1
O PROBLEMA DA PRODUÇÃO*

Um dos erros mais fatídicos da nossa época é acreditar que o problema da produção foi resolvido. Essa crença é sustentada com firmeza não somente por pessoas que estão distantes da produção e, portanto, não estão familiarizadas com os fatos, mas também por praticamente todos os especialistas, os capitães de indústria, os ministros da economia dos governos do mundo, os economistas acadêmicos e os não tão acadêmicos, sem contar os jornalistas da área econômica. Eles podem discordar em muitas coisas, mas todos concordam que o problema da produção foi resolvido, que a humanidade atingiu por fim a maioridade. Para os países ricos, dizem que a tarefa mais importante agora é a educação para o lazer, e, para os países pobres, a transferência de tecnologia.

O fato de as coisas não estarem indo tão bem quanto poderiam deve ser por causa da perversidade humana. Precisamos, portanto, construir um sistema político tão perfeito que a maldade humana desapareça e todos se comportem bem, por mais perversidade que exista nas pessoas. Na verdade, a maioria acredita

---

* Baseado em uma palestra proferida no Instituto Gottlieb Duttweiler, em Rüschlikon, Cantão de Zurique, Suíça, em 4 de fevereiro de 1972. (N. do T.)

que todos nascem bons; se alguém vira criminoso ou explorador, a culpa é "do sistema". Não há dúvida de que "o sistema" é ruim sob muitos aspectos e precisa mudar. Um dos principais motivos de ele ser ruim e ainda conseguir sobreviver, apesar de ser ruim, é essa visão errônea de que o problema da produção foi resolvido. Como esse erro permeia todos os sistemas da atualidade, não há, no momento, bons motivos para escolher um em detrimento dos outros.

O surgimento desse erro, tão flagrante e enraizado, se relaciona com as mudanças filosóficas – para não dizer religiosas – dos últimos três ou quatro séculos na atitude do homem para com a natureza. Talvez eu deva dizer "na atitude do homem *ocidental* para com a natureza", mas, como o mundo inteiro está agora em um processo de ocidentalização, a afirmação mais generalizada parece justificar-se. O homem moderno não se vê como parte da natureza, mas como uma força exterior destinada a dominá-la e conquistá-la. Fala até mesmo em uma guerra contra a natureza, esquecendo-se de que, se o homem ganhasse, encontrar-se-ia do lado perdedor. Até há bem pouco tempo, a guerra parecia estar indo bem o bastante para dar ao homem a ilusão de um poder ilimitado, mas não tão bem para que a vitória total fosse considerada uma possibilidade. Agora ela é considerada uma possibilidade e muitas pessoas, que, no entanto, constituem uma minoria, estão começando a perceber o que isso significa para a continuidade da existência humana.

A ilusão de um poder ilimitado, nutrida pelas impressionantes conquistas científicas e tecnológicas, produziu também a ilusão de que o problema da produção foi resolvido. Essa segunda ilusão se baseia na incapacidade de distinguir entre renda e capital nos pontos em que essa diferenciação mais importa. Todo economista, todo homem de negócios, está familiarizado com tal distinção e a aplica com consciência e considerável sutileza em todos os assuntos econômicos – exceto onde ela importa realmente: a saber, naquele capital insubstituível que o homem não fez, mas simplesmente encontrou, e sem o qual não pode fazer nada.

Um homem de negócios não acreditaria que uma empresa tivesse resolvido seus problemas de produção e alcançado a viabilidade se visse que ela estava consumindo seu capital rapidamente. Como, então, podemos ignorar esse fato vital no que diz respeito a essa grande empresa que é a economia da Nave Terra e, em particular, as economias dos seus passageiros ricos?

Uma causa da ignorância desse fato vital é que vivemos alienados da realidade e tendemos a considerar sem valor tudo o que nós próprios não fizemos. Até o grande dr. Marx caiu nesse erro devastador quando formulou a chamada "teoria do valor-trabalho". Ora, de fato trabalhamos para criar parte do capital que hoje nos ajuda a produzir – um grande cabedal de conhecimentos científicos, tecnológicos e outros; uma estrutura física elaborada; inúmeros tipos de equipamentos sofisticados de capital e por aí afora –, mas isso tudo não passa de uma pequena parte do capital total que estamos usando. Muito maior é o capital fornecido pela natureza, e não pelo homem, mas nem mesmo o reconhecemos como capital. Essa parte maior agora está sendo gasta com uma velocidade alarmante e é por isso que se trata de um erro absurdo e suicida acreditar que o problema da produção foi resolvido e agir com base nessa crença.

Vamos dar uma olhada mais de perto nesse capital natural. Em primeiro lugar, e de modo mais óbvio, vêm os combustíveis fósseis. Ninguém, tenho certeza, negará que os tratamos como renda, apesar de serem inegavelmente itens de capital. Se os tratássemos como itens de capital, deveríamos nos importar com sua conservação e fazer tudo que está ao nosso alcance para tentar minimizar sua taxa de uso atual; poderíamos estar dizendo, por exemplo, que o dinheiro obtido com a realização desses ativos – insubstituíveis – deveria ser colocado em um fundo especial para ser direcionado exclusivamente ao desenvolvimento de métodos de produção e padrões de vida que *não* dependam nem um pouco dos combustíveis fósseis, ou dependam deles apenas um pouco. Deveríamos estar fazendo essas coisas e muitas outras se considerássemos os combustíveis fósseis como capital, e não como renda. Não fazemos nada, aliás, fazemos exatamente o contrário: não estamos nem um pouco preocupados com a conservação; estamos maximizando, em vez de minimizar, a taxa de uso atual; e, longe de nos interessarmos em estudar as possibilidades de métodos de produção e padrões de vida alternativos para sair do curso de colisão que estamos trilhando com velocidade cada vez maior, falamos felizes de um progresso ilimitado ao longo do mesmo caminho já percorrido, da educação para o lazer nos países ricos e da transferência de tecnologia para os países pobres.

A liquidação desses ativos de capital está avançando tão rápido que até no país considerado o mais rico do mundo, os Estados Unidos, muita gente, inclusive na Casa Branca, está preocupada em pedir a conversão maciça do carvão em petróleo e gás, demandando esforços cada vez mais intensos para procurar e explorar os tesouros restantes da Terra. Vejamos os números que estão sendo publicados sob a rubrica de "Necessidades mundiais de combustíveis no ano 2000". Se agora usamos algo em torno de 7 bilhões de toneladas equivalentes de carvão, a necessidade, daqui a 28 anos, será quase três vezes maior – cerca de 20 bilhões de toneladas equivalentes. O que são 28 anos? Olhando para trás, 28 anos nos levam, mais ou menos, até o fim da Segunda Guerra Mundial, e é claro que, desde então, o consumo de combustíveis triplicou; o que envolveu um aumento de menos de 5 bilhões de toneladas equivalentes de carvão. Agora estamos falando com toda a calma de um aumento três vezes maior.

As pessoas perguntam: "Isso pode ser feito?" Segue a resposta: "Tem de ser feito e, portanto, será feito." Poder-se-ia dizer (peço desculpas a John Kenneth Galbraith) que é um caso de cegos guiando cegos. Mas para que fazer esses comentários deselegantes? A própria pergunta não tem sentido, pois leva implícita a suposição de que estamos lidando com renda, e não com capital. O que o ano 2000 tem de tão especial? E o ano 2028, quando as criancinhas de hoje estarão planejando sua aposentadoria? Mais uma triplicação? Todas essas perguntas e respostas se tornam absurdas no momento em que percebemos que estamos lidando com capital, e não com renda: os combustíveis fósseis não são feitos pelo homem; não podem ser reciclados. Uma vez que se vão, se foram para sempre.

Mas perguntarão: "E os combustíveis de renda?" É uma pergunta justa. Atualmente, eles perfazem (em calorias) menos de 4% do total mundial. No futuro previsível, terão de contribuir com 70%, 80%, 90%. Fazer algo em pequena escala é uma coisa, fazê-lo em uma escala gigantesca é coisa totalmente diferente, e, para ter impacto no problema mundial dos combustíveis, essas contribuições têm de ser verdadeiramente gigantescas. Quem poderá dizer que o problema da produção foi resolvido no que se refere a combustíveis de renda, que serão necessários em uma escala gigantesca?

Os combustíveis fósseis são apenas uma parte do "capital natural" que nós continuamos insistindo em tratar como algo que pode ser consumido livremente, como se fosse renda; e não são, em absoluto, a parte mais importante. Se esbanjarmos os nossos combustíveis fósseis, poremos em risco a civilização; mas, se esbanjarmos o capital representado pela natureza viva ao nosso redor, poremos em risco a vida em si. As pessoas estão despertando e percebendo essa ameaça, e exigem o fim da poluição. Veem a poluição como um mau hábito de pessoas descuidadas ou gananciosas, que, por assim dizer, jogam o lixo, pela cerca, no jardim do vizinho. Percebem que um comportamento mais civilizado acarretaria em custos adicionais, e é por isso que precisamos de um ritmo mais rápido de crescimento econômico, para podermos arcar com eles. De agora em diante, dizem, deveríamos usar ao menos uma parte dos frutos da nossa produtividade sempre crescente para melhorar a "qualidade de vida", e não apenas para aumentar a quantidade de consumo. Tudo isso é justo, mas toca apenas na periferia do problema.

Para chegar ao cerne da questão, devemos perguntar por que todos esses termos – "poluição", "meio ambiente", "ecologia" etc. – ganharam destaque de maneira *tão repentina*. Afinal, já faz bastante tempo que temos um sistema industrial, mas essas palavras eram praticamente desconhecidas há meros cinco ou dez anos. Será que se trata de uma mania que surgiu de repente, de uma moda boba ou, talvez, de uma súbita perda de coragem? A explicação não é difícil de encontrar. Assim como no que se refere aos combustíveis fósseis, estivemos de fato vivendo do capital da natureza viva por algum tempo, mas em uma taxa bastante modesta. Foi só depois do fim da Segunda Guerra Mundial que conseguimos aumentá-la para proporções alarmantes. Em comparação com o que está acontecendo agora e com o que vem acontecendo progressivamente no último quarto de século, todas as atividades industriais da humanidade até a Segunda Guerra Mundial, e inclusive esta última, são como se não existissem. É provável que, somente nos próximos quatro ou cinco anos, a produção industrial do mundo inteiro supere tudo o que a humanidade produziu até 1945. Em outras palavras, há bem pouco tempo – tão pouco que a maioria das pessoas ainda não o percebeu – houve um salto quantitativo ímpar na produção industrial.

Em parte como causa e também como efeito, houve também um salto qualitativo ímpar. Nossos cientistas e tecnólogos aprenderam a sintetizar substâncias desconhecidas na natureza, que, por sua vez, praticamente não tem defesa contra muitas delas. Não há agentes naturais capazes de atacá-las e decompô-las. É como se aborígenes fossem atacados de repente com metralhadoras: seus arcos e flechas não teriam utilidade. Essas substâncias, desconhecidas pela natureza, devem sua eficácia quase mágica precisamente à indefensabilidade da natureza – e é também esse o porquê de seu perigoso impacto ecológico. Foi só nos últimos vinte anos, mais ou menos, que essas substâncias surgiram *em massa*. Como não têm inimigos naturais, tendem a se acumular, e sabe-se que as consequências disso a longo prazo são, em muitos casos, extremamente perigosas e, em outros, totalmente imprevisíveis.

Em outras palavras, as mudanças dos últimos 25 anos, tanto na quantidade quanto na qualidade dos processos industriais do homem, produziram uma situação completamente nova – que não resulta dos nossos fracassos, mas que pensávamos ser nossos maiores sucessos. E isso aconteceu tão de repente que mal notamos que estávamos usando com muita rapidez um certo tipo de ativo de capital insubstituível, a saber, as *margens de tolerância* que a natureza benigna sempre fornece.

Deixem-me retomar agora a questão dos "combustíveis de renda", de que já tratei de uma maneira um tanto displicente. Ninguém está afirmando que o sistema industrial de abrangência mundial que preveem estar operando no ano 2000, ou seja, uma geração à frente, será sustentado primariamente pela energia hidroelétrica ou eólica. Não: o que nos dizem é que estamos nos aproximando rapidamente da era nuclear. É claro que isso vem sendo dito já faz algum tempo, mais de vinte anos, e mesmo assim a contribuição da energia nuclear para as necessidades humanas totais de combustível e energia ainda é minúscula. Em 1970, ela era de 2,7% na Inglaterra; 0,6% na comunidade europeia; e de 0,3% nos Estados Unidos, para mencionar apenas os países que foram mais longe nesse sentido. Talvez possamos supor que as margens de tolerância da natureza serão capazes de lidar com tão insignificante inconveniência, apesar de haver muita gente profundamente preocupada, mesmo hoje, e de o dr. Edward D. David, conselheiro científico do presidente Nixon, falando sobre o armazenamento de lixo radioativo, dizer que "temos uma sensação estranha quando pensamos em algo que tem que ficar bem selado debaixo da terra por 25 mil anos para só então se tornar inofensivo".

Seja como for, meu argumento aqui é muito simples: a ideia de substituir centenas de milhões de toneladas anuais de combustíveis fósseis por energia nuclear busca "resolver" o problema dos combustíveis criando um problema ambiental e ecológico de uma magnitude tão monstruosa pela qual o dr. David não será o único a se sentir "estranho". Significa resolver um problema transpondo-o para outra esfera e criando um problema infinitamente maior.

Dito isso, tenho certeza de que serei confrontado com outra proposição ainda mais ousada: que os cientistas e tecnólogos do futuro serão capazes de desenvolver normas e protocolos de segurança tão perfeitos que o uso, transporte, processamento e armazenamento de materiais radioativos em quantidades sempre maiores se tornará completamente seguro; e também que caberá aos políticos e cientistas sociais criar uma sociedade mundial em que guerras ou distúrbios civis nunca aconteçam. Mais uma vez, trata-se de resolver um problema transpondo-o para outra esfera, a do comportamento humano do dia a dia. E isso nos conduz à terceira categoria de "capital natural" que estamos desperdiçando temerariamente por tratá-la como se fosse renda, como se fosse algo que nós mesmos fizemos e pudéssemos, com facilidade, substituir por meio da nossa tão propalada produtividade, que cresce com rapidez.

Não é evidente que os nossos métodos de produção atuais já estão corroendo a própria substância do homem industrial? Para muitos, isso não é nem um pouco evidente. Agora que solucionamos o problema da produção, dizem eles, acaso já estivemos em melhor situação? Não estamos mais bem alimentados, mais bem-vestidos e mais bem abrigados do que nunca – e mais bem-educados? É claro que estamos: a maioria sim, mas não todos em absoluto – nos países ricos. Mas não é isso que quero dizer com "substância". A substância do homem não pode ser medida pelo PIB. Talvez não possa ser medida de jeito nenhum, exceto por meio de certos sintomas de perda. No entanto, esse não é o lugar adequado para nos aprofundarmos nas estatísticas desses sintomas, como a criminalidade, a dependência de drogas, o vandalismo, as doenças mentais, as rebeliões e outras coisas do tipo. As estatísticas nunca provam nada.

Comecei dizendo que um dos erros mais fatídicos da nossa época é a crença de que o problema da produção foi resolvido. Essa ilusão, afirmei, se dá sobretudo em razão da nossa incapacidade de reconhecer que o sistema industrial moderno, com toda sua sofisticação intelectual, consome as próprias bases sobre as quais está alicerçado. Empregando a linguagem dos economistas, ele vive à base de um capital insubstituível, tratado-o alegremente como se fosse renda. Especifiquei três categorias desse capital: os combustíveis fósseis, as margens de tolerância da natureza e a substância humana. Mesmo que alguns leitores se recusem a aceitar as três partes do meu argumento, afirmo que qualquer uma delas, mesmo isolada, é suficiente para corroborar minha tese.

E qual é a minha tese? Simplesmente que a nossa tarefa mais importante é sair do curso de colisão em que estamos agora. E quem pode cumprir essa tarefa? Acho que cada um de nós, velho ou jovem, forte ou fraco, rico ou pobre, influente ou não. Falar sobre o futuro só será útil se nos levar a agir *agora*. E o que podemos fazer *agora*, enquanto ainda estamos na "melhor situação"? No mínimo – e isso já é bastante – devemos entender o problema de forma cabal e começar a entrever a possibilidade de desenvolver um novo estilo de vida, com novos métodos de produção e novos padrões de consumo: um estilo de vida concebido em vista da permanência. Para dar apenas três exemplos preliminares: na agricultura e na horticultura, podemos nos interessar por aperfeiçoar métodos de produção biologicamente íntegros, que aumentem a fertilidade do solo, que produzam saúde e beleza e que promovam a permanência. A partir daí, a produtividade cuidará de si mesma. Na indústria, podemos nos interessar pelo desenvolvimento de tecnologias de pequena escala, tecnologias relativamente não violentas, "tecnologias com cara de gente", para que as pessoas tenham a oportunidade de se divertir enquanto trabalham, em vez de trabalhar apenas pelo salário e esperar, normalmente em vão, por diversão somente durante o tempo livre. Também na indústria – e, é claro, é a indústria que define o ritmo da vida moderna – podemos nos interessar por novas formas de parceria entre a gestão e o ser humano, até mesmo formas de propriedade compartilhada.

Muitas vezes ouvimos falar que estamos entrando na era da "sociedade da aprendizagem". Esperemos que isso seja verdade. Ainda temos que aprender a viver de maneira pacífica, não apenas entre nós, mas também com a natureza e, acima de tudo, com aqueles Poderes Maiores que fizeram a natureza e a nós; pois decerto não surgimos por acidente e com certeza não fizemos a nós mesmos.

Adiante, teremos que desenvolver os temas em que apenas tocamos neste capítulo. Poucas pessoas serão facilmente convencidas de que o desafio do futuro do homem não pode ser vencido apenas com pequenos ajustes aqui e ali ou, talvez, mudando o sistema político.

    O capítulo seguinte é uma tentativa de lançar um novo olhar sobre toda a situação do ponto de vista da paz e da permanência. Agora que o homem obteve os meios físicos para sua autoaniquilação, a questão da paz obviamente se torna mais importante do que nunca na história da humanidade. E como podemos construir a paz sem alguma garantia de permanência no que diz respeito à nossa vida econômica?

CAPÍTULO 2
PAZ E PERMANÊNCIA[1]

A crença predominante na época moderna é de que a base mais sólida para a paz seria a prosperidade universal. É em vão que se procuraria qualquer prova histórica de que os ricos têm sido mais pacíficos do que os pobres, mas contra isso se pode argumentar que eles nunca se sentiram seguros com os pobres; que sua agressividade se originava no medo; e que a situação seria bem diferente se todos fossem ricos. Por que um homem rico iria para a guerra? Ele não teria nada a ganhar. Por acaso não é mais possível que os pobres, os explorados e os oprimidos o façam, uma vez que não têm nada a perder exceto seus grilhões? O caminho para a paz, afirma-se, é seguir o caminho para a riqueza.

Essa crença moderna dominante tem um atrativo quase irresistível, pois dá a entender que, quanto mais rápido obtivermos uma coisa desejável, com tanto mais segurança obteremos outra. Seu atrativo é duplo, pois ela contorna por completo toda a questão da ética: não há necessidade de renúncia e sacrifício, muito pelo contrário! Nós temos a ciência e a tecnologia necessárias para nos auxiliar no caminho rumo à paz e à abundância,

---

1. Publicado pela primeira vez em *Resurgence* – Journal of the Fourth World, vol. 3, n. 1, maio-jun. 1970.

e tudo o que é preciso é não nos comportarmos de modo estúpido, irracional e contraproducente. A mensagem para os pobres e descontentes é que eles não devem, por impaciência, perturbar ou matar a galinha que, com toda a certeza e no devido tempo, botará ovos de ouro também para eles. E a mensagem para os ricos é que eles devem ser inteligentes o bastante para ajudar os pobres de tempos em tempos, porque é assim que ficarão ainda mais ricos.

Gandhi costumava depreciar o "sonho de um sistema tão perfeito que ninguém precise ser bom". Mas não é exatamente esse sonho que agora podemos implementar na realidade com nossos maravilhosos poderes científicos e tecnológicos? Para que exigir virtudes que o homem nunca venha a obter, enquanto tudo o que é necessário é apenas a racionalidade científica e a competência técnica?

Em vez de escutar Ghandi, não preferimos escutar um dos mais influentes economistas do nosso século, o grande lorde Keynes? Em 1930, durante a depressão econômica global, ele se emocionou e decidiu especular acerca das "possibilidades econômicas dos nossos netos". Concluiu, então, que o dia em que todos seríamos ricos poderia não estar muito distante, e disse que, nesse dia, "voltaremos a valorizar mais os fins do que os meios e preferiremos o bom ao útil".

"Mas cuidado!", continuou. "Ainda não está na hora. Durante pelo menos mais cem anos, teremos de fingir para nós mesmos e para todos que o bem é mal e o mau é bom; pois o mal é útil, e o bem, não. A avareza, a usura e a precaução terão de ser nossos deuses por mais algum tempo. Pois apenas essas coisas podem nos tirar do túnel da necessidade econômica e nos conduzir à luz do dia."

Isso foi escrito há quarenta anos e é claro que, desde então, as coisas se aceleraram bastante. Pode ser que nem tenhamos de esperar mais sessenta anos até alcançarmos a abundância universal. De qualquer modo, a mensagem keynesiana é clara o suficiente: cuidado! Considerações éticas não só não vêm ao caso como são, na verdade, um obstáculo, "pois o mal é útil, e o bem, não". O tempo do bem ainda não chegou. O caminho do paraíso está pavimentado de más intenções.

Vou considerar agora essa proposição. Ela pode ser dividida em três partes:

Primeira: que a prosperidade universal é possível;
Segunda: que alcançá-la é possível com base na filosofia materialista que prega o "Enriquecei!";
Terceira: que esse é o caminho para a paz.

A questão com que devo iniciar minha investigação é evidentemente a seguinte: "Há o bastante para todos?" Nós nos deparamos de imediato com uma grave dificuldade: quanto é "o bastante"? Quem pode nos dizer isso? Decerto não será o economista que busca o "crescimento econômico" como se fosse o mais elevado de todos os valores e que, portanto, não conhece o conceito de "bastante". Há sociedades pobres que têm muito pouco, mas onde está a sociedade rica que diz: "Chega! Já temos o bastante?" Uma sociedade assim não existe.

Talvez possamos esquecer o "bastante" e nos contentar com explorar o crescimento da demanda sobre os recursos do mundo que surge quando todos simplesmente se esforçam para ter "mais". Como não podemos estudar todos os recursos, proponho focarmos nossa atenção em um tipo de recurso que ocupa uma posição mais ou menos central: os combustíveis. Mais prosperidade significa um uso maior de combustível – não há dúvida acerca disso. No momento atual, a diferença de prosperidade entre os pobres do mundo e os ricos é de fato muito grande, e isso se evidencia de modo claro nas respectivas taxas de consumo de combustível. Definamos como ricas todas as populações em países com um consumo médio *per capita* de combustíveis – em 1966 – de mais de uma tonelada equivalente de carvão (abreviação: e.c.), e como pobres todas as que estão abaixo desse nível. Com essas definições, podemos elaborar a seguinte tabela (usando dados das Nações Unidas):

Tabela 1 (1966)	Ricos	%	Pobres	%	Mundo	%
População (milhões)	1.060	31	2.284	69	3.384	100
Consumo de combustível (milhões de toneladas e.c.)	4.788	87	721	13	5.509	100
Consumo de combustível per capita (toneladas e.c.)	4,52		0,32		1,65	

O consumo médio *per capita* dos pobres é de somente 0,32 tonelada (cerca de $1/14$ do consumo dos ricos); e há muitas pessoas pobres no mundo (por essa definição, cerca de $7/10$ da população mundial). Se, de uma hora para outra, os pobres passassem a usar a mesma quantidade de combustível que os ricos, o consumo mundial de combustível triplicaria na hora.

Mas isso não pode acontecer, pois tudo leva tempo. Com o tempo, tanto os ricos como os pobres crescem em desejos e em quantidade. Façamos então um cálculo exploratório. Se as populações ricas crescerem em uma taxa de 1,25%, e as pobres, 2,5% ao ano, a população mundial chegará a cerca de 6,9 bilhões por volta do ano 2000, um montante que não difere muito das previsões atuais feitas pelas maiores autoridades. Se, ao mesmo tempo, o consumo de combustível *per capita* da população rica crescer 2,25% ao ano, os seguintes números surgirão para o ano 2000:

Tabela 2 (2000)	Ricos	%	Pobres	%	Mundo	%
População (milhões)	1.617	23	5.292	77	6.909	100
Consumo de combustível (milhões de toneladas e.c.)	15.588	67	7.568	33	23.156	100
Consumo de combustível per capita (toneladas e.c.)	9,64		1,43		3,35	

O resultado no consumo mundial de combustíveis seria um crescimento de 5,5 bilhões de toneladas e.c. em 1966 para 23,2 bilhões no ano 2000; um crescimento por um fator superior a quatro, metade do qual seria atribuível ao crescimento populacional, e a outra metade, a um consumo *per capita* maior.

Essa divisão meio a meio é interessante, mas a divisão entre os ricos e os pobres é ainda mais. Do aumento total do consumo mundial de combustíveis de 5,5 bilhões para 23,2 bilhões de toneladas e.c., ou seja, um aumento de 17,7 bilhões de toneladas, os ricos seriam responsáveis por quase $2/3$, e os pobres, por somente pouco mais de $1/3$. No decorrer de todo esse período de 34 anos, o mundo usaria 425 bilhões de toneladas e.c., com os ricos usando 321 bilhões, ou 75%, e os pobres, 104 bilhões.

Por acaso isso não lança uma luz muito interessante sobre a situação como um todo? Esses montantes não são, é claro, previsões: eles são o que podemos chamar de "cálculos exploratórios". Supus um crescimento populacional bastante modesto para os ricos e um crescimento populacional duas vezes maior para os pobres; e, ainda assim, são os ricos, e não os pobres, que causam a maior parte do dano – se é que podemos chamar de dano. Até mesmo se as populações classificadas como pobres crescessem apenas na taxa que assumimos para os ricos, o efeito sobre as exigências mundiais de combustível seria pouco significativo – uma redução de pouco mais de 10%. Mas, se os ricos decidissem – e não estou dizendo que é provável que isso aconteça – que o seu consumo *per capita* de combustível já é alto o bastante e que não se deve permitir que ele cresça mais, levando em conta que ele já é catorze vezes maior do que o dos pobres, *isso sim* faria diferença: apesar do crescimento projetado para as populações ricas, as necessidades totais mundiais no ano 2000 diminuiriam em mais de um terço.

O comentário mais importante, no entanto, é um questionamento: Por acaso é plausível supor que o consumo mundial de combustível *pode* crescer para algo em torno de 23 bilhões de toneladas e.c. por ano até o ano 2000, com o uso de 425 bilhões de toneladas e.c. durante os 34 anos em questão? À luz do nosso conhecimento atual acerca das reservas de combustível fóssil, esse não é um cenário plausível, mesmo supondo que $1/4$ ou $1/3$ do total mundial de energia viesse da fissão nuclear.

Está claro que os ricos estão a caminho de esgotar a reserva mundial de combustíveis relativamente simples e baratos que só podem ser usados uma vez. É o seu crescimento econômico contínuo que produz demandas cada vez mais exorbitantes, com o resultado de que os combustíveis simples e baratos do mundo poderão facilmente se tornar escassos muito antes de os países pobres obterem a riqueza, a educação, a sofisticação industrial e o poder de acumulação de capital necessários para a aplicação de combustíveis alternativos em uma escala significativa.

É claro que cálculos exploratórios *não provam* nada. De qualquer maneira, é impossível *provar* qualquer coisa sobre o futuro, e já se comentou, com sabedoria, que nenhuma previsão é confiável, principalmente as que dizem respeito ao futuro. O que é necessário é discernimento e cálculos exploratórios podem ao menos auxiliar nisso. Seja como for, o mais importante é o fato de que os nossos cálculos *minimizam* a magnitude do problema. Não é realista tratar o mundo como uma unidade. Os recursos combustíveis são distribuídos de modo muito desigual e qualquer escassez de recursos, grande ou pequena, imediatamente dividiria o mundo entre os que os possuem e os que não os possuem, em uma divisão completamente nova. As áreas especialmente favorecidas, como o Oriente Médio e o norte da África, atrairiam atenções invejosas em uma escala que hoje mal se pode imaginar, ao passo que algumas áreas de consumo elevado, como a Europa Ocidental e o Japão, entrariam na posição de legatários residuais, que não dariam inveja a ninguém. É difícil imaginar uma fonte maior de conflitos.

Como *nada pode ser provado* acerca do futuro – nem mesmo acerca do futuro relativamente próximo dos trinta anos seguintes –, sempre é possível desconsiderar até os problemas mais ameaçadores, alegando que uma solução surgirá. Talvez se descubram reservas imensas de petróleo, gás natural ou até carvão. E por que a energia nuclear deve ser limitada a fornecer um quarto ou um terço das necessidades totais? Dessa forma, o problema pode até ser transposto para outro plano, mas ele se nega a ir embora. Pois o consumo de combustível na escala indicada – supondo que não haverá dificuldades intransponíveis no fornecimento de combustíveis – produziria perigos ambientais nunca antes vistos.

Vejamos a energia nuclear. Certas pessoas dizem que os recursos mundiais de urânio relativamente concentrado são insuficientes para sustentar um programa nuclear grande o bastante para ter um impacto significativo na situação global dos combustíveis, pois teríamos de levar em conta bilhões, e não milhões, de toneladas equivalentes de carvão. Mas suponhamos que essas pessoas estejam erradas. Encontraremos urânio suficiente; ele será minerado nos cantos mais remotos do mundo, levado para os principais centros populacionais, e será transformado em um urânio altamente radioativo. É difícil imaginar uma ameaça biológica maior do que essa, sem contar a ameaça política de alguém usar um pouquinho dessa substância terrível para propósitos não muito pacíficos.

Por sua vez, se fantásticas novas descobertas de combustíveis fósseis tornassem desnecessário o aumento da produção nuclear de energia, haveria um problema de poluição térmica em uma escala muito diferente de tudo o que já vimos até hoje.

Qualquer que seja o combustível, pode haver um aumento de consumo em um fator quatro, depois cinco, depois seis: não há solução plausível para o problema da poluição.

Escolhi os combustíveis apenas como exemplo para ilustrar uma tese muito simples: o crescimento econômico – que, quando encarado pelo ponto de vista da ciência econômica, da física, da química e da tecnologia, não tem um limite discernível – deve necessariamente enfrentar um gargalo quando encarado pelo ponto de vista das ciências ambientais. Uma atitude perante a vida que procura realização na busca obsessiva pela riqueza – uma atitude materialista, em resumo – não cabe nesse mundo, pois não contém em si um princípio de limitação, enquanto o ambiente em que ela existe é estritamente limitado. O ambiente já está tentando nos dizer que certos estresses estão se tornando excessivos. Quando um problema é "solucionado", dez novos surgem em decorrência da primeira solução. Como enfatiza o professor Barry Commoner, os novos problemas não são consequências de fracassos incidentais, mas, sim, do próprio sucesso tecnológico.

Mais uma vez, no entanto, muitas pessoas insistirão em discutir esses assuntos apenas em termos de otimismo e pessimismo, orgulhando-se do próprio otimismo de que a ciência encontrará uma saída. Afirmo que elas só poderiam estar corretas se houvesse uma mudança consciente e fundamental na direção dos esforços científicos. Os desenvolvimentos da ciência e da tecnologia nos últimos cem anos se deram de forma tal que os perigos cresceram mais rápido que as oportunidades. Terei mais a dizer sobre isso a seguir.

Já há provas esmagadoras de que o grande sistema homeostático da natureza está se tornando cada vez mais desequilibrado em certos aspectos e pontos específicos. Iríamos longe demais se eu tentasse reunir as provas aqui. O estado do lago Erie, para o qual o professor Barry Commoner, entre outros, chamou a atenção, deve servir de aviso. Em mais uma ou duas décadas, todos os sistemas de água do interior dos Estados Unidos podem ficar em condições similares. Em outras palavras, a condição de desequilíbrio pode não mais dizer respeito a pontos específicos, mas sim se tornar generalizada. Quanto mais se permitir que esse processo continue, mais difícil será revertê-lo, isso se não já tivermos passado do ponto em que não há mais volta.

Descobrimos, portanto, que a ideia de um crescimento econômico ilimitado e cada vez maior, até que todos fiquem saturados de riqueza, deve ser seriamente questionada em, ao menos, dois aspectos: a disponibilidade de recursos básicos e, alternativa ou adicionalmente, a capacidade de o ambiente se adaptar ao grau de interferência. Mas basta de falarmos do aspecto físico e material da questão. Vejamos agora alguns aspectos não materiais.

Não há dúvida de que a ideia do enriquecimento pessoal tem um apelo muito forte para a natureza humana. Keynes, no ensaio que já mencionei, disse-nos que ainda não era hora de "voltar a alguns dos princípios mais certos da religião e das virtudes tradicionais: que a avareza é um vício, que a usura é um crime e que o amor pelo dinheiro é detestável".

O progresso econômico, disse ele em tom de conselho, só pode ser obtido se empregarmos os poderosos impulsos humanos de egoísmo a que as religiões e a sabedoria universal nos mandam resistir. A economia moderna é movida por um frenesi de cobiça e se perde em uma orgia de inveja e essas características não são acidentais, mas as próprias causas do sucesso expansionista. A questão é se essas causas podem se manter por bastante tempo ou se levam em si mesmas as sementes da destruição. Se Keynes diz que "o mal é útil, e o bem, não", ele propõe uma afirmação factual que pode ser verdadeira ou falsa, ou que pode parecer verdadeira no curto prazo e acabar sendo falsa no longo. Qual das duas opções?

Penso que agora dispomos de provas suficientes para demonstrar que a afirmação é falsa em um sentido muito direto e prático. Se vícios humanos, como a cobiça ou a inveja, forem cultivados sistematicamente, o resultado inevitável não seria nada menos que um colapso da inteligência. Um homem motivado pela cobiça ou pela inveja perde o poder de ver as coisas como realmente são, de ver as coisas em sua integralidade, e seus próprios sucessos se tornam fracassos. Quando sociedades inteiras são infectadas por esses vícios, elas podem de fato alcançar coisas surpreendentes, mas se tornam cada vez mais incapazes de solucionar os problemas mais elementares da existência cotidiana. O PIB pode crescer rapidamente segundo a medida dos estatísticos, mas isso não será vivido pelo povo, cada vez mais oprimido pela frustração, pela alienação, pela insegurança e assim por diante. Depois de um tempo, até mesmo o PIB se negaria a crescer mais, não por causa de falhas científicas ou tecnológicas, mas por causa de uma crescente paralisia de falta de cooperação, manifestada em vários tipos de escapismo da parte não somente dos oprimidos e explorados, mas até de grupos altamente privilegiados.

Podemos passar um bom tempo deplorando a irracionalidade e a estupidez de homens e mulheres em posições altas ou baixas: "Ah, se as pessoas percebessem onde estão seus verdadeiros interesses!" Mas por que elas não percebem? Porque sua inteligência foi enfraquecida pela cobiça e pela inveja ou porque, lá no fundo, elas entendem que seus verdadeiros interesses estão em um lugar bastante diferente. Há um ditado revolucionário: "Nem só de pão vive o homem, mas de cada uma das palavras de Deus."

Também aqui nada pode ser "provado". Mas por acaso ainda parece provável ou plausível que as graves doenças sociais que infectam muitas sociedades ricas hoje em dia são apenas um fenômeno passageiro que um governo capaz – quem dera tivéssemos um governo realmente capaz! – poderia erradicar simplesmente fazendo uso mais rápido da ciência e da tecnologia ou uso mais radical do sistema penal?

Afirmo que os alicerces da paz não podem ser lançados pela prosperidade universal no sentido moderno, porque uma prosperidade assim, se for alcançável, só pode ser com o cultivo de impulsos da natureza humana, como a cobiça e a inveja, que destroem a inteligência, a felicidade, a serenidade e, portanto, a própria paz do homem. Pode até ser que as pessoas ricas valorizem mais a paz do que as pobres, mas somente quando se sentem extremamente seguras – e isso, de certa forma, é uma contradição em termos. Sua riqueza depende do uso excessivo de recursos mundiais limitados, e, portanto, as coloca em um curso de colisão inevitável – não primariamente com os pobres (que são fracos e indefesos), mas com outras pessoas ricas.

Resumindo, podemos dizer hoje que o homem é inteligente demais para ser capaz de sobreviver sem sabedoria. Ninguém realmente trabalha pela paz se não trabalhar, antes de tudo, pela restauração da sabedoria. A afirmação de que "o mal é útil, e o bem, não" é a antítese da sabedoria. A esperança de que a busca pela bondade e pelas virtudes possa ser adiada até que tenhamos alcançado a prosperidade universal, e de que possamos estabelecer a paz na Terra pela busca obstinada de riqueza sem nos preocuparmos com questões espirituais e morais é uma esperança surreal, anticientífica e irracional. O fato de a sabedoria estar excluída da economia, da ciência e da tecnologia era algo que talvez pudéssemos nos dar ao luxo de implementar por um tempinho, contanto que tivéssemos relativamente pouco sucesso; mas, agora que tivemos muito sucesso, o problema da verdade espiritual e moral ganha protagonismo.

Do ponto de vista econômico, o conceito principal da sabedoria é a permanência. Temos de estudar a economia da permanência. Nada faz sentido na economia a menos que sua perpetuação por bastante tempo possa ser projetada sem cairmos em absurdos. Pode haver crescimento com um objetivo limitado em vista, mas não pode haver crescimento ilimitado e generalizado. É mais que plausível, como disse Gandhi, que "a Terra fornece o bastante para satisfazer a necessidade de cada homem, mas não sua cobiça". A permanência é incompatível com a atitude predatória que se rejubila no fato de que "o que era um luxo para os nossos pais se tornou uma necessidade para nós".

O cultivo e a expansão das necessidades é a antítese da sabedoria. Também é a antítese da liberdade e da paz. Cada acréscimo de necessidade tende a aumentar a dependência das pessoas em relação a forças externas sobre as quais não há controle e, portanto, aumenta o terror existencial. Somente pela redução das necessidades as pessoas podem promover uma redução genuína naquelas tensões que são as maiores causas de conflitos e de guerra.

A economia da permanência tem como requisito uma reorientação profunda da ciência e da tecnologia, que, por sua vez, têm de abrir as portas para a sabedoria, incorporando-a em suas próprias estruturas. "Soluções" científicas ou tecnológicas que envenenam o ambiente ou degradam a estrutura social e o próprio homem não são benéficas, por mais que sejam brilhantes ou por maiores que sejam seus atrativos superficiais. Máquinas cada vez maiores, que precisam de uma concentração de poder econômico cada vez maior e exercem cada vez mais violência contra o ambiente não representam progresso: são uma negação da sabedoria. A sabedoria pede uma nova orientação da ciência e da tecnologia em direção ao que é orgânico, suave, não violento, elegante e belo. A paz, como tantas vezes se disse, é indivisível. Como, então, ela poderia se erguer sobre os alicerces de uma ciência imprudente e de uma tecnologia violenta? Temos de buscar uma revolução na tecnologia que nos dê invenções e máquinas que revertam as tendências destrutivas que agora ameaçam a todos.

O que é que realmente pedimos dos cientistas e tecnólogos? Respondo: precisamos de métodos e equipamentos que sejam:

- baratos o suficiente para serem acessíveis a praticamente todos;
- apropriados para uma aplicação de pequena escala; e
- compatíveis com a necessidade humana de criatividade.

Dessas três características nascem a não violência e uma relação do homem com a natureza que garante a permanência. Se uma só dessas três for negligenciada, as coisas estarão fadadas a dar errado. Vamos examiná-las uma por uma.

Métodos e máquinas baratos o suficiente para que sejam acessíveis a praticamente todos: por que supor que os nossos cientistas e tecnologistas são incapazes de desenvolvê-los? Esta era uma das principais preocupações de Gandhi: "Quero que a multidão muda da nossa Terra seja saudável e feliz, quero que cresça espiritualmente […] Se sentirmos a necessidade de máquinas, certamente as teremos. Toda máquina que ajuda todos os indivíduos tem um lugar", disse ele, "mas não devemos permitir máquinas que concentrem o poder em poucas mãos e transformem as massas em meros ajudantes das máquinas, isso se não as deixarem desempregadas."

Suponhamos que, como observou Aldous Huxley, os inventores e engenheiros se reconheçam responsáveis pela tarefa de disponibilizar para as pessoas comuns meios de "fazer um trabalho lucrativo e intrinsecamente significativo, de ajudar homens e mulheres a alcançar a independência em relação aos seus chefes, de modo que possam se tornar seus próprios empregadores ou membros de um grupo autogovernado e cooperativo que trabalhe para a subsistência e para um mercado local […] esse progresso tecnológico orientado de modo diferente (resultaria em) uma descentralização progressiva da população e do poder político e econômico". Outras vantagens, segundo Huxley, seriam "uma vida mais humanamente satisfatória para mais pessoas, mais democracia genuína e autogoverno e uma libertação bendita em relação à 'educação para adultos' tola ou perniciosa fornecida pelos produtores em massa de bens consumistas através da propaganda"[2].

Para que os métodos e máquinas sejam baratos o bastante para serem acessíveis a todos, o custo deles deve ter uma relação definível com os níveis de renda da sociedade em que serão usados. Eu mesmo cheguei à conclusão de que o limite superior para a quantidade média de investimento de capital *por posto de trabalho* é provavelmente dado pelos ganhos anuais de um trabalhador industrial capaz e ambicioso. Ou seja, se um homem pode normalmente ganhar, digamos, 5 mil dólares por ano, o custo médio da criação do seu posto de trabalho não deve, de jeito nenhum, ultrapassar 5 mil dólares. Se o custo for muito maior, é possível que a sociedade em questão tenha sérios problemas, como uma concentração indevida de riqueza e poder entre poucos privilegiados; um problema crescente de marginais que não podem ser integrados na sociedade e constituem uma ameaça sempre crescente; desemprego "estrutural"; má distribuição da população por causa da urbanização excessiva; frustração e alienação generalizadas, com alto índice de criminalidade; e assim por diante.

O segundo requisito é adequar-se à aplicação em pequena escala. O professor Leopold Kohr escreveu de maneira brilhante e convincente sobre o problema da escala. A relação dela com a economia da permanência é óbvia. Operações de pequena escala, não importa quão numerosas sejam, sempre têm menos chance de serem prejudiciais para o ambiente natural do que as de grande escala, simplesmente porque sua força individual é pequena em relação à força de recuperação da natureza. Há sabedoria nas coisas de pequena escala, nem que seja por conta da pequenez e do caráter fragmentário do conhecimento humano, que depende muito mais da experimentação do que da compreensão. O maior perigo invariavelmente surge da aplicação impiedosa, em uma escala muito grande, de um conhecimento parcial, como o que testemunhamos atualmente na aplicação da energia nuclear, da

---

2. Pyarelal [Nayyar], *Towards New Horizons*. Ahmedabad: Navajivan Publishing House, 1959.

nova química na agricultura, da tecnologia dos transportes e incontáveis outras coisas.

Apesar de até comunidades pequenas às vezes serem culpadas de provocar grave erosão do solo, em geral, como resultado da ignorância, isso é insignificante em comparação com as devastações causadas por grupos gigantes motivados pela cobiça, pela inveja e pelo desejo de poder. E também é óbvio que homens organizados em unidades pequenas cuidarão melhor da terra ou de outros recursos naturais *deles* do que empresas anônimas ou governos megalomaníacos que fingem para si mesmos que todo o universo é legitimamente uma mina.

O terceiro requisito talvez seja o mais importante de todos: os métodos e equipamentos devem ser de um tipo tal que deixe bastante espaço para a criatividade humana. Nos últimos cem anos, ninguém falou com mais insistência sobre esse assunto nem emitiu tantos avisos ao seu respeito do que os pontífices romanos. O que um homem vira se o processo de produção "retira do trabalho qualquer indício de humanidade, tornando-o uma atividade meramente mecânica"? O próprio trabalhador se torna uma perversão de um ser livre.

"É assim que o trabalho corpóreo", disse Pio XI, "que mesmo depois do pecado original foi decretado pela Providência para o bem do corpo e da alma dos homens, é, em muitas situações, transformado num instrumento de perversão; pois, da fábrica, a matéria morta sai aprimorada, enquanto os homens lá se corrompem e se degradam".

Mais uma vez, o assunto é tão amplo que só posso mencioná-lo. Acima de qualquer outra coisa, há a necessidade de uma filosofia de trabalho adequada que compreenda o trabalho não como aquilo que ele se tornou na prática, uma tarefa inumana que será substituída pela automação o mais rápido possível, mas como algo "decretado pela Providência para o bem do corpo e da alma dos homens". Depois da família, o trabalho e as relações estabelecidas pelo trabalho é que são os verdadeiros alicerces da sociedade. Se os alicerces não estão sãos, como pode a sociedade estar sã? E se a sociedade está doente, como pode não ser uma ameaça à paz?

Dorothy L. Sayers disse: "A guerra é um juízo que alcança as sociedades quando elas estiveram baseando sua vida em ideias que conflitam de modo muito violento com as leis que governam o universo [...]. Nunca pense que as guerras são catástrofes irracionais: elas acontecem quando maneiras erradas de pensar e de viver criam situações intoleráveis."[3] Do ponto de vista econômico, o nosso modo errado de viver consiste principalmente no cultivo sistemático da cobiça e da inveja e, dessa forma, na construção de uma vasta gama de necessidades injustificadas. É o pecado da cobiça que nos entregou ao poder das máquinas. Se a cobiça não é a senhora do homem moderno – habilmente auxiliada pela inveja –, como é possível que o frenesi do economicismo não diminua à medida que padrões de vida mais elevados são alcançados, e como é possível que sejam precisamente as sociedades mais ricas que buscam vantagens econômicas de modo mais impiedoso? Como explicar a recusa quase universal por parte dos governantes das sociedades ricas – quer estas se organizem em torno da iniciativa privada ou das empresas coletivistas – a trabalhar em favor da *humanização do trabalho*? Basta afirmar que algo diminuiria o padrão de vida para que qualquer debate se encerre na mesma hora. Que o trabalho mecânico, monótono, irracional, sem significado e que destrói a alma é um insulto à natureza humana que deve, de modo necessário e inevitável, gerar ou o escapismo ou a agressão, e que nenhuma quantidade de pão e circo pode compensar o dano causado, são fatos que não são nem negados nem reconhecidos, mas se deparam com uma rígida conspiração de silêncio – porque negá-los seria um absurdo muito óbvio e reconhecê-los seria uma condenação da preocupação central da sociedade moderna como um crime contra a humanidade.

O descaso com a sabedoria – ou, mais que descaso, sua rejeição – já foi tão longe que a maioria dos nossos intelectuais não tem sequer uma vaga ideia de o que esse termo pode significar.

---

3. Dorothy L. Sayers, *Creed or Chaos*. Londres: Methuen, 1947.

Como resultado, sempre tentam curar a doença intensificando suas causas. Uma vez que a doença foi causada por se haver permitido que a mera argúcia ocupe o espaço da sabedoria, nenhuma quantidade de pesquisa arguta poderá produzir uma cura. Mas o que é a sabedoria? Onde podemos encontrá-la? É aqui que chegamos ao âmago da questão: podemos ler sobre ela em muitas publicações, mas só podemos *encontrá-la* dentro de nós mesmos. Para se tornar capaz de encontrá-la, a pessoa tem, antes, de se libertar de senhores como a cobiça e a inveja. A quietude que vem após a libertação – mesmo que seja apenas momentânea – produz lampejos de sabedoria que não podem ser obtidos de outra maneira.

Esses lampejos nos permitem ver o vazio e o caráter fundamentalmente insatisfatório da vida dedicada primariamente à busca de objetivos materiais, deixando de lado o espiritual. Uma vida desse tipo necessariamente coloca homem contra homem e nação contra nação, pois as necessidades do homem são infinitas e a infinitude só pode ser alcançada no reino espiritual, jamais no material. O homem certamente precisa ir acima desse mundo monótono e a sabedoria lhe mostra como fazer isso. Sem a sabedoria, o homem é motivado a construir uma economia monstruosa, que destrói o mundo, e a buscar satisfações fantasiosas, como colocar um homem na Lua. Em vez de superar o mundo caminhando em direção à santidade, o homem tenta superá-lo obtendo preeminência na riqueza, no poder, na ciência ou até em qualquer esporte que se possa imaginar.

Essas são as verdadeiras causas da guerra e seria quimérico tentar lançar os alicerces da paz sem antes eliminá-las. É duas vezes quimérico construir a paz sobre alicerces econômicos que, por sua vez, se apoiam no cultivo sistemático da cobiça e da inveja, as próprias forças que levam o homem ao conflito.

Como podemos ao menos começar a desarmar a cobiça e a inveja? Talvez sendo nós mesmos muito menos cobiçosos e invejosos; talvez resistindo à tentação de deixar que os nossos luxos se tornem necessidades; e talvez até examinando nossas necessidades para ver se elas não podem ser simplificadas e reduzidas.

Se não tivermos força para fazer nada disso, talvez pudéssemos parar de aplaudir um progresso econômico que evidentemente não pode ser permanente, e pudéssemos dar algum apoio, ainda que modesto, a aqueles que, sem medo de serem tidos como loucos, trabalham pela não violência na qualidade de conservacionistas, ecologistas, protetores da vida selvagem, promotores da agricultura orgânica, defensores do distributivismo, produtores de alimentos caseiros e assim por diante. Poucos gramas de prática geralmente valem mais que uma tonelada de teoria.

Serão necessários muitos gramas, no entanto, para lançar os alicerces econômicos da paz. Onde podemos buscar força para continuar trabalhando diante de dificuldades tão terríveis? E mais: onde podemos buscar força para superar a violência da cobiça, da inveja, do ódio e da luxúria dentro de nós mesmos?

Creio que Gandhi deu a resposta: "Deve haver um reconhecimento da existência da alma separada do corpo e de sua natureza permanente, e esse reconhecimento deve levar a uma fé viva; e, em última análise, a não violência não ajuda aqueles que não têm uma fé viva no Deus do Amor."

CAPÍTULO 3
O PAPEL DA CIÊNCIA ECONÔMICA[1]

Dizer que nosso futuro econômico é determinado pelos economistas seria um exagero; mas não se pode duvidar de que a influência deles, ou pelo menos a da ciência econômica, é forte e abrangente. Ela desempenha um papel central na moldagem das atividades do mundo moderno, na medida em que fornece os critérios para se determinar o que é "economicamente viável" e o que não é; e não há nenhum outro conjunto de critérios que exerça influência tão forte sobre as ações dos indivíduos e dos grupos, para não mencionar os governos. Por isso, é normal que se pense que devemos nos aconselhar junto aos economistas para saber como superar os perigos e as dificuldades em que o mundo moderno se vê mergulhado e implementar arranjos econômicos que garantam a paz e a permanência.

Mas *qual* é a relação entre a ciência econômica e os problemas discutidos nos capítulos anteriores? Quando o economista decreta que essa ou aquela atividade é "economicamente viável" ou "economicamente inviável", surgem duas perguntas impor-

---

1. Baseado, em parte, em "Clean Air and Future Energy: Economics and Conservation", Des Vœux Memorial Lecture, 1967, publicado pela National Society for Clean Air, Londres, 1967.

tantes e intimamente interligadas: 1. O que significa o veredito?; e 2. Será esse veredito conclusivo, no sentido de ser razoável basearmos nele nossas ações práticas? Voltando na história, podemos nos lembrar de que, quando se falou de fundar uma cátedra de economia política em Oxford, há 150 anos, muita gente não gostou da ideia. Edward Copleston, o grande reitor do Oriel College, não quis admitir no currículo universitário uma ciência "tão propensa a exercer indevidamente as funções das demais". O próprio Henry Drummond de Albury Park, que dotou a cátedra em 1825, achou necessário deixar claro que tinha a expectativa de que a universidade mantivesse os novos estudos "em seu devido lugar". O primeiro catedrático, Nassau Senior, não se resignou, contudo, a ser mantido em um lugar *inferior*. Logo em sua aula inaugural, previu que a nova ciência "alcançará, na estima do público, um lugar entre as principais ciências morais quanto ao interesse e à utilidade", e afirmou que "a busca da riqueza [...] é, para a massa da humanidade, a maior fonte de aperfeiçoamento moral". É verdade que nem todos os economistas reivindicaram uma posição tão elevada. John Stuart Mill (1806-1873) não via a economia política "como algo completo em si, mas como um fragmento de um todo maior; um ramo da filosofia social, tão interligado com todos os outros ramos que suas conclusões, mesmo em sua esfera própria, só são verdadeiras condicionalmente, pois estão sujeitas a interferências e reações provocadas por causas que não se colocam em seu âmbito direto". O próprio Keynes, contradizendo seus já citados conselhos, segundo os quais "a avareza, a usura e a precaução devem ser nossos deuses um bocadinho mais", nos admoestou a não "superestimarmos a importância do problema econômico nem sacrificar às suas supostas necessidades outros assuntos de significado maior e mais permanente".

Essas vozes, entretanto, mal se ouvem hoje em dia. Não seria um exagero dizer que a economia, com afluência cada vez maior, ocupa hoje o primeiro lugar na preocupação do público, e que o desempenho econômico, o crescimento econômico, a expansão econômica e assim por diante se tornaram um interesse constante, quando não uma obsessão, em todas as sociedades modernas. No atual vocabulário de condenação, poucos termos são tão definitivos e conclusivos quanto "economicamente inviável". Quando uma atividade é rotulada como economicamente inviável, seu direito à existência é não só questionado como energicamente negado. Tudo o que se constata como impeditivo ao crescimento econômico é vergonhoso, e, se as pessoas se aferram àquilo, são vistas como tolas ou sabotadoras. Algo pode ser chamado de feio, imoral, destruidor da alma ou uma degradação do homem, um perigo para a paz no mundo ou para o bem-estar das gerações futuras: caso não se demonstre que é "economicamente inviável", não se questiona de fato seu direito de existir, crescer e prosperar.

Mas o que significa dizer que algo é economicamente inviável? Não pergunto o que a maioria das pessoas quer dizer quando faz uma afirmação dessas, pois isso é bastante claro. Elas querem dizer que aquilo é como uma doença: é melhor não tê-la. E supõe-se que caiba ao economista ser capaz de diagnosticar a doença e, então, com sorte e habilidade, eliminá-la. Admito que os economistas discordam entre si com frequência a respeito do diagnóstico e, com frequência ainda maior, a respeito da cura; mas isso só prova que o tema em si é mais difícil que o normal e que os economistas, como os outros seres humanos, são falíveis.

Mas não: estou perguntando o que *essa afirmação* significa, *que tipo de significado o método da ciência econômica produz de fato*. E não pode haver dúvida quanto à resposta a essa pergunta: algo é economicamente inviável quando não é capaz de obter lucro monetário suficiente. O método da ciência econômica não produz, nem pode produzir, nenhum outro significado. Já foram feitas numerosas tentativas de ocultar esse fato e elas causaram uma tremenda confusão. O fato, no entanto, permanece. A sociedade, um grupo ou indivíduo dentro da sociedade pode decidir conservar uma atividade ou um ativo por *motivos não econômicos* – sociais, estéticos, morais, políticos –, mas isso não altera em absoluto seu caráter *economicamente inviável*. Em outras palavras, o juízo econômico é extremamente *fragmentário*. Dentre os muitos aspectos que, na vida real, têm de ser levados em conta e julgados antes que se possa tomar uma decisão, a ciência econômica fornece um só: se a coisa dá lucro monetário *para os que a empreendem* ou não.

Não ignore as palavras "para os que a empreendem". É um grande erro supor, por exemplo, que a metodologia da ciência econômica se aplica normalmente para determinar se uma atividade realizada por um grupo dentro da sociedade dá lucro para a sociedade como um todo. Nem os setores nacionalizados são considerados a partir desse ponto de vista mais amplo. Atribui-se a cada um deles um objetivo financeiro – que é, na verdade, uma obrigação – e se espera que busquem esse objetivo sem levar em consideração quaisquer males que possam infligir a outras partes da economia. Na verdade, o credo ortodoxo, pelo qual todos os partidos políticos juram com igual fervor, é que o bem comum necessariamente será maximizado se todos, todos os setores e atividades, nacionalizados ou não, buscarem obter um "retorno" aceitável a partir do capital empregado. Nem Adam Smith tinha tanta fé na "mão invisível" a ponto de garantir que "o que é bom para a General Motors é bom para os Estados Unidos".

Seja como for, não pode haver a menor dúvida acerca do caráter *fragmentário* dos juízos da ciência econômica. Mesmo dentro do estreito âmbito do cálculo econômico, esses juízos são necessária e *metodicamente* estreitos. Para começar, atribuem muitíssimo mais peso ao curto prazo que ao longo prazo, pois, no longo prazo, como disse Keynes com divertida brutalidade, todos estaremos mortos. Além disso, em segundo lugar, são baseados em uma definição de custo que exclui todos os "bens gratuitos", ou seja, todo o meio ambiente que nos foi dado por Deus, com exceção daquelas partes dele que já foram apropriadas por agentes privados. Isso significa que uma atividade pode ser economicamente viável mesmo que cause o caos no meio ambiente, e que uma atividade concorrente, que a algum custo protege e conserva o ambiente, será economicamente inviável.

Além disso, a ciência econômica encara os bens de acordo com seu valor de mercado, não de acordo com o que realmente são. As mesmas regras e critérios são aplicados aos bens primários, que o homem deve obter da natureza, e aos secundários, que pressupõem a existência dos primários e são fabricados a partir deles. Todos os bens são tratados da mesma maneira, pois o ponto de vista é fundamentalmente o do lucro privado, e isso significa que *ignorar a dependência do homem em relação ao mundo natural* é um aspecto inerente à metodologia da ciência econômica.

Outro modo de dizer a mesma coisa seria que a ciência econômica trata dos bens e serviços do ponto de vista do mercado, em que um comprador voluntário encontra um vendedor voluntário. O comprador é essencialmente um caçador de barganhas; pouco lhe importa a origem dos bens ou as condições em que foram produzidos. Seu único interesse é obter a melhor relação custo-benefício.

O mercado, portanto, representa somente a superfície da sociedade, e sua importância diz respeito à situação momentânea que existe em um determinado tempo e lugar. Não há uma sondagem profunda das coisas, dos fatos naturais ou sociais que estão por trás delas. Em certo sentido, o mercado é a institucionalização do individualismo e da não responsabilidade. Nem o comprador nem o vendedor são responsáveis por qualquer coisa que não eles mesmos. Não seria "economicamente viável" que um vendedor rico reduzisse os preços para os clientes pobres pelo simples fato de estes estarem passando necessidade, ou que um comprador rico pagasse um preço extra pelo simples fato de seu fornecedor ser pobre. Do mesmo modo, não seria "economicamente viável" que um comprador desse preferência a bens produzidos no país se os bens importados estivessem mais baratos. Ele não assume, nem se espera que assuma, a responsabilidade pela balança comercial do país.

No que se refere à não responsabilidade do comprador, é significativo que haja uma única exceção: o comprador tem de tomar todo o cuidado para não comprar bens roubados. Trata-se de uma regra que não é abolida nem pela ignorância nem pela inocência, e que pode produzir resultados extraordinariamente injustos e aborrecidos. Ela é, não obstante, exigida pela santidade da propriedade privada, da qual dá testemunho.

É claro que a liberdade em relação a qualquer responsabilidade, exceto consigo mesmo, simplifica imensamente os negócios. Reconhecemos que se trata de algo prático, e não precisamos nos surpreender ao constatar que isso é popularíssimo entre os negociantes. O que pode causar surpresa é que também se considera virtuoso fazer o máximo uso dessa liberdade em relação à responsabilidade. Se um comprador recusasse uma boa barganha por suspeitar que o baixo preço das mercadorias em questão fosse devido à exploração do trabalho ou a outras práticas deploráveis (com exceção do roubo ou do furto), ele poderia ser criticado por haver se comportado de modo "economicamente inviável", o que é visto como nada menos que um pecado. Tanto os economistas quanto outras pessoas tendem a reagir com desprezo, quando não com indignação, a um comportamento tão excêntrico. A religião da economia tem seu próprio código de ética, e seu primeiro mandamento diz que devemos nos comportar de modo "economicamente viável" – pelo menos quando estamos produzindo, vendendo ou comprando. É só quando o caçador de barganhas vai para casa e se torna um consumidor que o primeiro mandamento deixa de se aplicar: ele é, então, encorajado a "se divertir" como bem quiser. O consumidor não está sob a jurisdição da religião da economia. Essa característica estranha e significativa do mundo moderno merece ser mais discutida do que tem sido.

No mercado, por motivos práticos, inúmeras distinções qualitativas de importância crucial para o homem e a sociedade são suprimidas; não se permite que venham à tona. Assim, é no "Mercado" que o reino da quantidade celebra seus maiores triunfos. Tudo é equiparado a todo o resto. Equiparar as coisas significa atribuir-lhes um preço e, assim, torná-las intercambiáveis. Na medida em que o pensamento econômico é baseado no mercado, ele retira da vida sua sacralidade, pois não pode haver nada de sagrado naquilo que tem um preço. Não surpreende, portanto, que, se o pensamento econômico está disseminado por toda a sociedade, até valores não econômicos simples, como a beleza, a saúde ou a limpeza, só podem sobreviver se mostrarem ser "economicamente viáveis".

Para comprimir os valores não econômicos e fazê-los caber no cálculo econômico, os economistas usam o método da análise de custo e benefício. Em geral, considera-se esse método um desenvolvimento esclarecido e progressista, pois constitui ao menos uma tentativa de levar em conta custos e benefícios que, de outro modo, poderiam ser completamente desconsiderados. Na verdade, porém, é um procedimento pelo qual o superior é reduzido ao inferior e se atribui um preço ao que não tem preço. Por isso, não pode servir jamais para esclarecer a situação e conduzir a uma decisão ponderada. Tudo o que esse procedimento pode fazer é facilitar o autoengano ou que os outros se enganem, pois tentar medir o imensurável é absurdo e se reduz a um método elaborado pelo qual se passa de noções preconcebidas para conclusões já previamente formadas. Tudo o que é preciso fazer para se obter os resultados desejados é atribuir valores adequados aos custos e benefícios imensuráveis. No entanto, o absurdo lógico não é o pior defeito desse sistema; o que é ainda pior, e conduz à destruição da civilização, é a farsa de que tudo tem um preço, ou, em outras palavras, de que o dinheiro é o mais elevado de todos os valores.

A ciência econômica opera de modo legítimo e útil dentro de uma estrutura "dada" que se encontra completamente fora do cálculo econômico. Podemos dizer que a ciência econômica não se sustenta sozinha ou que constitui um corpo de conhecimentos "derivados" – derivados da metaeconomia. Caso o economista deixe de estudar a metaeconomia ou, pior, caso permaneça inconsciente de que a aplicabilidade do cálculo econômico tem limites, tenderá a cair em um erro de tipo semelhante ao de certos teólogos medievais, que tentavam resolver questões de física citando a Bíblia. Toda ciência é benéfica dentro dos limites que lhe cabem, mas se torna maligna e destrutiva assim que esses limites são transgredidos.

A ciência econômica é "tão propensa a exercer indevidamente as funções das demais" – e hoje ainda mais do que há 150 anos, quando Edward Copleston apontou esse perigo – porque se relaciona com certos impulsos muito fortes da natureza humana, como a inveja e a cobiça. Isso dá aos seus especialistas, os economistas, um dever ainda maior de compreender e indicar claramente as limitações de sua ciência, ou seja, de compreender a metaeconomia.

E o que é a metaeconomia? Como a ciência econômica trata do homem em seu ambiente, podemos ter a expectativa de que a metaeconomia seja composta de duas partes: uma que trata do homem e outra que trata do ambiente. Em outras palavras, podemos ter a expectativa de que a ciência econômica derive suas metas e objetivos de um estudo do homem, e derive pelo menos uma boa parte de sua metodologia de um estudo da natureza.

No próximo capítulo, vou tentar demonstrar de que modo as conclusões e prescrições da ciência econômica mudam à medida que muda sua imagem subjacente do homem e do seu objetivo sobre a terra. Neste capítulo, limito-me a uma discussão sobre a segunda parte da metaeconomia, ou seja, o modo pelo qual uma parte essencial da metodologia da ciência econômica teria de ser derivada de um estudo da natureza. Como já sublinhei, no mercado todos os bens são tratados da mesma maneira, pois o mercado é, em essência, uma instituição que permite a caça ilimitada às barganhas, e isso significa que a metodologia da ciência econômica moderna, tão voltada para o mercado, tem como característica intrínseca ignorar a dependência do homem em relação ao mundo natural. O professor E. H. Phelps Brown, no discurso que dirigiu à Royal Economic Society na qualidade de presidente, intitulado "O subdesenvolvimento da ciência econômica", falou sobre "o quanto é pequena a contribuição que os mais vistosos desenvolvimentos da ciência econômica no último quarto de século deram para resolver os problemas mais urgentes de nossa época", arrolando, entre esses problemas, "conter os efeitos adversos do industrialismo, do crescimento populacional e da urbanização sobre o meio ambiente e a qualidade de vida".

Na verdade, dizer "o quanto é pequena a contribuição" é usar um eufemismo, pois não houve nenhuma contribuição; pelo contrário, não seria injusto dizer que a ciência econômica, tal como é constituída e praticada hoje em dia, atua como uma barreira eficacíssima contra a compreensão desses problemas, em razão de sua dependência de uma análise puramente quantitativa e de sua temerosa recusa a examinar a verdadeira natureza das coisas.

A ciência econômica lida com uma variedade praticamente ilimitada de bens e serviços, produzidos e consumidos por uma variedade igualmente ilimitada de pessoas. Está claro que é impossível desenvolver qualquer teoria econômica sem se dispor a desconsiderar uma imensa gama de distinções qualitativas. No entanto, deveria estar claro, do mesmo modo, que a supressão total das distinções qualitativas, embora facilite a teorização, ao mesmo tempo torna a teoria totalmente estéril. A maioria dos "mais vistosos desenvolvimentos da ciência econômica no último quarto de século" (a que o professor Phelps Brown se referiu) caminhou na direção da quantificação à custa da compreensão das diferenças qualitativas. Com efeito, pode-se afirmar que a ciência econômica tem se tornado cada vez mais intolerante a essas últimas, que não se encaixam em seu método e impõem exigências à compreensão prática e ao poder de penetração dos economistas, que não estão dispostos a atender a tais exigências ou não são capazes de fazer isso. Por exemplo: depois de estabelecer, por seus métodos puramente quantitativos, que o produto nacional bruto (PNB) de um país cresceu 5%, digamos, o economista, que agora se tornou um econometrista, não se dispõe a enfrentar – e no geral é incapaz de fazer isso – a questão de saber se esse fato deve ser considerado bom ou mau. Caso cogitasse minimamente a questão, perderia de imediato todas as suas certezas, pois o crescimento do PIB tem de ser uma coisa boa, independentemente de o que tiver crescido e de quem tiver se beneficiado, se é que alguém se beneficiou. A ideia de que possa haver um crescimento patológico, um crescimento doentio, prejudicial ou destrutivo, é, para ele, uma ideia perversa que não se pode deixar vir à tona. Hoje em dia, uma pequena minoria de economistas está começando a questionar até quando o "crescimento" será possível, visto que o crescimento infinito em um ambiente finito é uma impossibilidade óbvia; mas nem eles são capazes de fugir do conceito de um crescimento puramente quantitativo. Em vez de insistir na *primazia das distinções qualitativas*, simplesmente substituem o crescimento pelo não crescimento, ou seja, um vazio por outro.

É claro que é muito mais difícil "lidar" com a qualidade do que com a quantidade, assim como o exercício do julgamento é uma função mais elevada que a capacidade de contar e calcular. As diferenças quantitativas são mais fáceis de captar, e certamente mais fáceis de definir, do que as qualitativas; sua concretude é enganadora e lhes dá uma aparência de precisão científica, mesmo quando essa precisão é adquirida à custa da supressão de diferenças qualitativas essenciais. A grande maioria dos economistas ainda corre atrás do objetivo absurdo de tornar a sua ciência tão científica e tão precisa quanto a Física, como se não houvesse diferenças qualitativas entre átomos brutos e homens feitos à imagem de Deus.

O tema principal da ciência econômica são os bens. Os economistas fazem algumas distinções rudimentares entre as categorias de bens do ponto de vista do *comprador*, como a distinção entre bens de consumo e bens de produção; mas praticamente inexiste a tentativa de tomar conhecimento de o que esses bens efetivamente são – por exemplo, se são feitos pelo homem ou dados por Deus, se são reprodutíveis ou não. Uma vez que quaisquer bens, independentemente de seu caráter metaeconômico, tenham aparecido no mercado, são todos tratados da mesma maneira, como objetos a serem vendidos, e a ciência econômica trata, antes de tudo, de teorizar sobre as atividades de caça à barganha do comprador.

É fato, contudo, que existem diferenças fundamentais e essenciais entre várias categorias de bens que não podem ser desconsideradas, sob pena de perdermos o contato com a realidade. Podemos dizer que o esquema a seguir é uma categorização mínima:

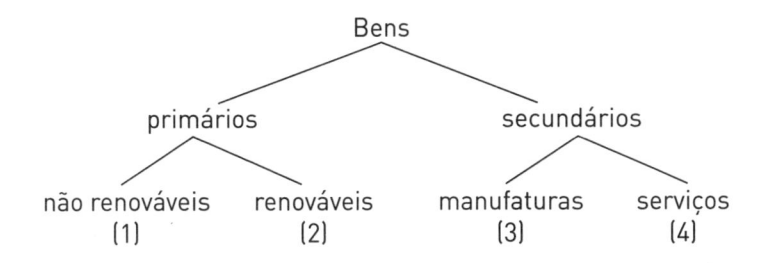

```
                        Bens
              /                    \
        primários              secundários
        /       \              /          \
  não renováveis  renováveis  manufaturas  serviços
       (1)          (2)          (3)         (4)
```

Não há distinção mais importante para começar do que a entre bens primários e secundários, pois estes pressupõem a existência daqueles. Uma expansão da capacidade humana de produzir bens secundários será inútil se não for precedida da capacidade de obter os produtos primários da terra, pois o homem não é um produtor, senão somente um conversor, e precisa de produtos primários para cada tarefa de conversão. Em particular, seu poder de converter depende da energia primária, o que evidencia de imediato a necessidade de fazermos uma distinção essencial no campo dos bens primários: entre os não renováveis e os renováveis. No que diz respeito aos bens secundários, há uma distinção óbvia e básica entre manufaturas e serviços. Chegamos assim a um número mínimo de quatro categorias, cada uma das quais é *essencialmente* diferente das outras três.

O mercado ignora essas distinções por completo. Fornece uma etiqueta de preço para cada bem e nos habilita, assim, a fingir que todos eles têm a mesma importância. Cinco libras de petróleo (categoria 1) são iguais a cinco libras de trigo (categoria 2), que são iguais a cinco libras de sapatos (categoria 3) ou cinco libras de estada em um hotel (categoria 4). O único critério para determinar a importância relativa desses diferentes bens é a taxa de lucro que pode ser obtida em razão do seu fornecimento. Se as categorias 3 e 4 dão lucros maiores que as categorias 1 e 2, isso é tomado como um sinal de que é racional despender recursos adicionais nos primeiros e retirar recursos dos últimos.

Não me interessa aqui discutir a confiabilidade ou a racionalidade do mecanismo de mercado que os economistas chamam de mão invisível. Essas coisas já foram temas de discussões infindáveis, as quais, no entanto, jamais prestaram atenção à *incomensurabilidade básica* das quatro categorias detalhadas. Não se percebeu, por exemplo – ou, caso se tenha percebido, nunca se levou a sério na formulação da teoria econômica – que o conceito de "custo" é essencialmente diferente entre os bens renováveis e não renováveis, assim como entre as manufaturas e os serviços. Na verdade, sem entrar em mais detalhes, pode-se dizer que a ciência econômica, tal como se constitui na época atual, só se aplica em plenitude às manufaturas (categoria 3), mas é aplicada sem distinção a todos os bens e serviços, pois falta por completo uma apreciação das diferenças qualitativas essenciais entre as quatro categorias.

Essas diferenças podem ser chamadas metaeconômicas, na medida em que têm de ser reconhecidas antes que comece a análise econômica. Mais importante ainda é o reconhecimento da existência de bens que nunca sequer chegam ao mercado, pois não podem ser, ou ainda não foram, apropriados pela iniciativa privada, embora sejam uma precondição essencial de toda atividade humana. É o caso do ar, da água, do solo e, na verdade, de toda a estrutura da natureza viva.

Até uma época mais ou menos recente, os economistas sentiam que tinham, por razões toleravelmente boas, o direito de tratar como um *dado* toda a estrutura em que decorre a atividade econômica, ou seja, tratá-la como permanente e indestrutível. O estudo dos efeitos da atividade econômica sobre a estrutura não fazia parte da tarefa deles ou mesmo de sua competência profissional. Visto termos agora indícios cada vez mais claros da deterioração ambiental, sobretudo na natureza viva, todo o ponto de vista e a metodologia da ciência econômica estão sendo postos em questão. O estudo da ciência econômica é estreito e fragmentário demais para conduzir a percepções válidas, a menos que seja complementado e completado por um estudo da metaeconomia.

O problema de dar mais valor aos meios que aos fins – sendo essa, como confirma Keynes, a atitude da ciência econômica moderna – é que isso destrói a liberdade e a capacidade do homem de escolher os fins que ele realmente prefere; o desenvolvimento dos meios, por assim dizer, determina a escolha dos fins. São exemplos óbvios: o desenvolvimento de meios supersônicos de transporte e os esforços imensos feitos para desembarcar um homem na Lua. A concepção desses fins não resultou de alguma percepção das verdadeiras necessidades e aspirações do ser humano, às quais a tecnologia deveria atender, mas unicamente do fato de que os meios técnicos necessários pareciam estar disponíveis.

Como vimos, a ciência econômica é uma ciência "derivada", que recebe instruções do que chamo de metaeconomia. À medida que mudam as instruções, muda também o conteúdo da ciência econômica. No capítulo seguinte, exploraremos quais leis econômicas e quais definições dos conceitos "economicamente viável" e "economicamente inviável" resultam do abandono da base metaeconômica do materialismo ocidental e de sua substituição pela doutrina budista. A escolha do budismo para esse fim é puramente incidental. As doutrinas do cristianismo, do islamismo ou do judaísmo poderiam ter sido usadas, assim como as de qualquer outra das grandes tradições orientais.

CAPÍTULO 4
ECONOMIA BUDISTA[1]

O "correto meio de vida" é um dos mandamentos do Nobre Caminho Óctuplo de Buda. Fica claro, assim, que deve existir algo como uma economia budista.

Os países budistas declararam com frequência que desejam permanecer fiéis a sua tradição. É o caso da Birmânia: "A Nova Birmânia não vê conflito entre os valores religiosos e o progresso econômico. A saúde espiritual e o bem-estar material não são inimigos, mas, ao contrário, aliados naturais."[2] Ou: "Podemos combinar os valores religiosos e espirituais da nossa tradição com os benefícios da tecnologia moderna."[3] Ou ainda: "Nós, birmaneses, temos o dever sagrado de compatibilizar tanto os nossos sonhos quanto os nossos atos com a nossa fé. É isso que faremos sempre."[4]

Mesmo assim, esses países invariavelmente supõem que podem basear seus planos de desenvolvimento econômico na moder-

---

1. Publicado pela primeira vez em Guy Wint (Org.), *Asia: A Handbook*. Londres: Anthony Blond, 1966.

2. *The New Burma*, Conselho Econômico e Social, Governo da União da Birmânia, 1954.

3. *Idem, ibidem.*

4. *Idem, ibidem.*

na ciência econômica e chamam economistas dos países chamados avançados para aconselhá-los, formular cursos de ação a serem seguidos e elaborar um grande projeto de desenvolvimento, um plano quinquenal ou como quer que se chame. Ninguém parece perceber que um modo de vida budista exige uma economia budista, assim como o modo de vida materialista do mundo moderno deu à luz a moderna ciência econômica.

Os próprios economistas, como a maioria dos especialistas, sofrem em geral de uma espécie de cegueira metafísica, supondo que sua ciência lida com verdades absolutas e invariáveis, que não dependem de quaisquer pressupostos. Alguns chegam a afirmar que as leis econômicas são tão isentas de metafísica e de valores quanto a lei da gravitação. Não precisamos, contudo, entrar em questões de metodologia. Ao contrário, vamos examinar alguns pontos fundamentais e ver com o que eles se parecem sob a ótica de um economista moderno e de um economista budista.

Todos concordam que uma das fontes fundamentais de riqueza é o trabalho humano. Ora, o economista moderno foi criado para ver o trabalho como pouco mais que um mal necessário. Do ponto de vista do empregador, o trabalho não passa, em todo caso, de um item que entra na coluna dos custos e que deve ser reduzido ao mínimo, quando não eliminado por completo, por exemplo, pela automação. Do ponto de vista do trabalhador, o trabalho é uma "desutilidade". Trabalhar é sacrificar o próprio lazer e conforto e o salário é uma espécie de compensação por esse sacrifício. Por isso, do ponto de vista do empregador, o ideal é produzir sem empregados; e, do ponto de vista do empregado, é ter renda sem ter emprego.

É claro que essas atitudes têm amplas consequências, tanto na teoria quanto na prática. Se o ideal do trabalho é que ele não exista, todo método que reduza a sua carga será bom. O método mais poderoso, sem contar a automação, é a chamada divisão do trabalho, e o exemplo clássico é a fábrica de alfinetes, cujos louvores foram cantados por Adam Smith em *A riqueza das nações*[5].

---

5. Adam Smith, *A riqueza das nações,* vol. 1, 3. ed. 2016; 2 vols. São Paulo: WMF Martins Fontes.

Aqui não se trata somente da especialização, que a humanidade pratica desde tempos imemoriais, mas de dividir o processo total de produção em partes diminutas, de modo que o produto final possa ser criado com grande velocidade e de tal modo que a contribuição de cada um se resuma a um movimento insignificante de seus membros, movimento esse que, na maioria dos casos, não exige nenhuma qualificação.

Do ponto de vista budista, o trabalho tem pelo menos três funções: dar ao homem a oportunidade de utilizar e desenvolver suas faculdades; permitir que ele vença seu egocentrismo, unindo-se a outras pessoas para realizar uma tarefa em comum; e produzir os bens e serviços necessários para uma existência digna. Também nesse caso as consequências que decorrem desse ponto de vista são infinitas. Organizar o trabalho de tal modo que ele se torne sem sentido, tedioso, embrutecedor ou irritante para o trabalhador é uma atitude que chega a ser criminosa; é indício de um interesse maior pelas coisas do que pelas pessoas, de maldade, de falta de compaixão e de um apego ao lado mais primitivo da existência neste mundo, que pode destruir a alma. Do mesmo modo, buscar o lazer como uma alternativa ao trabalho é algo que pode ser visto como um equívoco fundamental a respeito de uma das verdades básicas da existência humana – a saber, que trabalho e lazer são partes complementares do mesmo processo de vida e não podem ser separados sem destruir tanto a alegria do trabalho quanto a felicidade do lazer.

Do ponto de vista budista, portanto, devem-se distinguir dois tipos muito diferentes de mecanização: um que aumenta a habilidade e a força do homem e outro que transfere o trabalho do homem para um escravo mecânico e põe o homem na posição de servir ao escravo. Como distinguir um do outro? Ananda Coomaraswamy, um homem competente para falar tanto do Ocidente moderno quanto do Oriente antigo, diz: "O próprio artesão, caso se lhe permita fazê-lo, sempre será capaz de traçar a delicada distinção entre a máquina e o instrumento. O tear com que se fazem tapetes é um instrumento, uma engenhoca que estica os fios da urdidura para que outro fio seja passado entre eles pelos dedos do artesão; já o tear mecânico é uma máquina, e sua importância como destruidor da cultura reside no fato de que ele cumpre a parte essencialmente humana do trabalho."[6] Fica claro, portanto, que uma ciência econômica budista tem de ser muito diferente da ciência econômica do materialismo moderno, pois o budista entende que a essência da civilização não é a multiplicação das necessidades, mas a purificação do caráter humano. O caráter, ao mesmo tempo, é formado em primeiro lugar pelo trabalho do homem. E o trabalho, bem conduzido em condições de dignidade humana e liberdade, abençoa tanto os que a ele se dedicam quanto as coisas produzidas por eles. O filósofo e economista indiano J. C. Kumarappa resume a questão da seguinte maneira:

> Se a natureza do trabalho for compreendida e aplicada como se deve, ele estará para as faculdades superiores do homem como o alimento está para o corpo físico. Nutre e vivifica o homem superior e o estimula a produzir o que de melhor for capaz. Dirige sua vontade livre pelo caminho devido e disciplina o animal que há nele, conduzindo-o por canais de progresso. Constitui um excelente pano de fundo para que o homem demonstre sua escala de valores e desenvolva sua personalidade.[7]

Quando um homem não tem possibilidade de obter trabalho, encontra-se em uma situação desesperadora, não somente por não ter renda, mas por não ter a nutrição e a vida que lhe podem ser dadas pelo trabalho disciplinado, o qual nada pode substituir. Um economista moderno talvez faça cálculos sofisticadíssimos para saber se o pleno emprego compensa ou se não seria mais economicamente viável manter um certo nível de desemprego na economia a fim de assegurar maior mobilidade do trabalho, mais estabilidade salarial e assim por diante. Seu critério fundamental de sucesso é simplesmente a quantidade total de bens

---

6. Ananda K. Coomaraswamy, *Art and Swadeshi*. Madras: Ganesh, [s.d.].
7. J. C. Kumarappa, *Economy of Permanence*. Varanasi: Sarva-Seva Sangh Publication, 1958.

produzidos em um determinado período de tempo. "Se a urgência marginal [*marginal urgency*] dos bens é baixa", diz o professor Galbraith em *A sociedade afluente*, "também será baixa a urgência de se empregar o último homem ou o último milhão de homens como força de trabalho."[8] E ainda: "Se [...] pudermos nos dar ao luxo de manter um certo desemprego pelo bem da sociedade – uma proposição, aliás, de linhagem impecavelmente conservadora –, poderemos nos dar ao luxo de dar aos desempregados os bens que os habilitam a manter o padrão de vida com que estão acostumados."

Do ponto de vista budista, isso equivale a virar a verdade de ponta-cabeça, vendo as coisas como mais importantes que as pessoas, e o consumo como mais importante que a atividade criativa. Equivale a atribuir maior importância ao produto do trabalho do que ao trabalhado, ou seja, atribuir maior importância ao sub--humano do que ao humano. Trata-se de uma rendição às forças do mal. O próprio ponto de partida de um planejamento econômico budista teria em vista o pleno emprego, e o objetivo principal dessa premissa seria, na verdade, oferecer emprego a todos que precisam trabalhar fora; não seria nem a maximização do emprego nem a maximização da produção. As mulheres, em geral, não precisam trabalhar fora, e o fato de haver muitas mulheres empregadas em escritórios ou fábricas seria considerado sinal de um fracasso econômico gravíssimo. Em específico, deixar que as mães de crianças novas trabalhem em fábricas enquanto as crianças ficam entregues a si mesmas seria, aos olhos de um economista budista, tão economicamente inviável quanto, aos olhos de um economista moderno, seria empregar como soldado um trabalhador especializado.

Enquanto o interesse principal do materialista são os bens, o interesse principal do budista é a libertação. O budismo, contudo, é o caminho do meio, e por isso não é, em absoluto, contrário ao bem-estar físico. Não é a riqueza que constitui um obstáculo à libertação, mas o apego à riqueza; não a fruição das coisas boas,

---

8. John Kenneth Galbraith, *The Affluent Society*. Londres: Penguin Books, 1962.

mas o desejo por elas. A tônica da economia budista, portanto, é a simplicidade e a não violência. Do ponto de vista de um economista, a maravilha do modo de vida budista é a inatacável racionalidade de sua estrutura – meios incrivelmente pequenos produzem resultados extraordinariamente satisfatórios.

    Para o economista moderno, isso é muito difícil de entender. Ele está acostumado a medir o padrão de vida pela quantidade anual de consumo, supondo sempre que o homem que consome mais está em melhor condição do que o que consome menos. Aos olhos do economista budista, essa abordagem seria o cúmulo da irracionalidade: visto que o consumo é apenas um meio para o bem-estar humano, o objetivo deve ser obter o máximo de bem-estar com o mínimo de consumo. Assim, se a finalidade da roupa é um certo grau de conforto térmico e uma boa aparência, a tarefa em mãos é alcançar essa finalidade com o mínimo esforço possível, ou seja, destruindo o mínimo possível de tecido por ano e criando estilos que envolvam a menor quantidade possível de labuta. Quanto menor a labuta, mais tempo e mais energia poderão ser dedicados à criatividade artística. Seria bastante inviável, do ponto de vista econômico, por exemplo, adotar uma alfaiataria complicada, como no Ocidente moderno, quando um efeito muito mais bonito pode ser alcançado por um uso hábil de tecido não cortado. Seria o cúmulo da loucura fabricar um material que se desgaste rapidamente, e o cúmulo da barbárie fabricar qualquer coisa feia, mal-ajambrada ou indecente. O que se diz aqui sobre a vestimenta se aplica do mesmo modo a todas as outras necessidades humanas. A propriedade e o consumo de bens são meios para um fim, e a economia budista é o estudo sistemático de como alcançar determinados fins com os mínimos meios.

    A ciência econômica moderna, por sua vez, vê o consumo como o único fim e propósito de toda a atividade econômica, e entende os fatores de produção (terra, trabalho e capital) como meios. A economia budista, em resumo, visa maximizar a satisfação humana pela adoção de um padrão ótimo de consumo, ao passo que a moderna procura maximizar o consumo mediante um padrão ótimo de esforço produtivo. É fácil ver que o esforço necessário para sustentar um modo de vida que busca alcançar o padrão ótimo de consumo deve ser muito menor que o esforço necessário para sustentar a busca do máximo consumo. Não devemos nos surpreender, portanto, com o fato de a pressão e o estresse da vida serem muito menores na Birmânia, por exemplo, do que nos Estados Unidos, apesar de a quantidade de máquinas (que economizam trabalho) usadas no primeiro país ser apenas uma diminuta fração das utilizadas no segundo.

É evidente que existe uma estreita relação entre a simplicidade e a não violência. O padrão ótimo de consumo, que produz alto grau de satisfação por meio de uma taxa de consumo relativamente baixa, permite que as pessoas vivam sem demasiada pressão e estresse e cumpram o primeiro mandamento da doutrina budista: "Cessai de fazer o mal e procurai fazer o bem." Como os recursos físicos são limitados em toda parte, está claro que as pessoas que atendem a suas próprias necessidades por meio de um uso modesto dos recursos não estarão tão dispostas a brigar entre si quanto as pessoas que dependem de um alto índice de uso. Do mesmo modo, as pessoas que vivem em comunidades locais bastante autossuficientes terão menos probabilidade de se envolver em uma violência de grande escala do que aquelas cuja existência depende de sistemas globais de comércio.

Do ponto de vista da economia budista, portanto, a produção para atender a necessidades locais a partir de recursos locais é o modo mais racional de vida econômica, ao passo que a dependência em relação a produtos importados de muito longe e a consequente necessidade de exportar o fruto da produção para povos desconhecidos e distantes é bem pouco viável do ponto de vista econômico e só se justifica em casos excepcionais e em pequena escala. Assim como o economista moderno admitiria que um alto índice de consumo de serviços de transporte entre a casa de um homem e seu local de trabalho é uma infelicidade e não um sinal de alto padrão de vida, assim também o economista budista sustentaria que satisfazer necessidades humanas a partir de fontes longínquas, e não de fontes próximas, não é sinal de sucesso, mas de fracasso. O primeiro tende a encarar as estatísticas que acusam um aumento no número de toneladas transportadas por quilômetro por habitante no sistema de transporte de um país como prova de progresso econômico, ao passo que para o economista budista as mesmas estatísticas indicariam uma indesejável deterioração no *padrão* de consumo.

Outra diferença chocante entre a economia moderna e a economia budista diz respeito ao uso de recursos naturais. Bertrand de Jouvenel, eminente filósofo político francês, caracterizou o homem ocidental em palavras que podem ser tomadas como uma justa descrição do economista moderno:

> Para ele não existem gastos se não forem de esforço humano; parece não se preocupar com a quantidade de matéria mineral que desperdiça, e, pior ainda, com a quantidade de matéria viva que destrói. Parece não perceber em absoluto que a vida humana é parte dependente de um ecossistema de muitas formas de vida diferentes. Visto que o mundo é governado a partir de cidades em que os homens estão isolados de todas as outras formas de vida que não a vida humana, a sensação de fazer parte de um ecossistema já não é recuperada. Isso resulta em um tratamento violento e improvisado que se dá a coisas de que, em última análise, nós dependemos, como a água e as árvores.[9]

Os ensinamentos de Buda, por sua vez, prescrevem uma atitude de reverência e não violência não apenas para com todos os seres sencientes, mas também, com grande ênfase, para com as árvores. Todo seguidor de Buda deve, a cada poucos anos, plantar uma árvore e cuidar dela até ela vingar, e o economista budista é capaz de demonstrar sem dificuldade que a observância universal dessa regra resultaria em um alto grau de verdadeiro desenvolvimento econômico independente de qualquer ajuda externa. Boa parte da decadência econômica do Sudeste Asiático (como de muitas outras partes do mundo) é devida, sem dúvida, à temerária e desavergonhada falta de consideração pelas árvores.

---

9. Richard B. Gregg, *A Philosophy of Indian Economic Development*. Ahmedabad: Navajivan Publishing House, 1958.

A ciência econômica moderna não distingue entre materiais renováveis e não renováveis, pois seu próprio método consiste em igualar e quantificar todas as coisas pelo seu preço em dinheiro. Assim, considerando-se várias fontes de energia alternativas, como o carvão, o petróleo, a madeira e a força da água, a única diferença entre elas que a moderna ciência econômica reconhece é o custo relativo por unidade equivalente. A mais barata deve ser preferida, pois o contrário seria irracional e economicamente inviável. Do ponto de vista budista, é evidente que isso não basta; a diferença essencial entre fontes de energia não renováveis, como o carvão e o petróleo, por um lado, e fontes renováveis, como a madeira e a força da água, por outro, não é algo que se possa simplesmente ignorar. Os bens não renováveis só podem ser usados se forem indispensáveis, e mesmo assim só o devem ser com o maior cuidado e um meticuloso interesse na conservação. Usá-los de maneira temerária ou exagerada é um ato de violência, e, embora a não violência completa seja talvez inalcançável na Terra, o homem tem, não obstante, o dever inelutável de visar o ideal da não violência em tudo o que faz.

Assim como um economista europeu moderno não tomaria como grande conquista econômica a venda de todos os tesouros artísticos europeus para os Estados Unidos a um preço atraente, assim também o economista budista insistiria que a população que baseia sua vida econômica em fontes de energia não renováveis leva uma vida parasitária, consumindo capital em vez de renda. Esse modo de vida não tem permanência e, portanto, só pode se justificar como expediente temporário. Uma vez que os recursos energéticos não renováveis do mundo (carvão, petróleo e gás natural) estão distribuídos de modo muitíssimo desigual pelo mundo e existem, sem dúvida, em quantidade limitada, está claro que sua exploração cada vez mais intensa é um ato de violência contra a natureza que deve conduzir de modo quase inevitável à violência entre os homens.

Esse fato bastaria para fazer pensar até aquelas pessoas em países budistas que não dão importância aos valores religiosos e espirituais de sua tradição e desejam ardorosamente abraçar o materialismo da economia moderna com a maior velocidade possível.

Antes de desconsiderarem a economia budista como um mero sonho nostálgico, deveriam se perguntar se o caminho de desenvolvimento econômico delineado pela ciência econômica moderna tende a levá-los a lugares onde eles realmente gostariam de estar. Perto de final de seu corajoso livro *The Challenge of Man's Future* [O desafio do futuro do homem], o professor Harrison Brown, do Instituto de Tecnologia da Califórnia, faz a seguinte avaliação:

> Vemos assim que, do mesmo modo que a sociedade industrial é instável em seus fundamentos e suscetível de reverter a uma existência agrícola, assim também, dentro dela, as condições que garantem a liberdade individual são instáveis em sua capacidade de evitar as condições que impõem uma organização rígida e um controle totalitário. Com efeito, quando levamos em conta todas as dificuldades que se podem prever e que ameaçam a sobrevivência da civilização industrial, é difícil ver como compatibilizar a realização da estabilidade e a conservação da liberdade individual.[10]

Mesmo que se rejeitassem essas considerações por representarem uma visão de longo prazo, resta a questão imediata de saber se a modernização, tal como praticada atualmente, sem nenhuma atenção aos valores religiosos e espirituais, está de fato produzindo resultados agradáveis. No que se refere às massas, os resultados parecem ser desastrosos: o colapso da economia rural, a maré galopante de desemprego na cidade e no campo e o crescimento de um proletariado urbano sem alimento nem para o corpo nem para a alma.

É à luz tanto da experiência imediata quanto das perspectivas de longo prazo que o estudo da economia budista pode ser recomendado até aos que acreditam que o crescimento econômico depende de uma escolha entre o crescimento moderno e a estagnação tradicional. Ele depende, na verdade, de encontrar-se o caminho correto de desenvolvimento, o caminho do meio entre a inconsciência materialista e a imobilidade tradicionalista – em suma, de encontrar-se o "correto meio de vida".

---

10. Harrison Brown, *The Challenge of Man's Future*. Nova York: The Viking Press, 1954.

CAPÍTULO 5

UMA QUESTÃO DE TAMANHO[1]

Fui criado em uma interpretação da história segundo a qual tudo começou com a família; depois, as famílias se juntaram e formaram tribos; em seguida, algumas tribos formaram uma nação; depois, algumas nações formaram uma União ou um Estados Unidos disto ou daquilo; e agora, finalmente, podemos ficar na expectativa de um único Governo Mundial. Desde a primeira vez que ouvi essa narrativa plausível, me interessei de modo especial por esse processo, mas não pude deixar de reparar que o que parecia estar acontecendo era o contrário: uma proliferação de Estados nacionais. A Organização das Nações Unidas surgiu há cerca de 25 anos, com uns sessenta membros. Agora, o número de membros é quase o dobro e ainda não parou de crescer. Na minha juventude, esse processo de proliferação era chamado de balcanização e era considerado uma coisa muito ruim. Embora todos dissessem que era ruim, ele não se abalou e vem acontecendo há mais de cinquenta anos em quase todos os cantos do mundo. Unidades maiores tendem a se decompor em unidades

---

1. Baseado em uma palestra dada em Londres, em agosto de 1968, e publicada pela primeira vez em *Resurgence* – Journal of the Fourth World, vol. II, n. 3, set.-out. 1968.

menores. Esse fenômeno, que zombeteiramente se opõe ao que me ensinaram, é digno pelo menos de não ser ignorado, quer o aprovemos, quer não.

Além disso, eu fui criado na teoria de que, para ser próspero, um país tem de ser grande – quanto maior, melhor. Isso também parecia bastante plausível. Comparemos as entidades que Churchill chamou de "principados de *pumpernickel*", na Alemanha anterior a Bismarck, com o próprio Reich bismarckiano. Não é fato que a grande prosperidade alemã só se tornou possível com a unificação? Mesmo assim, os suíços e os austríacos de língua alemã que não se juntaram à federação se deram tão bem quanto a Alemanha do ponto de vista econômico, e, se fizermos uma lista dos países mais prósperos do mundo, veremos que eles, em sua maioria, são minúsculos, ao passo que uma lista dos maiores países do mundo mostrará que a maioria deles é paupérrima. Também isso é um convite à reflexão.

Em terceiro lugar, fui criado na teoria da economia de escala, em que, não somente as nações mas também as indústrias e demais empresas apresentam a tendência irresistível, determinada pela tecnologia moderna, de se reunir em unidades cada vez maiores. É verdade, com efeito, que hoje existe um número maior de grandes organizações do que em qualquer outro momento da história e que essas organizações também são provavelmente maiores do que as do passado; mas o número de unidades pequenas também vem crescendo e certamente não está declinando em países como o Reino Unido e os Estados Unidos. Muitas dessas unidades pequenas são altamente prósperas e proporcionam à sociedade a maioria dos novos desenvolvimentos que de fato apresentam alguma utilidade. Mais uma vez, não é fácil conciliar teoria e prática, e, no que se refere a toda essa questão de tamanho, não há dúvida de que a situação é enigmática para quem quer que tenha sido criado nessas três teorias convergentes.

Mesmo hoje, ainda nos dizem, em geral, que a existência de organizações gigantescas é inescapável e necessária; mas um exame atento nos revela que, assim que se cria um grande tamanho, logo se fazem enérgicas tentativas para produzir a pequenez dentro da grandeza. A grande realização do sr. Sloan, da General Motors, foi a de estruturar sua empresa gigantesca de tal modo que ela se tornou, na prática, uma federação de empresas de tamanho razoável. Na National Coal Board do Reino Unido, uma das maiores empresas da Europa Ocidental, algo semelhante foi intentado sob o comando de lorde Robens; esforços extenuantes foram feitos para criar-se uma estrutura que, ao mesmo tempo em que mantivesse a unidade da grande organização, criasse o "clima" ou a sensação da existência de uma federação de numerosas "quase empresas". O monolito foi transformado em uma assembleia bem coordenada de unidades semiautônomas cheias de vida, cada qual com suas motivações e realizações. Ao passo que muitos teóricos – que nem sempre estão em contato muito próximo com a vida real – ainda propagam a idolatria do tamanho, as pessoas práticas no mundo real sentem o tremendo anseio de aproveitar, na medida do possível, a conveniência, a humanidade e as facilidades administrativas da pequenez, e de buscar essas coisas. Também essa é uma tendência que qualquer um pode facilmente observar por si.

Vamos agora abordar nosso tema de outro ângulo e perguntar o que de fato é *necessário*. Os assuntos humanos sempre parecem se caracterizar por duas necessidades simultâneas, que à primeira vista parecem incompatíveis e mutuamente excludentes. Sempre precisamos de liberdade e ordem. Precisamos da liberdade de um grande número de unidades pequenas e autônomas, e, ao mesmo tempo, precisamos da ordem dada por uma unidade e uma coordenação de grande escala, possivelmente globais. No que se refere à ação, é evidente que precisamos de unidades pequenas, pois a ação é um assunto altamente pessoal e ninguém é capaz de estar em contato com um número muito grande de pessoas ao mesmo tempo. Contudo, no que se refere ao mundo das ideias, aos princípios ou à ética, precisamos reconhecer a unidade da humanidade e basear nossas ações nesse reconhecimento. Ou, para dizer a mesma coisa de outra maneira, é verdade que todos os homens são irmãos, mas também é verdade que, em nossos relacionamentos pessoais ativos, só podemos, na prática, ser irmãos de uns poucos, e somos chamados a demonstrar mais fraternidade para com eles do que seríamos capazes de demonstrar para com o conjunto da humanidade. Todos nós conhecemos pessoas que falam, a torto e a direito, sobre a fraternidade humana, ao mesmo tempo que tratam seus vizinhos como inimigos; e também conhecemos pessoas que, na prática, mantêm excelentes relações com todos os seus vizinhos, ao mesmo tempo que abrigam preconceitos inacreditáveis para com todos os grupos humanos que escapam ao seu pequeno círculo.

O que quero sublinhar é a *dualidade* das exigências humanas no que se refere à questão do tamanho: não há uma resposta *única*. Para seus diferentes propósitos, os homens precisam de muitas estruturas diferentes, tanto pequenas quanto grandes, algumas exclusivas e outras abrangentes. Não obstante, as pessoas têm imensa dificuldade de, ao mesmo tempo, conservar na mente duas verdades aparentemente opostas. Sempre tendem a exigir uma solução final, como se na vida real pudesse haver alguma outra solução final que não a morte. Para trabalhos construtivos, a tarefa principal é sempre a de restaurar algum tipo de equilíbrio. Hoje em dia, sofremos uma idolatria quase universal do gigantismo. Por isso, é necessário insistir nas virtudes da pequenez, quando elas se aplicam. (Caso a idolatria prevalecente fosse a da pequenez, independentemente do objetivo ou do propósito, teríamos de tentar exercer uma influência na direção oposta.)

A questão da escala pode ser colocada de outra maneira: o que é necessário em todos esses assuntos é exercer o discernimento e separar as coisas. Toda atividade tem uma escala que lhe é apropriada, e, quanto mais ativa e íntima a atividade, menor o número de pessoas que pode participar dela e maior o número de arranjos de relacionamento que têm de ser estabelecidos. No ensino, por exemplo: ouvem-se debates extraordinários acerca da superioridade da máquina de ensinar. Mas o que estamos tentando ensinar? Logo fica claro que certas coisas só podem ser ensinadas em um círculo muito íntimo, ao passo que outras podem evidentemente ser ensinadas em massa, pelo rádio, pela televisão, por máquinas de ensinar e assim por diante.

Qual a escala apropriada? Depende do que estamos tentando fazer. A questão da escala é crucial hoje em dia nas questões políticas, sociais, econômicas e em quase todas as outras. Qual é, por exemplo, o tamanho apropriado para uma cidade? E poderíamos perguntar: Qual o tamanho apropriado para um país? Essas perguntas são sérias e difíceis de responder. Não é possível programar um computador e obter a resposta. As questões mais sérias da vida não podem ser calculadas. Não é possível fazer um cálculo direto para saber o que é correto; mas sabemos muito bem o que é errado! Podemos reconhecer os extremos do certo e do errado, embora não sejamos, em regra, capazes de julgá-los com sutileza suficiente para dizer: "Isto deve aumentar em 5%, aquilo deve diminuir em 5%."

Tomemos como exemplo a questão do tamanho da cidade. Embora seja impossível julgar essas coisas com precisão, penso que se pode afirmar com bastante segurança que o limite superior do tamanho desejável para uma cidade seja algo da ordem de meio milhão de habitantes. Está claro que, acima desse tamanho, as virtudes da cidade não aumentam em nada. Em lugares como Londres, Tóquio ou Nova York os milhões de habitantes não aumentam o valor real da cidade, mas apenas criam problemas *imensos* e estimulam a degradação humana. Assim, é provável que a ordem de magnitude de 500 mil habitantes possa ser vista como o limite superior. A questão do limite inferior de uma cidade real é muito mais difícil de julgar. As melhores cidades da história foram muito pequenas se julgadas pelos padrões do século XX. Os instrumentos e as instituições da cultura urbana dependem, sem dúvida, de uma certa acumulação de riqueza. Mas a quantidade de riqueza a ser acumulada depende do tipo de cultura que se quer buscar. A filosofia, as artes e a religião custam pouquíssimo dinheiro. Outras modalidades daquilo que se pretende alta cultura – a pesquisa espacial ou a física ultramoderna, por exemplo – custam muito dinheiro, mas estão um pouco afastadas das necessidades humanas reais.

Levanto a questão do tamanho ideal das cidades tanto pela importância que ela tem em si mesma quanto por ser, a meu ver, o ponto mais significativo para pensarmos no tamanho dos países.

A idolatria do gigantismo da qual falei talvez seja uma das causas e certamente é um dos efeitos da tecnologia moderna, sobretudo em matéria de transportes e comunicações. Um sistema altamente desenvolvido de transportes e comunicações tem um efeito singular e poderosíssimo: torna as pessoas *ávidas por deslocar-se*.

Milhões de pessoas começam a se deslocar, abandonando as áreas rurais e as cidades menores, atraídas pelas luzes da cidade grande, que passa a sofrer de um crescimento patológico. Tomemos o país que talvez exemplifique tudo isso melhor que qualquer outro: os Estados Unidos. Os sociólogos estão estudando o problema da megalópole. A palavra "metrópole" já não é grande o suficiente, de onde se criou o termo "megalópole". Eles falam a todo instante sobre a polarização das populações estadunidenses em três imensas megalópoles: uma que vai de Boston a Washington, uma única área construída contínua com 60 milhões de habitantes; uma ao redor de Chicago com mais 60 milhões; e outra no litoral oeste, de São Francisco a São Diego, perfazendo outra área construída contínua com 60 milhões de pessoas. O restante do país ficaria praticamente vazio: cidades provincianas desertas e a terra cultivada por imensos tratores e colhedeiras, e uma quantidade gigantesca de produtos químicos.

Se essa é a concepção que se tem do futuro dos Estados Unidos, não é um futuro que valha a pena ter. Mas, queiramos ou não, é esse o resultado da avidez pelo deslocamento; é esse o resultado dessa maravilhosa mobilidade do trabalho que os economistas valorizam mais que qualquer outra coisa.

Tudo neste mundo tem de ter uma *estrutura*; caso contrário, é o caos. Antes do advento dos transportes e das comunicações de massa, a estrutura era algo dado, pois as pessoas eram relativamente imóveis. Quem quisesse se deslocar poderia fazê-lo; veja-se, por exemplo, a torrente de santos irlandeses que corriam toda a Europa. Havia comunicação, havia mobilidade, mas não havia avidez pelo deslocamento. Agora, uma boa parte da estrutura entrou em colapso e os países se tornaram como imensos navios cargueiros, cuja carga não está amarrada ou presa. Quando o navio se inclina, toda a carga cai no mar e o próprio navio afunda. Está claro que um dos principais elementos estruturais da humanidade é o *Estado*. E um dos principais elementos ou instrumentos de estruturação (se é que posso usar esse termo) são as fronteiras nacionais. Antigamente, antes dessa intervenção tecnológica, as fronteiras tinham função quase exclusivamente política e dinástica; eram delimitações do poder político e determinavam quantas pessoas poderiam ser convocadas em caso de guerra. Os economistas lutaram contra a possibilidade de essas fronteiras se tornarem barreiras econômicas, daí a ideologia do livre-comércio. Mas, naquela época, as pessoas e os bens não tinham avidez pelo deslocamento. O transporte era caro o suficiente para que os movimentos, tanto de pessoas quanto de mercadorias, fossem sempre, no máximo, marginais. Na era pré-industrial, não havia comércio de produtos essenciais, mas de pedras e metais preciosos, artigos de luxo, especiarias e – infelizmente – escravos. As necessidades básicas da vida tinham, evidentemente, de ser produzidas em escala local. E o movimento das populações, a não ser em época de calamidade, se limitava àquelas pessoas que dispunham de uma razão muito especial para se movimentar, como os santos irlandeses ou os acadêmicos da Universidade de Paris.

Hoje, no entanto, tudo e todos se tornaram móveis. Todas as estruturas estão ameaçadas, e todas as estruturas se tornaram *vulneráveis* em um grau nunca antes visto.

Lorde Keynes tinha a esperança de que a ciência econômica se tornasse uma ocupação normal e modesta, como a odontologia; mas, de repente, ela se tornou a mais importante de todas as disciplinas. As políticas econômicas absorvem quase toda a atenção do governo e, ao mesmo tempo, vão se tornando cada vez mais impotentes. Coisas simplíssimas, que há meros cinquenta anos podiam ser feitas sem nenhuma dificuldade, já não podem ser realizadas. Quanto mais rica a sociedade, mais impossível se torna fazer coisas que valem a pena, mas que não dão um lucro imediato. A ciência econômica se tornou um fator de tamanha sujeição que absorve a política externa em sua quase totalidade. As pessoas dizem: "Não gostamos dessa gente, mas dependemos deles economicamente, e por isso temos de aguentá-los." Ela tende também a absorver toda a ética e a prevalecer sobre todas as demais considerações humanas. Ora, está claríssimo que se trata de um desenvolvimento patológico, o qual tem, decerto, muitas raízes; no entanto, uma de suas raízes mais visíveis são as grandes conquistas da tecnologia moderna em termos de transportes e comunicações.

As pessoas, em uma espécie de lógica descontraída, acreditam que os transportes rápidos e as comunicações instantâneas inauguram uma nova dimensão de liberdade (o que de fato acontece sob certos aspectos não muito importantes); mas ignoram o fato de que essas conquistas também tendem a destruir a liberdade, na medida em que tornam todas as coisas extremamente inseguras e vulneráveis, a menos que políticas conscientes sejam desenvolvidas e atitudes conscientes sejam tomadas para mitigar os efeitos destrutivos desses desenvolvimentos tecnológicos.

Ora, é óbvio que esses efeitos destrutivos são mais severos em países maiores, pois, como vimos, as fronteiras criam a estrutura, e a decisão de cruzar uma fronteira, desarraigar-se do país natal e tentar lançar raízes em outra terra tem um peso muito maior que a de se deslocar dentro das fronteiras de seu próprio país. O fato da avidez pelo deslocamento, portanto, é tanto mais sério quanto maior é o país. Seus efeitos destrutivos podem ser detectados tanto nos países ricos como nos pobres. Nos países ricos, como os Estados Unidos, ela produz, como já dissemos, as megalópoles. Também produz um problema que vem crescendo rapidamente e se tornando cada vez mais insolúvel: o dos desajustados, pessoas que, tendo se tornado ávidas por deslocamento, não encontram lugar na sociedade. Em uma conexão direta com este último, são produzidos problemas assustadores de crime, alienação, estresse e decomposição social, chegando ao nível da família. Nos países pobres, e de forma mais severa nos maiores, produz a migração maciça para as cidades, o desemprego em massa e, na medida em que as áreas rurais perdem sua vitalidade, a ameaça de fome. O resultado é uma sociedade dual, sem nenhuma coesão interna e sujeita ao máximo grau de instabilidade política.

Tomemos como ilustração o caso do Peru. Lima, a capital, situada no litoral do Pacífico, tinha uma população de 175 mil pessoas no começo da década de 1920, há meros cinquenta anos. Sua população está agora se aproximando de 3 milhões. Hoje, essa cidade espanhola, que já foi bela, está infestada de favelas e rodeada de cinturões de miséria que sobem pelos Andes. Mas isso não é tudo. As pessoas chegam das áreas rurais à razão de mil por dia – e ninguém sabe o que fazer com elas. A estrutura social ou psicológica da vida no interior ruiu. As pessoas, ávidas por se deslocarem, chegam à capital à razão de mil por dia e se estabelecem em um terreno baldio qualquer, lutam contra a polícia que vem para expulsá-las à força, constroem um barraco de lama e saem para procurar emprego. *E ninguém sabe o que fazer com elas.* Ninguém sabe como interromper esse fluxo.

Imagine que, em 1864, Bismarck tivesse anexado a Dinamarca inteira e não somente um pedacinho do país, e que nada de diferente tivesse acontecido de lá para cá. Os dinamarqueses seriam uma minoria étnica na Alemanha e, talvez, para manter sua língua viva, se esforçassem para se tornar bilíngues, sendo a língua oficial, evidentemente, o alemão. Somente pela total germanização poderiam evitar o destino de se tornarem cidadãos de segunda classe. Haveria um fluxo irresistível de dinamarqueses mais ambiciosos e empreendedores, já perfeitamente germanizados, rumo ao sul do país. Qual seria, então, a situação de Copenhague? A de uma remota cidade provinciana. Ou imagine a Bélgica como uma parte da França. Qual seria a situação de Bruxelas? Do mesmo modo, a de uma cidade provinciana sem importância. Não preciso insistir no assunto. Mas vamos imaginar agora que a Dinamarca, parte da Alemanha, e a Bélgica, parte da França, de repente se tornassem nacionalistas (ou, como hoje se diz de modo encantador em gíria inglesa, *nats*) e quisessem a independência. Apresentar-se-ia inúmeras vezes, de forma acalorada, o argumento de que esses "não países" não podem ser economicamente viáveis, de que seu desejo de independência é, para citar um famoso comentarista político, fruto de "sentimentalismo adolescente, ingenuidade política, uma ciência econômica fajuta e mero oportunismo descarado".

Como falar sobre a economia de pequenos países independentes? Como discutir um problema inexistente? A viabilidade dos Estados ou das nações não existe e o único problema é a viabilidade das pessoas. As de carne e osso, como você e eu, são viáveis quando capazes de ficar em pé e ganhar sua subsistência. Pessoas inviáveis não se tornam viáveis por serem inseridas em grande número em uma única comunidade imensa, e pessoas viáveis não se tornam inviáveis quando se divide uma grande comunidade em diversos grupos menores, mais íntimos, mais coesos e mais manejáveis. Tudo isso é perfeitamente óbvio e não há o que discutir. Alguns perguntam: "O que acontece quando um país composto de uma província rica e várias províncias pobres se desagrega porque a província rica se separa do conjunto?" A resposta mais provável é: "Nada." Os ricos continuarão ricos e os pobres continuarão pobres. "Mas e se, antes da secessão, a província rica subsidiava os pobres?" É claro que, nesse caso, o subsídio talvez não exista mais. No entanto, os ricos quase nunca subsidiam os pobres; com mais frequência, os exploram. Talvez não o façam diretamente, mas o fazem nos termos do comércio. Podem tornar a situação um pouco obscura, recorrendo a certa redistribuição dos produtos dos impostos ou à caridade em pequena escala, mas a última coisa que querem fazer é se separar dos pobres.

O caso normal é muito diferente: são as províncias pobres que querem se separar da rica e esta quer manter a situação como está, pois sabe que explorar os pobres dentro das próprias fronteiras é infinitamente mais fácil que explorá-los fora delas. Ora, se uma província pobre quer se separar, mesmo correndo o risco de perder alguns subsídios, que atitude se deve tomar?

Não que tenhamos de chegar a uma conclusão, mas devemos pensar no assunto. Não será esse um desejo digno de admiração e respeito? Acaso não queremos que as pessoas fiquem em pé na qualidade de seres humanos livres e autoconfiantes? Então, esse é mais um problema que não existe. Afirmo, portanto, que não há um problema de viabilidade, como a experiência geral demonstra. Se um país quer exportar suas mercadorias para o mundo inteiro e importar mercadorias do mundo inteiro, nunca se sustentou que ele precisa anexar o mundo inteiro para poder fazer isso.

E o que dizer da necessidade absoluta de um mercado interno grande? Trata-se de mais uma ilusão de óptica, caso o sentido de grande seja concebido em termos de fronteiras políticas. Desnecessário dizer que um mercado próspero é melhor que um mercado pobre, mas o fato de esse mercado se encontrar fora ou dentro das fronteiras políticas faz, no conjunto, pouquíssima diferença. Não me parece, por exemplo, que a Alemanha, para poder exportar um grande número de veículos Volkswagen para os Estados Unidos, um mercado extremamente próspero, só possa fazê-lo depois de anexar o país. Mas o fato de uma comunidade ou província pobre se encontrar politicamente amarrada a uma comunidade ou província rica, ou de ser governada por ela, faz, sim, uma diferença imensa. Por quê? Porque em uma sociedade móvel, ávida pelo deslocamento, a lei do desequilíbrio é infinitamente mais poderosa que a chamada lei do equilíbrio. Nada promove tanto o sucesso quanto o sucesso, e nada promove tanto a estagnação quanto a própria estagnação. A província bem-sucedida suga a vida da malsucedida, e os fracos não têm chance se não forem protegidos dos fortes: ou permanecem fracos ou têm de migrar e se unir aos fortes. Não são capazes de promover sozinhos a própria causa.

Um dos problemas mais importantes da segunda metade do século XX é a distribuição geográfica da população, a questão do regionalismo – não o regionalismo no sentido de juntar vários Estados em sistemas de livre-comércio, mas no sentido oposto, de desenvolver todas as regiões dentro de um país. Com efeito, esse é o tópico mais importante na agenda de todos os maiores países hoje em dia. E boa parte do nacionalismo dos atuais países pequenos, bem como do desejo de autodeterminação e da chamada independência, não passa de uma resposta lógica e racional à necessidade de desenvolvimento regional. Nos países pobres, em específico, não há esperança para os pobres sem um desenvolvimento regional bem-sucedido, um esforço de desenvolvimento fora da capital, que cubra todas as áreas rurais onde haja população.

Caso não se faça esse esforço, suas únicas opções serão ou permanecer em sua condição de miséria ou migrar para a cidade grande, onde sua condição será ainda mais miserável. É estranhíssimo que o pensamento convencional da atual teoria econômica não seja capaz de fazer nada para ajudar os pobres.

O que esse pensamento invariavelmente prova é que as únicas políticas viáveis são as que têm o efeito de tornar mais ricos e poderosos os que já são ricos e poderosos. Prova que o desenvolvimento industrial só compensa quando ocorre o mais perto possível da capital ou de outra cidade imensa, e não nas áreas rurais. Prova que os projetos de grande porte são sempre mais economicamente viáveis que os de pequeno porte. E prova que os projetos com emprego intensivo de capital devem ser preferidos aos que empregam intensivamente o trabalho. O cálculo econômico, tal como é aplicado pela atual ciência econômica, obriga os industriais a eliminar o fator humano, pois as máquinas, ao contrário das pessoas, não cometem erros. Daí o imenso esforço de automação e a busca de unidades industriais cada vez maiores. Isso significa que aqueles que não têm nada a vender com exceção de seu trabalho permanecem na posição mais fraca possível em termos de negociação. O pensamento convencional do que hoje se ensina como ciência econômica simplesmente ignora os pobres, as pessoas para quem o desenvolvimento é de fato necessário. A economia do gigantismo e da automação é um resquício das condições e do pensamento do século XIX, e é totalmente incapaz de resolver qualquer um dos problemas reais com que nos deparamos hoje. É preciso um sistema de pensamento completamente novo, que dê mais atenção às pessoas que aos bens (Os bens cuidarão de si mesmos!). Esse sistema poderia ser resumido na frase "Produção pelas massas em vez de produção em massa". No entanto, o que era impossível no século XIX é possível hoje em dia. E o que foi – se não por necessidade, pelo menos de modo compreensível – negligenciado no século XIX se tornou incrivelmente urgente hoje em dia. Estou falando do uso consciente de nosso imenso potencial tecnológico e científico para lutar contra a miséria e a degradação humana – uma luta travada em contato próximo com as pessoas de carne e osso, os indivíduos, as famílias e os pequenos grupos, e não com os Estados e outras abstrações anônimas. Isso, por sua vez, pressupõe uma estrutura política e organizacional que seja capaz de proporcionar tal proximidade.

Qual o sentido da democracia, da liberdade, da dignidade humana, do padrão de vida, da autorrealização, da satisfação pessoal? Será uma questão de bens ou de pessoas? É claro que é uma questão de pessoas. No entanto, as pessoas só podem ser quem são dentro de grupos pequenos e compreensíveis. Por isso, temos de aprender a pensar nos termos de uma estrutura articulada que seja capaz de lidar com uma multiplicidade de unidades de pequena escala. Um pensamento econômico incapaz de compreender isso é inútil. Se tal pensamento não puder ir além das suas vastas abstrações, da renda nacional, da taxa de crescimento, da relação entre capital e produção, da análise insumo-produto, da mobilidade do trabalho, da acumulação de capital – se não puder ir além de tudo isso a fim de tomar contato com as realidades humanas da pobreza, da frustração, da alienação, do desespero, do colapso, do crime, do escapismo, do estresse, dos congestionamentos, da feiura e da morte espiritual, o melhor que temos a fazer é jogar fora a ciência econômica e recomeçarmos do zero.

Já não há sinais dos tempos em número suficiente para indicar que precisamos de um novo começo?

PARTE II
RECURSOS

CAPÍTULO 6

O MAIOR RECURSO: A EDUCAÇÃO

No decorrer de toda a história e praticamente em todas as partes da Terra, os homens têm vivido, se multiplicado e criado alguma forma de cultura. Sempre, e em toda parte, conseguiram ganhar a sua subsistência e ainda fazer sobrar alguma coisa. Civilizações foram construídas, floresceram e, na maioria dos casos, declinaram e pereceram. Não é aqui o lugar adequado para discutir por que pereceram, mas podemos dizer que houve o esgotamento de algum recurso. Na maioria dos casos, novas civilizações surgiram no mesmo local, o que seria incompreensível se o esgotamento prévio dissesse respeito apenas a *recursos materiais*. Como tais recursos poderiam ter se reconstituído?

Toda a história – bem como a vida atual – aponta para o fato de que é o homem, e não a natureza, que proporciona o primeiro de todos os recursos: a chave de todo desenvolvimento econômico sai da mente do homem. De repente há uma explosão de ousadia, iniciativa, invenção e atividade construtiva, não somente em um campo, mas em muitos campos ao mesmo tempo. Ninguém é capaz de dizer onde esse movimento começa, mas podemos ver como ele se mantém e até se fortalece: por meio de diversos tipos de escola, ou seja, por meio da educação. Em um sentido muito real, portanto, podemos dizer que a educação é, de todos os recursos, o mais vital.

Se a civilização ocidental se encontra em um estado de crise permanente, não é uma extravagância aventar a possibilidade de que haja algo de errado com sua educação. Tenho certeza de que nenhuma outra civilização dedicou mais energia e mais recursos à educação organizada, e mesmo que não acreditemos em mais nada, certamente acreditamos que a educação é, ou deve ser, a chave de tudo o mais. Com efeito, a crença na educação é tão forte que a tratamos como a legatária final de todos os nossos problemas. Se a era nuclear traz consigo novos perigos; se os avanços da engenharia genética abrem as portas para novos abusos; se o comercialismo provoca novas tentações – a resposta deve ser mais educação e uma educação melhor. O modo de vida moderno está se tornando cada vez mais complexo. Isso significa que todos devem se tornar cada vez mais instruídos. Há pouco tempo se disse: "Em 1984, será desejável que nem o homem mais comum encontre dificuldades para usar uma tábua de logaritmos e para entender os conceitos elementares de cálculo e as definições de palavras como 'elétron', 'coulomb' e 'volt'. Deverá ser capaz de manipular não somente uma caneta, um lápis e uma régua, mas também uma fita magnética, uma válvula e um transistor. Disso depende o aperfeiçoamento das comunicações entre indivíduos e grupos." Parece que, mais que tudo, é a situação internacional que exige esforços educacionais ainda mais prodigiosos. A declaração clássica sobre essa questão foi feita por *sir* Charles Snow (hoje lorde Snow) na Palestra Rede, que proferiu há alguns anos: "Dizer que ou nos educamos ou perecemos é um pouco mais melodramático do que os fatos nos autorizam a afirmar. Dizer que ou nos educamos ou assistiremos a uma rápida derrocada ainda durante a nossa vida está mais correto." Segundo lorde Snow, parece que os russos estão se dando melhor nesse quesito do que todo o resto do mundo e "terão uma clara vantagem", "a menos que nós e os americanos nos eduquemos de modo, ao mesmo tempo, sensato e imaginativo".

Deve-se lembrar que lorde Snow falou sobre "As duas culturas e a Revolução Científica" e expressou preocupação pelo fato de "a vida intelectual de toda a sociedade ocidental estar sendo dividida entre dois grupos opostos. [...] De um lado, os intelectuais literários, [...] do outro, os cientistas". Ele deplora o "abismo de mútua incompreensão" entre os dois grupos e quer que ele seja transposto. O modo como ele acredita que essa operação deve ser feita é muito claro; os objetivos de sua política educacional seriam, primeiro, formar o maior número possível de "cientistas alfa+ que o país seja capaz de produzir"; em segundo lugar, formar "um estrato muito mais amplo de profissionais alfa" para fazer as pesquisas de apoio, o *design* de primeira linha e o desenvolvimento; em terceiro lugar, formar "milhares e milhares" de outros cientistas e técnicos; e, por fim, formar "políticos, administradores, toda uma comunidade que tenha conhecimentos suficientes sobre ciência para ter uma ideia sobre aquilo de que os cientistas estão falando". Lorde Snow parece dar a entender que, se esse quarto e último grupo for instruído o suficiente pelo menos para ter uma ideia sobre aquilo de que as pessoas de verdade – os cientistas e técnicos – estão falando, o abismo de incompreensão entre as duas culturas poderá ser transposto.

Essas ideias sobre a educação, que certamente são representativas do pensamento da nossa época, nos deixam com a incômoda sensação de que as pessoas comuns, entre as quais os políticos, os administradores e tudo o mais não têm muita utilidade; não alcançam a nota mínima; mas, pelo menos, devem ser instruídas o suficiente para ter uma ideia do que está acontecendo e saber o que os cientistas querem dizer quando falam – para citar o exemplo dado por lorde Snow – sobre a segunda lei da termodinâmica. A sensação é incômoda porque os cientistas nunca se cansam de nos dizer que os frutos de seu trabalho são neutros: se enriquecem a humanidade ou a destroem, isso depende do uso que lhes é dado. E quem decide como eles serão usados? Não há nada na formação dos cientistas e técnicos que os habilite a tomar esse tipo de decisão. Se houvesse, o que seria da neutralidade da ciência?

Se hoje se atribui tanta importância ao poder da educação para capacitar as pessoas comuns a lidar com os problemas produzidos pelo progresso científico e tecnológico, a educação não pode ser somente o que lorde Snow dá a entender. A ciência e a técnica produzem *know-how*, mas o *know-how* por si só não é nada; é um meio sem um fim, mera potencialidade, uma frase não terminada. Será que a educação pode nos ajudar a terminar essa frase, a transformar a potencialidade em uma realidade que beneficie o ser humano?

Para tanto, a tarefa da educação seria, em primeiríssimo lugar, transmitir ideias de valor, ideias sobre o que fazer com a nossa vida. Existe também, sem dúvida, a necessidade de transmitir *know-how*, mas ela deve ser posta em segundo lugar, pois é evidente tolice pôr grandes poderes nas mãos de pessoas sem garantir que elas tenham uma ideia razoável do que fazer com eles. Na atualidade, não há dúvida de que a humanidade inteira se encontra em um perigo mortal, não porque nos falte *know-how* científico e tecnológico, mas porque tendemos a usá-lo de modo destrutivo, sem sabedoria. O incremento da educação só nos ajudará se produzir um incremento de sabedoria.

Afirmo que a essência da educação é a transmissão de valores. Estes, contudo, só nos ajudam a escolher caminhos de vida quando se tornam efetivamente nossos, quanto se tornam, por assim dizer, parte da nossa constituição mental. Isso significa que não são meras fórmulas ou afirmações dogmáticas: significa que pensamos e sentimos com eles, que são os próprios instrumentos por meio dos quais olhamos para o mundo, o interpretamos e o sentimos. Quando pensamos, não é só o pensamento que está em ação: pensamos por meio de ideias. Nossa mente não é uma folha em branco, uma tábula rasa. Quando começamos a pensar, só podemos fazê-lo porque nossa mente já está repleta de ideias de todo tipo *com as quais* pensamos. No decorrer de toda a nossa infância e adolescência, antes de a mente consciente e crítica começar a atuar como uma espécie de censora e guardiã de um limiar, uma imensa multidão de ideias vai entrando na nossa mente. Esses anos da nossa vida são, por assim dizer, a nossa Idade das Trevas, quando somos apenas herdeiros do que veio antes; é somente mais tarde que podemos, aos poucos, aprender a filtrar a nossa herança.

Em primeiro lugar, temos a língua. Cada palavra é uma ideia. Se a língua que penetra na nossa mente em nossa Idade das Trevas é o inglês, nossa mente será, daí em diante, equipada com um conjunto de ideias que difere significativamente do conjunto representado pelo chinês, pelo russo, pelo alemão, até pelo inglês norte-americano. Depois das palavras, há as regras pelas quais elas se juntam: a gramática, outro feixe de ideias, cujo estudo fascinou alguns filósofos modernos a tal ponto que eles imaginaram poder reduzir toda a filosofia a um estudo da gramática.

Todos os filósofos, bem como outras pessoas, sempre prestaram muita atenção às ideias *vistas como resultados do pensamento e da observação*; na era moderna, contudo, pouquíssima atenção se prestou ao estudo das ideias que formam os instrumentos por meio dos quais o pensamento e a observação funcionam. Com base na experiência e no pensamento consciente, é possível expulsar da mente certas ideias pequenas; por sua vez, não é tão fácil mudar as ideias maiores, mais universais ou mais sutis. Com efeito, muitas vezes é difícil até tomar consciência delas, pois são instrumentos do nosso pensamento, não resultados dele – da mesma maneira, podemos ver o que está fora de nós, mas não é fácil ver o instrumento com o qual vemos, o nosso próprio olho. Mesmo quando se toma consciência dessas ideias, muitas vezes é impossível julgá-las com base na experiência corrente.

É comum notarmos a existência de ideias mais ou menos fixas na mente das outras pessoas – *com as quais* elas pensam sem se dar conta. Chamamo-las então de "preconceitos", termo muito correto do ponto de vista lógico, pois elas simplesmente se insinuaram na nossa mente e constituem a base dos outros conceitos[1]. No entanto, a palavra "preconceito" é aplicada em geral a ideias patentemente errôneas e reconhecíveis como tais por to-

---

1. A palavra traduzida por "preconceito" é *prejudice*, literalmente "pré--juízo". A passagem em inglês, portanto, diz literalmente o seguinte: "Chamamo-las então de 'pré-juízos', termo muito correto do ponto de vista lógico, pois elas simplesmente se insinuaram na nossa mente e não resultam, em absoluto, de um juízo consciente." (N. do T.)

dos, exceto pelo preconceituoso. A maioria das ideias com que pensamos não são desse tipo. A algumas delas, como as que se incorporam no vocabulário e na gramática, as noções de verdade e erro sequer se aplicam; outras não são preconceitos nem "pré--juízos", mas, pelo contrário, resultam de um juízo; outras ainda são suposições ou pressupostos tácitos que muitas vezes é dificílimo reconhecer como tais.

Digo, portanto, que pensamos *com* ou *por meio de* ideias, e que aquilo que chamamos de pensamento é, em geral, a aplicação de ideias preexistentes a uma determinada situação ou conjunto de fatos. Quando pensamos na situação política, por exemplo, aplicamos a essa situação nossas ideias políticas de modo mais ou menos sistemático e tentamos tornar essa situação "inteligível" para nós por meio dessas ideias. O mesmo vale para qualquer outro campo. Algumas ideias são de valores, ou seja, avaliamos a situação à luz de nossas ideias de valor.

É evidente que o modo pelo qual percebemos e interpretamos o mundo depende muito do tipo de ideias que preenchem nossa mente. Caso elas sejam, em sua maioria, pequenas, fracas, superficiais e incoerentes, a vida nos parecerá insípida, desinteressante, mesquinha e caótica. É difícil aguentar o sentimento de vazio que daí procede, e o vácuo da nossa mente facilmente se preenche com alguma noção grande e fantasiosa – política ou de outra natureza – que de repente parece iluminar todas as coisas e dar sentido e propósito à nossa existência. Não é preciso ressaltar que nisso reside um dos maiores perigos da nossa época.

Quando as pessoas pedem educação, elas normalmente se referem a algo que vá além da mera formação profissional, do mero conhecimento de fatos, da mera diversão. Talvez elas mesmas não sejam capazes de formular com precisão o que querem; mas acho que o que realmente estão procurando são ideias que tornem o mundo, e suas próprias vidas, inteligíveis. Quando algo é inteligível, temos o sentimento de participação; quando algo é ininteligível, o sentimento é de alienação. "Ora, não sei" é algo que ouvimos as pessoas dizerem como um protesto impotente contra a ininteligibilidade do mundo com que se deparam. Se a mente não for capaz de confrontar o mundo com um conjunto – ou, digamos, uma caixa de ferramentas – de ideias poderosas, o mundo aparecerá para ela como um caos, uma massa de fenômenos desconexos, de acontecimentos sem sentido. Esse homem será como uma pessoa perdida em um território desconhecido, sem sinais de civilização, sem mapas, marcos ou indicadores de qualquer tipo. Para ela, nada tem sentido; nada é capaz de atrair seu interesse vital; ela não dispõe de nenhum meio pelo qual possa tornar as coisas inteligíveis para si mesma.

Toda a filosofia tradicional é uma tentativa de criar um sistema ordenado de ideias que sirva de base para um modo de vida e para uma interpretação do mundo. Segundo o professor Kuhn, "A filosofia como os gregos a concebiam é um gigantesco esforço da mente humana para interpretar o sistema de signos e, assim, relacionar o homem com o mundo entendido como uma ordem abrangente dentro do qual há um lugar que lhe é atribuído". A cultura cristã clássica do final da Idade Média fornecia ao homem uma interpretação completa e espantosamente coerente dos signos, ou seja, um sistema de ideias vitais que lhe dava uma imagem detalhadíssima do homem, do Universo e do lugar do homem no Universo. Esse sistema, no entanto, foi estilhaçado e esfacelado, e o resultado disso é a perplexidade e a alienação. Quem melhor expressou esse estado de coisas foi Kierkegaard, em meados do século passado:

> Enfiamos o dedo no solo para identificar pelo cheiro em que terra estamos; enfio o dedo na existência e ela não tem cheiro nenhum. Onde estou? Quem sou? Como cheguei aqui? O que é esta coisa chamada mundo? O que este mundo significa? Quem foi que me atraiu para cá e agora me abandonou aqui? [...] Como vim ao mundo? Por que não fui consultado? [...] mas, antes, fui convocado e alistado, como se tivesse sido comprado de um sequestrador, um negociante de almas? Como obtive participação nesse imenso empreendimento que chamam de realidade? Porque tenho de participar dele? Não será algo voluntário? E, se fui obrigado a participar, onde está o diretor? [...] A quem devo endereçar minhas queixas?

Talvez nem haja um diretor. Bertrand Russell disse que o Universo inteiro não passa do "resultado de uma disposição acidental de átomos" e afirmava que as teorias científicas que conduziam a essa conclusão, "se não chegam a estar acima de toda discussão, são quase tão certas que nenhuma filosofia que as rejeita pode ter a esperança de permanecer [...]. A partir de agora, a habitação da alma só poderá ser construída com firmeza sobre as bases de um implacável desespero". O astrônomo *sir* Fred Hoyle fala da "situação verdadeiramente terrível em que nos encontramos. Estamos aqui, no meio deste fantástico universo, e não dispomos sequer de uma pista para saber se nossa existência tem algum significado real".

A alienação gera solidão e desespero, o "encontro com o nada", cinismo e gestos vazios de desafio, como se vê na maior parte da filosofia existencialista e na literatura geral hoje em dia. Ou, se não, se transforma de repente – como eu já disse – na adoção ardorosa de alguma doutrina fanática que pretende responder a todas as perguntas mediante uma monstruosa simplificação da realidade. Qual é, então, a causa da alienação? A ciência nunca esteve tão triunfante; o poder do homem sobre o seu ambiente nunca foi tão absoluto, nem foi tão rápido o seu progresso. Não pode ser a falta de *know-how* que causa o desespero não somente de pensadores religiosos, como Kierkegaard, mas também de matemáticos e cientistas de primeira linha, como Russell e Hoyle. Sabemos *como* fazer muitas coisas, mas será que sabemos *o que* fazer? Ortega y Gasset o formulou de modo sucinto: "Não podemos viver no nível humano sem ideias. Nosso fazer depende delas. Viver não é nada mais, nada menos que fazer uma coisa em vez de outra." O que, então, é a educação? É a transmissão de ideias que habilitam o homem a escolher entre uma coisa e outra, ou, para citar novamente Ortega, "viver uma vida que esteja acima da tragédia sem sentido ou da desgraça interior".

Como o conhecimento da segunda lei da termodinâmica, por exemplo, poderia nos ajudar nisso? Lorde Snow nos diz que, quando pessoas instruídas deploram o "analfabetismo dos cientistas", ele às vezes pergunta: "Quantas delas seriam capazes de descrever a segunda lei da termodinâmica?" A resposta, segundo ele, é, em geral, fria e negativa. "No entanto", continua, "minha pergunta é o equivalente científico de 'você já leu alguma obra de Shakespeare?'" Essa declaração põe em evidência todo o fundamento da nossa civilização. O que importa é a caixa de ferramenta das ideias com as quais, por meio das quais e através das quais percebemos e interpretamos o mundo. A segunda lei da termodinâmica não passa de uma hipótese de trabalho que serve para diversos tipos de pesquisa científica. Do outro lado, temos uma obra de Shakespeare repleta das ideias mais essenciais acerca do desenvolvimento *interior* do homem, evidenciando toda a grandeza e a miséria de uma existência humana. Como essas duas coisas podem ser equivalentes? O que me faltará, como ser humano, se eu nunca ouvir falar da segunda lei da termodinâmica? A resposta é: nada[2]. E o que me faltará se não conhecer Shakespeare? A menos que eu receba meu entendimento de outra fonte, faltar-me-á simplesmente a vida. Devemos dizer aos nossos filhos que as duas coisas têm o mesmo valor – aqui um pouquinho

---

2. A propósito, a segunda lei da termodinâmica afirma que o calor não pode, por si mesmo, passar de um corpo mais frio para um corpo mais quente, ou, em termos mais simples, que "ninguém pode se aquecer com algo mais frio" – uma ideia familiar, embora não muito inspiradora, que recebeu uma extensão totalmente ilegítima na forma da noção pseudocientífica de que o Universo necessariamente terminará em uma espécie de "morte térmica", na qual todas as diferenças de temperatura deixarão de existir.

Fora! Apaga-te, candeia transitória!
A vida é apenas uma sombra ambulante, um pobre cômico
Que se empavona e agita por uma hora no palco,
Sem que seja, após, ouvido; é uma história
Contada por idiotas, cheia de fúria e muita barulheira,
Que nada significa.

Essas foram as palavras de Macbeth (na tradução de Carlos Alberto Nunes [N. do T.]) quando se viu diante de sua calamidade final. São repetidas hoje sob a autoridade da ciência, em um momento em que os triunfos dessa mesma ciência são maiores do que jamais foram.

de conhecimento de física, ali um pouquinho de conhecimento de literatura? Se assim fizermos, os pecados dos pais recairão sobre os filhos até a terceira e a quarta gerações, pois normalmente é esse o tempo que transcorre desde o nascimento de uma ideia até sua plena maturidade, quando preenche as mentes de uma nova geração e faz com que eles pensem *por meio dela*.

A ciência é incapaz de produzir ideias pelas quais poderíamos viver. Mesmo as melhores ideias da ciência não passam de hipóteses de trabalho, úteis para certas pesquisas especiais, mas completamente inaplicáveis à nossa conduta de vida ou à interpretação do mundo. Se, portanto, um homem busca educação porque se sente alienado e perplexo, porque sua vida lhe parece vazia e sem sentido, não poderá obter o que deseja estudando qualquer uma das ciências naturais, ou seja, adquirindo *know--how*. Esse estudo tem seu próprio valor, que não me sinto propenso a desprezar. Poderá lhe dizer muito sobre como as coisas funcionam na natureza ou na tecnologia, mas não lhe dirá nada sobre o sentido da vida, e não poderá, em absoluto, curar sua alienação e seu mudo desespero.

Para onde, então, deve ele se voltar? Pode ser que, apesar de tudo o que ouviu sobre a revolução científica e o fato de vivermos na era da ciência, ele se volta para as chamadas humanidades. E aí, com efeito, se tiver sorte, ele poderá encontrar ideias grandes e cheias de vida para preencher sua mente, com as quais poderá pensar e por meio das quais poderá tornar inteligíveis o mundo, a sociedade e sua própria vida. Vejamos quais são as principais ideias que ele provavelmente encontrará hoje em dia. Não posso tentar fazer uma lista completa. Por isso, limito-me a enumerar seis principais, todas as quais surgiram no século XIX e, pelo que posso ver, ainda hoje em dia dominam as mentes das pessoas instruídas.

1. Há a ideia de evolução – de que formas superiores se desenvolvem continuamente a partir de formas inferiores, em uma espécie de processo natural e automático. Os últimos cem anos, mais ou menos, assistiram à aplicação sis-

temática dessa ideia a todos os aspectos da realidade, sem nenhuma exceção.

2. Há a ideia de competição, seleção natural e sobrevivência dos mais aptos, que pretende explicar o processo natural e automático de evolução e desenvolvimento.

3. Há a ideia de que todas as manifestações superiores da vida humana, como a religião, a filosofia, a arte etc. – o que Marx chama de "fantasmagorias no cérebro humano" – não passam de "suplementos necessários do processo da vida material", uma superestrutura erguida para disfarçar e promover interesses econômicos, pois a história humana inteira seria apenas a história das lutas entre classes.

4. Talvez em competição com a interpretação marxista de todas as manifestações superiores da vida humana, há, em quarto lugar, a interpretação freudiana, que as reduz aos movimentos obscuros de uma mente subconsciente e as explica sobretudo como resultados de desejos de incesto irrealizados durante a infância e o começo da adolescência.

5. Há a ideia geral de relativismo, que nega todos os absolutos, dissolve todas as normas e padrões e leva, no pragmatismo, à total destruição da ideia de verdade, chegando mesmo a afetar a matemática, definida por Bertrand Russell como "a disciplina em que nunca sabemos do que estamos falando ou se o que dizemos é verdade".

6. Há, por fim, a ideia triunfante do positivismo: a de que o conhecimento válido só pode ser alcançado pelos métodos das ciências naturais, de modo que nenhum conhecimento será verdadeiro se não for baseado em fatos observáveis pela generalidade dos homens. O positivismo, em outras palavras, se interessa unicamente pelo *know-how* e nega a própria possibilidade de qualquer conhecimento objetivo sobre todos os tipos de sentido e de propósito.

Penso que ninguém ousará negar a larga disseminação e o poder dessas seis grandes ideias. Elas não resultam de nenhum empirismo entendido no sentido estrito, mas nenhuma delas pode ser comprovada pela investigação factual. Representam tremendos saltos da imaginação rumo ao desconhecido e ao incognoscível. É claro que, para dar esse salto, a imaginação se apoia sobre uma pequena plataforma de fatos observáveis. Essas ideias não poderiam ter se alojado com tanta firmeza na mente dos homens, como fizeram, caso não contivessem importantes elementos de verdade. Seu caráter essencial, no entanto, é sua pretensão de universalidade. A evolução não se detém diante de nada – nem dos fenômenos materiais, das nebulosas ao *Homo sapiens*, nem dos mentais, como a religião ou a linguagem. A competição, a seleção natural e a sobrevivência dos mais aptos não são apresentadas como um conjunto de observações entre outras, mas como leis universais. Marx não afirma que certas partes da história são constituídas das lutas entre classes; não: o materialismo científico, de maneira não muito científica, estende essa observação parcial a nada menos que a íntegra da "história de todas as sociedades que existiram até hoje". Também Freud não se contenta em relatar um certo número de observações clínicas. Oferece, ao contrário, uma teoria universal das motivações humanas, afirmando, por exemplo, que toda religião não passa de uma neurose obsessiva. O relativismo e o positivismo, como todos sabem, são doutrinas puramente metafísicas que se distinguem, de modo irônico e peculiar, pelo fato de negarem a validade de toda a metafísica, inclusive delas mesmas.

O que essas seis grandes ideias têm em comum, além de seu caráter metafísico e não empírico? Todas afirmam que aquilo que antes se considerava pertencer a uma ordem superior não passa, na realidade, de uma manifestação mais sutil do inferior – a menos, claro, que a própria distinção entre superior e inferior seja negada. O homem, assim, como todo o restante do Universo, é na verdade uma mera disposição acidental de átomos. A diferença entre um ser humano e uma pedra é pouco mais que uma aparência enganadora. As mais elevadas realizações culturais do homem não passam de disfarces da ganância econômica ou de uma manifestação de frustrações sexuais. No mínimo, não há sentido em dizer que o homem deve ter por objetivo o superior e não o inferior, pois não se pode atribuir nenhum significado inteligível a noções puramente subjetivas como superior ou inferior, ao passo que a palavra "deve" é mero sinal de um autoritarismo megalômano.

As ideias dos pais do século XIX recaíram sobre a terceira e a quarta gerações que vivem na segunda metade do século XX. Para seus originadores, essas ideias eram simples resultados de seus processos intelectuais. Na terceira e na quarta gerações, se tornaram as próprias ferramentas e instrumentos pelos quais o mundo está sendo percebido e interpretado. Os que trazem novas ideias quase nunca são governados por elas. No entanto, suas ideias obtêm poder sobre as vidas dos homens na terceira e na quarta gerações, quando se tornam parte daquela grande massa de ideias, entre as quais se inclui a língua, que se insinuam na mente de uma pessoa durante a sua Idade das Trevas.

Essas ideias do século XIX estão firmemente alojadas na mente de praticamente todo o mundo no Ocidente atual, quer se trate de pessoas instruídas, quer não. Na mente dos não instruídos, ainda são mais ou menos confusas e nebulosas, fracas demais para tornar o mundo inteligível. Daí o anseio pela educação, por algo que nos conduza para fora da floresta escura da nossa confusa ignorância, rumo à luz da compreensão.

Eu disse que uma educação puramente científica não pode fazer isso por nós, pois lida apenas com ideias de *know-how*, ao passo que precisamos compreender por que as coisas são como são e o que devemos fazer da nossa vida. Em todo caso, o que aprendemos com o estudo de uma única ciência é específico e especializado demais para nossos propósitos mais amplos. Então, nos voltamos para as humanidades a fim de obter uma visão mais clara das ideias maiores e mais vivas da nossa época. Até mesmo nas humanidades, contudo, podemos acabar encalhados em uma massa de produção acadêmica especializada que fornece a nossa mente um grande número de ideias pequenas tão pouco úteis quanto as ideias que poderíamos adquirir nas ciências naturais. Podemos também ter mais sorte (se é que é mesmo sorte) e encontrar um professor que clareie a nossa mente, esclareça as ideias – as grandes e universais já existentes em nossa mente – e, assim, torne o mundo mais inteligível para nós.

Tal processo de fato mereceria o nome de "educação". Mas o que ele nos oferece hoje? Uma visão do mundo como uma terra arrasada em que não há sentido nem propósito, em que a consciência humana é um infeliz acidente cósmico, em que a angústia e o desespero são as únicas realidades derradeiras. Se, por meio de uma educação verdadeira, um homem conseguir ascender até o que Ortega chama de "auge da nossa época" ou "auge das ideias de nossa época", ver-se-á diante de um abismo de nada. Talvez sinta vontade de fazer eco a Byron:

> O sofrimento é conhecimento; os que mais sabem
> São os que mais devem lamentar a verdade fatal;
> A Árvore do Conhecimento não é a da Vida.

Em outras palavras, nem mesmo uma educação humanista que nos eleve ao auge das ideias da nossa época será capaz de alcançar a finalidade a que se propõe, pois o que os homens legitimamente procuram não é o sofrimento, mas uma vida mais abundante.

O que aconteceu? Como tal coisa é possível?

As principais ideias do século XIX, que tinham a pretensão de eliminar a metafísica, são elas próprias uma metafísica ruim, viciosa, destrutiva para a vida. Elas nos acometem como uma doença fatal. Não é verdade que o conhecimento é sofrimento. No entanto, erros venenosos provocam um sofrimento interminável na terceira e na quarta gerações. Os erros não estão na ciência, mas na filosofia apresentada em nome da ciência. Como disse Etienne Gilson há mais de vinte anos:

> Esse desenvolvimento não era inevitável, mas o crescimento progressivo da ciência natural o tornou cada vez mais provável. O interesse cada vez maior dos homens pelos resultados práticos da

ciência era, em si mesmo, ao mesmo tempo natural e legítimo, mas ajudou-os a esquecer que a ciência é uma forma de conhecimento e que os resultados práticos são apenas seus subprodutos [...]. Antes de inesperadamente conseguirem encontrar explicações conclusivas para o mundo natural, os homens haviam começado ou a desprezar todas as disciplinas que não pudessem oferecer essas demonstrações ou a reconstruir essas disciplinas segundo o modelo das ciências físicas. Em consequência disso, a metafísica e a ética tiveram de ser ignoradas ou, no mínimo, substituídas por novas ciências positivas; em um caso ou no outro, seriam eliminadas. Trata-se de um movimento muitíssimo perigoso, que explica a posição arriscada em que a cultura ocidental ora se encontra.

Não é verdade sequer que a metafísica e a ética seriam eliminadas. Pelo contrário, tudo o que nos forneceram foi uma metafísica ruim e uma ética apavorante.

Os historiadores sabem que os erros metafísicos podem provocar a morte. R. G. Collingwood escreveu:

> O diagnóstico patrístico da decadência da civilização greco-romana atribui esse fato a uma doença metafísica [...]. Não foram os ataques dos bárbaros que destruíram o mundo greco-romano [...]. A causa era metafísica. Segundo eles (os escritores patrísticos), o mundo "pagão" não estava conseguindo manter vivas as suas próprias convicções fundamentais porque, em razão de certos defeitos de análise metafísica, aquele mundo se confundira em relação a quais eram essas convicções [...]. Se a metafísica fosse um simples luxo do intelecto, isso não teria tido importância.

Esse trecho pode ser aplicado sem nenhuma mudança à civilização atual. Caímos na confusão acerca de quais são, na realidade, as nossas convicções. As grandes ideias do século XIX podem preencher a nossa mente de uma maneira ou de outra, mas nem por isso nosso coração acredita nelas. Não são a razão e a fé que estão em guerra entre si, como se costuma afirmar, mas as mentes e os corações. Nossa razão foi obnubilada por uma fé extravagante, cega e não razoável em um conjunto de ideias fantasiosas e destruidoras da vida, herdadas do século XIX. A primeiríssima tarefa da nossa razão deve ser a de redescobrir uma fé mais verdadeira que essa.

A educação não poderá nos ajudar enquanto não admitir um lugar para a metafísica. Quer as matérias ensinadas sejam de ciências ou de humanidades, se o ensino não tiver como efeito um esclarecimento da metafísica, ou seja, de nossas convicções fundamentais, não será capaz de educar um homem e, por isso, não terá real valor para a sociedade.

Afirma-se com frequência que o colapso da educação decorre do excesso de especialização. Esse diagnóstico, entretanto, é apenas parcial e enganador. A especialização em si não é um princípio educacional errado. Qual seria a alternativa? Pegar, amadoristicamente, um pouquinho de cada grande disciplina? Ou um prolongado *studium generale* em que as pessoas são obrigadas a perder tempo tateando disciplinas que não querem seguir, enquanto são afastadas do que de fato querem aprender? Essa não pode ser a resposta correta, pois só pode conduzir ao tipo do homem intelectual que o cardeal Newman condenava: "um homem intelectual, como o mundo ora o concebe, [...] cheio de 'opiniões' sobre todos os assuntos de filosofia, todos os temas do dia". Estar cheio de opiniões não é um sinal de conhecimento, mas de ignorância. "Queres saber o significado do conhecimento?", disse Confúcio. "Quando conheces algo, reconheceres que o conheces; e, quando não o conheces, saberes que não o conheces – isso é conhecimento."

O problema não é especialização, mas a falta de profundidade com que os temas costumam ser apresentados e a ausência de uma metafísica consciente. As ciências são ensinadas sem nenhuma consciência dos pressupostos da ciência, do sentido e do significado das leis científicas e do lugar ocupado pelas ciências naturais dentro do cosmos do pensamento humano. O resultado é que os pressupostos da ciência são normalmente confundidos com suas descobertas. A ciência econômica é ensinada sem nenhuma consciência da visão de natureza humana que está por trás das teorias econômicas atuais. Aliás, muitos economistas formados ignoram que essa visão está implícita em seu ensino e que quase todas as suas teorias teriam de mudar caso tal visão mudasse. Como ministrar um ensino racional de política sem retraçar todas as questões até suas raízes metafísicas? O pensamento político será necessariamente confuso e culminará em um discurso deliberadamente ambíguo e enganador caso se insista na recusa em admitir um estudo sério dos problemas metafísicos e éticos envolvidos na política. A confusão já é tão grande que temos o direito de duvidar do valor educacional de estudar muitas disciplinas das chamadas humanidades. Digo "chamadas" porque uma disciplina que não explicite sua visão da natureza humana não pode, a rigor, ser chamada humanista.

Todas as disciplinas, por mais especializadas que sejam, se ligam a um centro. São como raios que emanam de um sol. O centro é constituído de nossas convicções mais fundamentais, por aquelas ideias que de fato têm o poder de nos mover. Em outras palavras, o centro consiste na metafísica e na ética, em ideias que – quer gostemos, quer não – transcendem o mundo dos fatos. Por isso, não podem ser provadas nem refutadas pelo método científico comum. No entanto, isso não significa que sejam puramente subjetivas, relativas ou meras convenções arbitrárias. Podem corresponder à realidade, ainda que transcendam o mundo dos fatos – o que configura um aparente paradoxo para nossos pensadores positivistas. Se não corresponderem à realidade, a adesão a tal conjunto de ideias levará inevitavelmente a um desastre.

A educação só pode nos ajudar se produzir homens integrais. O homem realmente instruído não é o que sabe um pouco de tudo, nem mesmo o que sabe todos os detalhes de todas as disciplinas (se é que tal coisa é possível): pode ser, com efeito, que o homem integral possua pouco conhecimento detalhado dos fatos e das teorias; pode até apreciar a *Encyclopaedia Britannica*, pois "ela sabe e ele não precisa saber", *mas estará de fato em contato com o centro*. Não terá dúvidas sobre suas convicções básicas, sobre sua visão acerca do significado e do propósito da sua vida. Talvez não seja capaz de explicar essas coisas em palavras, mas a conduta de sua vida evidenciará um toque seguro que deriva de sua clareza interior.

Vou tentar explicar um pouco mais o que se entende por centro. Toda atividade humana é uma busca por algo que se concebe como bom. Isso é quase uma tautologia, mas nos ajuda a fazer uma boa pergunta: "Bom para quem?" Bom para a pessoa que o busca. Isso significa que, a menos que essa pessoa tenha identificado e coordenado seus muitos ímpetos, impulsos e desejos, é provável que suas buscas sejam confusas, contraditórias, contraproducentes e talvez altamente destrutivas. O centro, evidentemente, é o lugar onde essa pessoa deve criar para si mesma um sistema ordenado de ideias a respeito dela mesma e do mundo, um sistema que possa determinar a direção de suas diversas buscas. Se a pessoa nunca pensou nisso (por estar sempre muito ocupada com coisas mais importantes ou se orgulha de ver humildemente a si mesma como agnóstica), nem por isso o centro estará vazio: estará, pelo contrário, repleto de todas aquelas ideias vitais que, de um jeito ou de outro, penetraram em sua mente durante a Idade das Trevas de sua vida. Procurei mostrar quais serão, com toda probabilidade, essas ideias hoje em dia: uma negação total do significado e do propósito da existência humana sobre a terra, que conduz ao desespero total quem quer que acredite nelas de fato. Felizmente, como eu disse, o coração é muitas vezes mais inteligente que a mente e se recusa a aceitar essas ideias com todas as consequências que acarretam. Assim, o homem se salva do desespero, mas desemboca na confusão. Suas convicções fundamentais são confusas. Com isso, também suas ações são confusas e variáveis. Se ele deixasse a luz da consciência incidir sobre o centro e enfrentasse a questão das convicções fundamentais, criaria ordem onde agora há desordem. Isso o educaria, no sentido de conduzi-lo para fora da escuridão de sua confusão metafísica.

Não acho, contudo, que isso possa ser feito sem que ele aceite conscientemente – mesmo que apenas de modo provisório – algumas ideias metafísicas que se opõem de modo quase diametral às ideias (nascidas no século XIX) que se alojaram em sua mente. Mencionarei três exemplos.

Ao passo que as ideias do século XIX negam ou eliminam a hierarquia dos níveis do Universo, a noção de uma ordem hierarquizada é um instrumento indispensável para o entendimento. Sem reconhecer "níveis do ser" ou "graus de significado", não podemos tornar o mundo inteligível para nós nem temos a menor possibilidade de definirmos nossa própria posição dentro do esquema do Universo. É quando vemos o mundo como uma escada e vemos a posição do homem nessa escada que podemos reconhecer uma tarefa significativa para a vida do homem sobre a Terra. Talvez caiba ao ser humano a tarefa – ou a felicidade – de alcançar um grau mais elevado de conscientização de suas potencialidades, um nível mais elevado de ser ou um grau de significado mais elevado do que aquele que ele possui naturalmente: não é possível sequer estudar essa possibilidade sem reconhecer a existência de uma estrutura hierárquica. Na medida em que interpretamos o mundo de acordo com as grandes ideias vitais do século XIX, essas diferenças de nível nos passam completamente despercebidas, por nos tornamos cegos para elas.

No mesmo instante em que aceitamos a existência de níveis do ser, contudo, tornamo-nos capazes de entender, por exemplo, por que os métodos da ciência física não podem ser aplicados ao estudo da política ou da economia ou por que as descobertas da física – como reconheceu Einstein – não têm implicações filosóficas.

Se aceitarmos a divisão aristotélica da metafísica em ontologia e epistemologia, a proposição de que existem níveis do ser é uma proposição ontológica. Acrescento agora uma proposição epistemológica: a natureza do nosso pensamento é tal que nós necessariamente pensamos por meio de oposições.

É bem fácil ver que, ao longo de toda a nossa vida, nos vemos diante da tarefa de reconciliar oposições que não podem ser conciliadas por um pensamento lógico. Os problemas típicos da vida são insolúveis no nível de ser em que normalmente nos encontramos. Como conciliar as exigências de liberdade e disciplina na educação? Inúmeras mães e professores fazem isso na prática, mas ninguém é capaz de pôr a solução por escrito. Fazem-no introduzindo na situação uma força que pertence a um nível superior, onde os opostos são transcendidos: a força do amor.

G. N. M. Tyrell propôs os termos "divergente" e "convergente" para distinguir, respectivamente, os problemas que não podem ser resolvidos pelo raciocínio lógico daqueles que podem. A vida é levada adiante por problemas divergentes, que têm de ser vividos e só são resolvidos com a morte. Os problemas convergentes, por sua vez, são a invenção mais útil do homem; não existem como tais na realidade, mas são criados por um processo de abstração. Quando são resolvidos, a solução pode ser posta por escrito e repassada a outras pessoas, que podem aplicá-la sem precisar reproduzir o esforço mental que foi necessário para encontrá-la. Se isso se aplicasse às relações humanas na vida familiar, na economia, na política, na educação, e assim por diante... fico até sem saber como terminar a frase. Já não haveria relações humanas, mas somente relações mecânicas. A vida seria uma morte em vida. Os problemas divergentes como que obrigam o homem a subir a um nível acima do seu; exigem, e por isso também proporcionam, forças de um nível superior, introduzindo assim o amor, a beleza, a bondade e a verdade em nossa vida. É só com a ajuda dessas forças superiores que os opostos podem ser reconciliados nas situações de vida.

As ciências físicas e a matemática tratam exclusivamente de problemas convergentes. É por isso que seu progresso é cumulativo e cada nova geração pode recomeçar do ponto em que seus antepassados pararam. O preço, no entanto, é alto. O trato exclusivo com problemas convergentes não conduz à vida, mas para fora dela. Charles Darwin escreveu em sua autobiografia:

> Até os trinta anos ou um pouco mais, muitos tipos de poesia [...] me davam grande prazer, e já na infância eu adorava ler Shakespeare, sobretudo as peças históricas. Também disse que, antes, a pintura me dava um prazer considerável, e a música, um prazer enorme. Mas agora já há muitos anos que não aguento ler sequer um verso de poesia; há pouco tentei ler Shakespeare, e achei-o tão insuportavelmente aborrecido que me senti nauseado.

Também perdi, quase por completo, o gosto pela pintura e pela música. [...] Minha mente parece ter se tornado uma espécie de máquina que tritura grandes amontoados de fatos a fim de extrair deles leis gerais, mas não posso entender por que isso causou a atrofia daquela parte do cérebro da qual os gostos superiores dependem unicamente. [...] A perda desses gostos é uma perda de felicidade e pode muito bem ser danosa para o intelecto, e com mais probabilidade para o caráter moral, por enfraquecer a parte emocional da nossa natureza.[3]

Esse empobrecimento, descrito por Darwin de maneira tão comovente, esmagará toda a nossa civilização se permitirmos a continuidade das tendências atuais, que Gilson descreve como "a extensão da ciência positiva aos fatos sociais". Todos os problemas divergentes podem ser transformados em problemas convergentes por um processo de "redução". O resultado, no entanto, é a perda de todas as forças superiores que enobrecem a vida humana, e a degradação não somente da parte emocional da nossa natureza, mas também, como pressentia Darwin, do nosso intelecto e do nosso caráter moral. Os sinais estão, hoje, evidentes em toda parte.

Os verdadeiros problemas da vida – na política, na economia, na educação, no casamento etc. – são sempre situações em que é preciso superar ou reconciliar oposições. São problemas divergentes e não têm solução no sentido comum da palavra. Exigem do homem não somente o emprego de sua faculdade racional, mas a dedicação de toda a sua personalidade. É natural que falsas soluções, na forma de fórmulas astutas, estejam sempre sendo apresentadas; mas nunca funcionam por muito tempo, pois invariavelmente menosprezam um dos dois opostos e, assim, perdem a própria qualidade que caracteriza a vida humana. Na economia, a solução apresentada pode contemplar a liberdade, mas não o planejamento, ou vice-versa. Na organização industrial, pode contemplar a disciplina, mas não a participação

---

3. Charles Darwin, *Autobiography*. Org. Nora Barlow. Londres: Wm. Collins Sons, 1958.

dos trabalhadores na gestão da empresa, ou vice-versa. Na política, pode contemplar a liderança, mas não a democracia, ou, inversamente, pode contemplar a democracia, mas não a liderança.

A obrigação de lidar com problemas divergentes tende a provocar exaustão, preocupação e cansaço. Por isso, as pessoas tendem a fugir disso. O executivo ocupado que passou o dia todo tendo de resolver problemas divergentes lê um livro policial ou faz palavras cruzadas a caminho de casa. Usou o cérebro o dia inteiro; por que continua usando agora? A resposta é que o livro policial e as palavras cruzadas apresentam problemas convergentes, e é *aí* que está o descanso. Exigem algum trabalho cerebral, que pode até ser difícil, mas não exigem que ele se esforce e se force a alcançar um nível superior, que é o desafio específico lançado pelos problemas divergentes, em que oposições inconciliáveis têm de ser conciliadas. Somente esses problemas compõem a substância real da nossa vida.

Volto-me, por fim, para uma terceira classe de noções que na verdade pertencem à metafísica, embora, em geral, sejam tratadas em separado: a ética.

As ideias mais poderosas do século XIX, como vimos, negavam ou pelo menos obscureciam todo o conceito dos níveis de ser e a ideia de que certas coisas são superiores a outras. É claro que isso acarretou a destruição da ética, que se baseia na distinção entre bem e mal e na tese de que o bem é superior ao mal. Mais uma vez, os pecados dos pais recaem sobre os filhos até a terceira e a quarta gerações, que agora estão crescendo sem nenhuma instrução moral. Os homens que conceberam a ideia de que a moral é uma tolice o fizeram com uma mente bem abastecida de ideias morais. Mas as mentes da terceira e da quarta gerações já não estão bem abastecidas de ideias desse tipo: estão bem abastecidas de ideias concebidas no século XIX, a saber, que a moral é uma tolice e que tudo o que parece ser superior não passa, na realidade, de algo bastante baixo e vulgar.

A confusão que daí decorre é indescritível. Qual a *Leitbild*, como dizem os alemães, a imagem-guia, de acordo com a qual os jovens podem tentar se formar e se educar? Não há nenhuma;

ou, antes, há tamanha confusão e mistura de imagens que não se pode extrair delas nenhuma orientação sensata. Os intelectuais, que teriam a função de esclarecer essas coisas, passam seu tempo proclamando que tudo é relativo ou alguma outra máxima que significa a mesma coisa. Ou, se não, tratam de assuntos éticos em termos que evidenciam o mais descarado cinismo.

Vou dar um exemplo ao qual já aludi. É significativo porque vem de um dos homens mais influentes da nossa época, o falecido lorde Keynes, que escreveu: "Durante pelo menos mais cem anos, teremos de fingir para nós mesmos e para todos que o bem é mal e o mau é bom; pois o mal é útil, e o bem, não. A avareza, a usura e a precaução terão de ser nossos deuses por mais algum tempo."

Quando homens famosos e inteligentes falam dessa maneira, não surpreende que surja certa confusão entre o bem e o mal, que produz discursos ambíguos e enganadores quando a situação está tranquila e, quando a situação esquenta um pouco, produz o crime puro e simples. Para Keynes, a tese de que a avareza, a usura e a precaução (ou seja, a segurança econômica) deveriam ser nossos deuses era apenas uma ideia inteligente; é certo que ele adorava deuses mais nobres. Mas as ideias são o que de mais poderoso existe sobre a Terra, e não é exagero dizer que, a esta altura, os deuses que ele propunha foram devidamente entronizados.

Na ética, como em tantos outros campos, abandonamos de modo temerário e voluntarioso nossa grande herança clássica e cristã. Chegamos a degradar as próprias palavras sem as quais o discurso ético não pode existir, palavras como "virtude", "amor", "temperança". Por causa disso, somos totalmente ignorantes, totalmente analfabetos nesse que é o mais importante de todos os assuntos concebíveis. Não dispomos de ideias com as quais pensar, e, por isso, estamos por demais dispostos a acreditar que a ética é um campo em que o pensamento não serve para ela. Quem, hoje, sabe algo sobre os sete pecados capitais ou as quatro virtudes cardeais? Quem sabe ao menos seus nomes? E, se essas ideias antigas e veneráveis não são mais consideradas dignas de atenção, quais ideias novas tomaram o lugar delas?

O que deve tomar o lugar da metafísica herdada do século XIX, que destrói vidas e almas? Não tenho dúvida de que a tarefa da nossa geração é a reconstrução da metafísica. Não temos de inventar nada de novo; ao mesmo tempo, não basta meramente retomarmos as antigas formulações. Nossa tarefa, e a tarefa de toda educação, é a de compreender o mundo atual, o mundo em que vivemos e no qual fazemos nossas escolhas.

Os problemas da educação são meros reflexos dos problemas mais profundos da nossa época. Não podem ser resolvidos pela organização, pela gestão ou por investimentos em dinheiro, embora não se negue a importância de tudo isso. Estamos sofrendo de uma doença metafísica, e a cura, por isso, deve ser metafísica também. Uma educação que não lance luz sobre nossas convicções centrais é mero diletantismo ou formação técnica. Pois são nossas convicções centrais que estão desordenadas; e, enquanto durar a atual tendência antimetafísica, essa desordem só fará piorar. A educação, longe de ser então o maior recurso do homem, será uma agente de destruição, de acordo com o princípio *corruptio optimi pessima*[4].

---

4. "As melhores coisas, quando corrompidas, se tornam as piores." (N. do T.)

CAPÍTULO 7
O USO ADEQUADO DA TERRA

Entre os recursos materiais, não se pode questionar que o maior de todos é a terra. Quem estuda como uma sociedade usa sua terra poderá chegar a conclusões bastante confiáveis acerca do futuro.

A terra contém o solo superior, que dá apoio a uma imensa variedade de seres vivos, entre eles o homem. Em 1955, Tom Dale e Vernon Gill Carter, dois ecologistas muito experientes, publicaram um livro intitulado *Topsoil and Civilization* [Solo superior e civilização]. Para os fins que tenho em vista neste capítulo, o melhor que posso fazer é simplesmente citar alguns dos primeiros parágrafos do livro:

> O homem civilizado quase sempre foi capaz de se tornar temporariamente senhor do seu ambiente. Seus principais problemas nasceram da ilusão de que esse senhorio temporário era permanente. Ele se concebia como o "senhor do mundo", embora não tivesse um conhecimento pleno das leis da natureza.
>
> O homem, civilizado ou selvagem, é um filho da natureza e não seu senhor. Precisa fazer com que suas ações sigam certas leis naturais para que mantenha o domínio sobre seu ambiente. Quando tenta contornar as leis da natureza, em geral destrói o ambiente natural que o sustenta. E, quando seu ambiente se deteriora com rapidez, sua civilização declina.

Um homem resumiu a história dizendo que "o homem civilizado caminhou sobre a face da Terra e deixou um deserto em seu rastro". Talvez essa afirmação seja um pouco exagerada, mas não deixa de ter fundamento. O homem civilizado arruinou a maior parte das terras sobre as quais viveu por bastante tempo. Essa é a principal razão pela qual as sucessivas civilizações foram se deslocando de um lugar para outro. Foi também a principal causa do declínio da civilização humana nas regiões de ocupação mais antiga. Foi o fator dominante para a determinação de todas as tendências da história.

Os historiadores pouco chamaram a atenção para a importância do uso da terra. Parecem não ter reconhecido que o destino da maioria dos impérios e civilizações do homem foi determinado em grande medida pelo modo como a terra era usada. Embora reconheçam a influência do ambiente sobre a história, não observam que o homem, em geral, modifica ou arruína seu ambiente.

Como o homem civilizado arruinou esse ambiente favorável? Sobretudo pelo esgotamento ou destruição dos recursos naturais. Cortou ou queimou a maior parte da madeira utilizável nas encostas e vales cobertos de florestas. Desnudou, pelo sobrepastoreio, os campos que alimentavam seu gado. Matou a maior parte dos animais selvagens e boa parte dos peixes e outras formas de vida aquática. Deixou que a erosão roubasse o produtivo solo superior de suas terras aráveis. Permitiu, ainda, que o solo erodido assoreasse os córregos e enchesse de sedimentos seus açudes, canais de irrigação e portos. Em muitos casos, usou e desperdiçou a maior parte dos metais e outros minerais necessários de fácil extração. Então, sua civilização declinou em meio à ruína que ele próprio provocou; ou, se não, se mudou para novas terras. Já houve de dez a trinta civilizações que seguiram esse caminho de derrocada (o número depende de quem classifica as civilizações).[1]

Parece que o "problema ecológico" não é tão novo quanto muitas vezes se pinta. No entanto, hoje há duas diferenças decisivas: a Terra é muito mais densamente povoada do que era antes; de modo geral, não há novas terras para as quais se deslocar;

---

1. Tom Dale e Vernon Gill Carter, *Topsoil and Civilization*. Norman: University of Oklahoma Press, 1955.

e o ritmo da mudança se acelerou enormemente, sobretudo no último quarto de século.

Ao mesmo tempo, a crença dominante ainda é a de que, independentemente do que possa ter acontecido com as civilizações anteriores, nossa moderna civilização ocidental se emancipou da dependência em relação à natureza. Voz representativa dessa ideia é a de Eugene Rabinowitch, editor-chefe do *Bulletin of Atomic Scientists*. No *The Times* de 29 de abril de 1972, ele diz:

> Os únicos animais cujo desaparecimento pode ameaçar a viabilidade biológica do homem sobre a Terra são as bactérias que normalmente habitam nosso corpo. No que diz respeito aos demais, não há prova convincente de que a espécie humana não pudesse sobreviver, ainda que constituísse a única espécie animal remanescente sobre a Terra! Caso se desenvolvam meios economicamente viáveis para sintetizar alimentos a partir de matérias-primas inorgânicas – o que deve acontecer mais cedo ou mais tarde –, o homem poderá até se tornar independente dos vegetais, dos quais agora depende por serem as fontes de seu alimento. [...]
> Eu, pessoalmente – assim como a imensa maioria da humanidade, pelo que me parece –, sinto arrepios diante dessa ideia (de um hábitat sem animais e vegetais). No entanto, milhões de habitantes das "selvas de pedra" de Nova York, Chicago, Londres ou Tóquio cresceram e passaram a vida em ambientes praticamente "azoicos" (descontando, é claro, os ratos, camundongos, baratas e outras espécies desagradáveis) e sobreviveram.

Está claro que Eugene Rabinowitch considera a declaração racionalmente justificável. Ele deplora o fato de "muitas coisas racionalmente injustificáveis terem sido escritas nos últimos anos – algumas por cientistas de alto renome – acerca da sacralidade dos ecossistemas naturais, de sua estabilidade intrínseca e do perigo da intervenção humana neles".

O que é racional e o que é sagrado? Será o homem o senhor da natureza ou seu filho? Caso a síntese de alimentos a partir de materiais inorgânicos se torne economicamente viável – "o que deve acontecer mais cedo ou mais tarde" –, se nos tornarmos independentes dos vegetais, o vínculo entre a civilização e o solo superior será quebrado. Mas será mesmo? Essas questões dão a entender que o uso adequado da terra não propõe um problema técnico ou econômico, mas, antes de tudo, um problema metafísico. Está claro que esse problema diz respeito a um nível de pensamento racional mais elevado que o representado pelas duas últimas citações.

Sempre existem certas coisas que fazemos por elas mesmas e coisas que fazemos em razão de outras. Uma das tarefas mais importantes para qualquer sociedade é distinguir entre fins e meios e desenvolver algum tipo de acordo e de visão coesa a esse respeito. A terra é um mero meio de produção ou é algo mais, que é um fim em si mesmo? E, quando digo "terra", incluo aí os seres que nela vivem.

Nada que fazemos por ser um fim em si mesmo se presta a um cálculo utilitário. Por exemplo, a maioria das pessoas procura se manter razoavelmente limpa. Por quê? Por simples motivos de higiene? Não. O aspecto da higiene é secundário. Reconhecemos a limpeza como um valor em si. Não calculamos seu valor; o cálculo econômico não se introduz nisso. Poder-se-ia argumentar que tomar banho não tem valor econômico: custa tempo e dinheiro e não produz nada, com exceção da própria limpeza. Há muitas atividades que não têm valor econômico, mas que são praticadas pelo que representam em si mesmas. Os economistas dispõem de um jeito fácil de qualificá-las: dividem todas as atividades humanas em produção e consumo. Tudo o que fazemos sob a rubrica de produção pode ser objeto de um cálculo econômico, e o que fazemos sob a rubrica de consumo, não. Mas a vida real é muito refratária a essas classificações, pois o homem-produtor e o homem-consumidor são na verdade o mesmo homem, que está sempre produzindo e consumindo *ao mesmo tempo*. Até um operário de fábrica consome certas comodidades, comumente chamadas de condições de trabalho. Se um número insuficiente de comodidades lhe é fornecido, ele já não consegue continuar ou se recusa a fazê-lo. Além disso, até do homem que consome água e sabão se pode dizer que está produzindo limpeza.

Produzimos a fim de podermos adquirir certas comodidades e confortos na qualidade de consumidores. Se, no entanto, alguém exigisse essas mesmas comodidades e confortos enquanto se dedica à produção, dir-lhe-iam que isso é economicamente inviável e ineficiente e que a sociedade não pode se permitir uma tal ineficiência. Em outras palavras, tudo varia conforme seja feito pelo homem-produtor ou pelo homem-consumidor. Se o homem-produtor viaja de primeira classe ou usa um carro de luxo, isso é considerado desperdício de dinheiro; se o mesmo homem, em sua outra encarnação de homem-consumidor, faz a mesma coisa, isso é considerado sinal de um alto padrão de vida.

Em nenhuma parte essa dicotomia é mais evidente do que no que se refere ao uso da terra. O agricultor é visto como um simples produtor que deve cortar custos e aumentar a eficiência usando todos os expedientes possíveis, mesmo que assim venha a destruir – para o homem-consumidor – a saúde do solo e a beleza da paisagem, e mesmo que o efeito final seja o despovoamento da terra e a superpopulação das cidades. Hoje em dia, há grandes agricultores, horticultores, fabricantes de alimentos e fruticultores que jamais cogitariam consumir algo que eles mesmos produziram. "Por sorte", dizem eles, "temos dinheiro suficiente para comprar produtos orgânicos, cultivados sem o uso de venenos." Quando lhe perguntam por que eles próprios não aderem aos métodos orgânicos e evitam o uso de substâncias venenosas, eles respondem que não podem se dar a esse luxo. Os luxos a que o homem-produtor pode se dar são uns; aqueles a que o homem-consumidor pode se dar são outros. No entanto, uma vez que os dois são o mesmo homem, a questão dos luxos a que o homem enquanto tal – ou a sociedade – pode realmente se dar suscita infindáveis confusões.

Não se pode escapar dessa confusão enquanto a terra e os seres que nela vivem forem vistos como *nada mais que* fatores de produção. É claro que são fatores de produção, ou seja, meios para outros fins, mas essa é sua natureza secundária, e não primária. Antes de tudo, eles são fins em si mesmos, são metaeconômicos. Por isso, é racionalmente justificável dizer, como declaração de um fato, que são sagrados em um certo sentido. Não foi o homem que os fez e é irracional que ele trate as coisas que não fez e que é incapaz de refazer e recriar depois de as ter estragado, da mesma maneira e com o mesmo espírito com que trata as coisas de sua feitura.

Os animais superiores têm valor econômico em razão de sua utilidade, mas têm um valor metaeconômico em si mesmos. Se tenho um automóvel, algo feito pelo homem, posso defender com legitimidade a tese de que a melhor maneira de usá-lo é não me preocupar com sua manutenção e dirigi-lo até que se arruíne. Posso até concluir, por cálculo, que esse é o método de uso mais econômico para esse objeto. Se o cálculo estiver correto, ninguém poderá me criticar por agir de acordo com ele, pois não há nada de sagrado em uma coisa feita pelo homem, como um automóvel. Mas, se eu tenho um animal – que seja somente um bezerro ou uma galinha –, uma criatura viva e senciente, acaso me é permitido tratá-lo como mera utilidade, me é permitido usá-lo até que se arruíne?

Não adianta tentar responder a essas perguntas pela ciência. Não são perguntas científicas, mas metafísicas. É um erro metafísico, capaz de produzir as mais graves consequências práticas, igualar automóvel e animal em razão da utilidade de ambos e, ao mesmo tempo, deixar de reconhecer a diferença mais fundamental entre eles, a diferença de "nível de ser". Uma época irreligiosa contempla com riso e desprezo os enunciados sacrossantos por meio dos quais a religião ajudava nossos antepassados a apreciar verdades metafísicas. "E o Senhor Deus tomou o homem e o colocou no Jardim do Éden" – não para viver ocioso, mas "para cultivá-lo e guardá-lo". "E Ele também lhe deu domínio sobre os peixes do mar, e sobre as aves do céu, e sobre todos os seres vivos que se movem sobre a terra." Quando fez "os animais selvagens segundo a sua espécie, e os animais domésticos segundo a sua espécie, e tudo o que se arrasta sobre a terra segundo a sua espécie", Ele viu que tudo isso era "bom". Mas quando viu tudo o que tinha feito, toda a biosfera, como dizemos hoje, "viu que tudo era *muito* bom". Ao homem, a mais elevada de suas criaturas, foi dado o domínio, não o direito de tiranizar, arruinar e exterminar. Não adianta falar sobre a dignidade do homem sem aceitar que *noblesse oblige*. O homem se relacionar de maneira injusta com os animais, sobretudo os que domesticou há muito tempo, é algo que sempre, em todas as tradições, foi visto como uma coisa horrível e infinitamente perigosa. Não houve sábios ou santos, da nossa história ou da de qualquer outro povo, que tenham sido cruéis com os animais ou que os tenham visto *apenas* como utilidades. São inúmeras as lendas e histórias que relacionam a santidade e a própria felicidade com a bondade com as criaturas inferiores.

É interessante notar que se tem dito ao homem moderno, em nome da ciência, que na realidade ele próprio é *apenas* um macaco nu ou até uma disposição acidental de átomos. "Hoje somos capazes de definir o homem", diz o professor Joshua Lederberg. "Pelo menos do ponto de vista do seu genótipo, ele é uma determinada sequência molecular de átomos de carbono, hidrogênio, oxigênio, nitrogênio e fósforo de um metro e oitenta de altura."[2] Por ter uma ideia tão humilde de si mesmo, o homem moderno tem uma ideia ainda mais humilde dos animais que atendem a suas necessidades e os trata como se fossem máquinas. Outras pessoas, menos sofisticadas – ou serão menos depravadas? –, têm outra atitude. H. Fielding Hall relata, a respeito da Birmânia:

> Para eles [os birmaneses], homens são homens e animais são animais, e os homens são muito superiores. Mas eles não concluem disso que a superioridade do homem lhe dê permissão para maltratar ou matar os animais. Pelo contrário. É exatamente por ser tão superior aos animais que o homem pode e deve ter com eles o mais extremo cuidado, sentir por eles a maior compaixão e ser bom com eles de todas as maneiras possíveis. O lema dos birmaneses deveria ser *noblesse oblige*. Eles conhecem o sentido dessa expressão, embora não conheçam as palavras.[3]

Nos *Provérbios*, lemos que o justo cuida de seu animal, mas o coração do insensato não tem misericórdia. São Tomás de Aquino escreveu: "É evidente que, se um homem praticar um afeto com-

---

2. Gordon Wolstenholme (Org.), *Man and His Future*. Londres: Ciba Foundation, J. & A. Churchill, 1963.
3. H. Fielding Hall, *The Soul of a People*. Londres: Macmillan, 1920.

passivo com os animais, tanto mais estará disposto a sentir compaixão por seus semelhantes." Ninguém se perguntou se poderiam se *dar ao luxo* de viver de acordo com essas convicções. No nível dos valores, dos fins em si, não existe "poder se dar ao luxo".

O que se aplica aos animais que vivem sobre a terra se aplica igualmente, sem nenhuma suspeita de sentimentalismo, à própria terra. Embora a ignorância e a cobiça tenham destruído a fertilidade do solo repetidas vezes, a ponto de fazer perecer civilizações inteiras, não houve nenhuma doutrina tradicional que tenha deixado de reconhecer o valor e o significado metaeconômicos da "terra generosa". E, sempre que essas doutrinas foram ouvidas, não somente a agricultura, mas também todos os outros fatores da civilização alcançaram a saúde e a integridade. Por sua vez, nos locais onde as pessoas imaginaram que não podiam se dar ao luxo de cuidar do solo e trabalhar a favor da natureza (e não contra ela), a resultante doença do solo invariavelmente se transmitiu para todos os outros fatores da civilização.

Na nossa época, a principal ameaça ao solo – e, consequentemente, não só à agricultura, mas à civilização como um todo – nasce da determinação dos citadinos de aplicar à agricultura os princípios da indústria. Não se encontra representante mais típico dessa tendência do que o dr. Sicco L. Mansholt, que, na qualidade de vice-presidente da Comunidade Econômica Europeia, lançou o Plano Mansholt para a agricultura europeia. Ele acredita que os agricultores representam "um grupo que ainda não captou as rápidas mudanças da sociedade". A maioria deles deveria abandonar a agricultura e se tornar operários industriais nas cidades, pois "os operários de fábrica, da construção civil e os que trabalham em postos administrativos já têm uma semana de cinco dias e duas semanas de férias por ano. Logo poderão ter uma semana de quatro dias e quatro semanas de férias por ano. Enquanto isso, o agricultor *está condenado a trabalhar sete dias por semana, pois ainda não se inventou uma vaca que trabalhe só cinco dias; e não tem férias de nenhuma espécie*"[4]. Assim, o

---

4. Sicco L. Mansholt, *Our Accelerating Century*. Londres: The Royal Dutch/Shell Lectures on Industry and Society, 1967.

Plano Mansholt visa alcançar, o mais rápido possível, a fusão de muitas propriedades agrícolas familiares, de modo a formar grandes unidades agrícolas, operadas como se fossem fábricas, bem como o máximo índice possível de redução da população agrícola dentro da comunidade. Deve-se fornecer um auxílio "que habilite os agricultores, não só os jovens, mas também os velhos, a abandonar a agricultura"[5].

Na discussão do Plano Mansholt, fala-se da agricultura em geral como um dos setores industriais da Europa. Surge a questão de saber se a agricultura é de fato uma indústria ou se não poderá ser algo *essencialmente* diferente. Não surpreende que, por se tratar de uma questão metafísica ou metaeconômica, ela não seja levantada pelos economistas.

Vejamos: o princípio fundamental da agricultura é de que ela lida com a vida, ou seja, com substâncias vivas. Seus produtos resultam de processos vivos e seu meio de produção é o solo vivo. Um centímetro cúbico de solo fértil contém bilhões de organismos vivos, cuja plena exploração está muito além das capacidades do homem. O princípio fundamental da indústria moderna, por sua vez, é o de que ela lida com processos criados pelo homem, que só funcionam com certa confiabilidade quando se aplicam a materiais não vivos e também criados pelo homem. Os materiais manufaturados são preferíveis aos naturais, pois podemos fazê-los sob medida e aplicar-lhes um perfeito controle de qualidade. As máquinas feitas pelo homem funcionam de modo mais confiável e previsível do que substâncias vivas, como o próprio homem. O ideal da indústria é eliminar todo o fator vivo, incluindo-se aí o fator humano, e entregar o processo produtivo a máquinas. Alfred North Whitehead definiu a vida como "uma ofensiva dirigida contra o mecanismo repetitivo do Universo". Assim, podemos definir a indústria moderna como "uma ofensiva contra a imprevisibilidade, a falta de pontualidade, a incontrolabilidade geral e a teimosia da natureza viva, inclusive o homem".

---

5. Denis Bergmann *et al.*, *A Future for European Agriculture*. Paris: The Atlantic Institute, 1970.

Em outras palavras, não resta dúvida de que os princípios fundamentais da agricultura e da indústria, longe de serem compatíveis um com o outro, são opostos. A vida real consiste nas tensões produzidas pela incompatibilidade entre opostos, todos necessários; e, assim como a vida não teria sentido sem a morte, também a agricultura não teria sentido sem a indústria. Não se pode, entretanto, fugir do fato de que a agricultura é primária e a indústria, secundária, o que significa que a vida humana pode continuar sem a indústria, mas não sem a agricultura. No nível da civilização, por sua vez, a vida humana exige o *equilíbrio* dos dois princípios, destruído de modo inelutável quando as pessoas deixam de perceber a diferença *essencial* entre a agricultura e a indústria – tão grande quanto a da vida e da morte – e procuram tratar a agricultura como apenas mais um ramo da indústria.

É claro que o argumento é muito conhecido. Foi proposto de maneira sucinta por um grupo de especialistas internacionalmente reconhecidos em *A Future for European Agriculture* [Políticas do futuro para a Europa agrícola]:

> As diferentes partes do mundo possuem pendores muitíssimo diferentes para a produção de determinados produtos, pendores que dependem de diferenças climáticas, da qualidade do solo e do custo do trabalho. Todos os países ganhariam com uma divisão do trabalho que os capacitasse a concentrar a produção em suas operações agrícolas mais produtivas. Isso resultaria tanto em mais renda para a agricultura quanto em custos menores para toda a economia, sobretudo para a indústria. Não há nenhuma justificativa fundamental para o protecionismo agrícola.[6]

Se isso fosse verdade, não se compreenderia por que o protecionismo agrícola, ao longo da história, foi sempre a regra e não a exceção. Por que a maioria dos países, durante a maior parte do tempo, não se dispôs a obter recompensas tão grandes com uma receita tão simples? Precisamente porque as operações

---

6. *Idem, ibidem.*

agrícolas envolvem muito mais do que a produção de renda e a diminuição do custo: envolvem toda a relação entre o homem e a natureza, todo o estilo de vida de uma sociedade, a saúde, a felicidade e a harmonia do homem, bem como a beleza de seu hábitat. Quando todas essas coisas são excluídas das considerações dos especialistas, o próprio homem é excluído delas – mesmo que nossos especialistas tentem, por assim dizer, incluí-lo *a posteriori*, defendendo a tese de que a comunidade deve pagar pelas consequências sociais de seus cursos de ação política. O Plano Mansholt, segundo os especialistas, "representa uma iniciativa audaciosa. É baseado na aceitação de um princípio fundamental: a renda agrícola só pode se manter se a redução da população agrícola se acelerar e as propriedades agrícolas alcançarem muito rapidamente um tamanho economicamente viável"[7]. Ou ainda: "A agricultura, pelo menos na Europa, é voltada essencialmente à produção de alimentos […] Sabe-se muito bem que a demanda de alimentos aumenta na proporção do aumento de renda real, mas em um ritmo mais lento. Com isso, a renda total obtida pela agricultura aumenta mais lentamente em comparação com as rendas obtidas na indústria; manter o mesmo índice de aumento de renda *per capita* só será possível com um índice adequado de diminuição do número de pessoas que se dedicam à agricultura."[8] "A conclusão parece inescapável: em circunstâncias normais em outros países avançados, a comunidade seria capaz de atender às próprias necessidades com apenas um terço dos agricultores que possui hoje em dia."[9]

Não podemos objetar seriamente contra essas declarações se adotarmos – como os especialistas adotaram – a posição metafísica do mais grosseiro materialismo, para a qual os custos e a renda em dinheiro são os critérios determinantes e últimos de toda ação humana *e o mundo vivo não significa nada mais que uma mina a ser explorada.*

---

7. *Idem, ibidem.*
8. *Idem, ibidem.*
9. *Idem, ibidem.*

De um ponto de vista mais amplo, no entanto, a terra é encarada como um bem que não tem preço, e em seu cultivo e guarda residem a responsabilidade e a felicidade do homem. Podemos dizer que a gestão humana da terra deve se orientar primariamente por três objetivos: saúde, beleza e permanência. O quarto objetivo, a produtividade – o único aceito pelos especialistas –, será então atingido quase como um subproduto. A visão materialista grosseira vê a agricultura como algo voltado essencialmente à produção de alimentos. Uma visão mais ampla entende que a agricultura tem pelo menos três funções:

- Manter o homem em contato com a natureza viva, da qual ele continua sendo uma parte muitíssimo vulnerável;
- Humanizar e enobrecer o hábitat mais amplo do homem; e
- Produzir os alimentos e outros materiais necessários para uma vida digna.

Não creio que uma civilização que só reconheça a terceira função e procure realizá-la de modo tão impiedoso e violento que as outras duas sejam, não somente deixadas de lado, mas sistematicamente combatidas, tenha a menor chance de sobrevivência a longo prazo.

Hoje em dia, nos orgulhamos de a proporção de pessoas empregadas na agricultura ter caído a um nível muito baixo e continuar caindo. A Grã-Bretanha atende a cerca de 60% de suas necessidades alimentares, ao passo que somente 3% da população economicamente ativa trabalha na agricultura e pecuária. Nos Estados Unidos, 27% dos trabalhadores ainda estavam na agricultura no final da Primeira Guerra Mundial, e 14% no final da Segunda; a estimativa para 1971 mostra apenas 4,4%. Esse declínio na proporção de trabalhadores ligados ao setor agrícola se associa, em geral, a um êxodo rural maciço e com o inchaço das grandes cidades. Ao mesmo tempo, no entanto, e citando Lewis Herber:

> A vida nas metrópoles vem entrando em um colapso psicológico, econômico e biológico. Milhões de pessoas reconheceram

esse colapso e votaram com os pés*, fazendo as malas e indo embora. Se não conseguiram romper os laços com a metrópole, pelo menos tentaram. Esse esforço é significativo como sintoma social.[10]

Nas imensas cidades modernas, segundo Herber, o citadino está mais isolado do que seus antepassados estavam quando viviam no campo: "O citadino em uma metrópole moderna chegou a um grau de anonimato, atomização social e isolamento espiritual praticamente sem precedentes na história da humanidade."[11]

O que ele faz, então? Tenta se mudar para os grandes condomínios nos arredores da cidade e passa horas todo dia indo e voltando do trabalho. Em razão da decomposição da vida rural, os habitantes da zona rural estão fugindo do campo; e, em razão da decomposição da vida urbana, os habitantes da cidade estão fugindo dela. Segundo o dr. Mansholt, "ninguém pode se dar ao luxo de agir de modo economicamente inviável"[12]. O resultado disso é que, em toda parte, a vida tende a se tornar intolerável para todos, exceto os muito ricos.

Concordo com a afirmação de Herber de que "a reconciliação do homem com o mundo natural já não é somente desejável, mas se tornou uma necessidade". E isso não pode se realizar por meio do turismo ou de outras atividades de lazer, mas somente mudando-se a estrutura da agricultura em uma direção diametralmente oposta à proposta pelo dr. Mansholt e apoiada pelos

---

* "Votar com os pés" é uma expressão utilizada na ciência política, sendo relacionada à teoria do economista e geógrafo estadunidense Charles Tiebout (1924-1968). Refere-se à prática de deslocamento de uma região para outra, por causa de fatores de ordem econômica e preferências políticas. Também pode ser vista como uma expressão associada a uma insatisfação e mesmo uma recusa em votar a partir, por exemplo, da saída do país. Há algumas hipóteses para a origem da expressão. Uma delas, é que deriva de uma prática dos senadores romanos, que caminhavam em direção ao orador para manifestar apoio. [N. da E.]

10. Lewis Herber, *Our Synthetic Environment*. Londres: Jonathan Cape, 1963.
11. *Idem, ibidem*.
12. Sicco L. Mansholt, *op. cit.*, 1967.

especialistas citados: em vez de procurar meios para acelerar o abandono da atividade agrícola, devemos buscar políticas de reconstrução da cultura rural, facilitando a ocupação lucrativa da terra para uma grande quantidade de pessoas, seja em período integral, seja em período parcial; e devemos reorientar todas as nossas ações relacionadas com a terra para a tríplice ideal de saúde, beleza e permanência.

A estrutura social da agricultura, produzida e – de acordo com a ideia dominante – justificada pela mecanização em grande escala e pelo uso pesado de produtos químicos, impossibilita que o homem mantenha um contato real com a natureza viva; na verdade, ela promove as mais perigosas tendências modernas de violência, alienação e destruição ambiental. A saúde, a beleza e a permanência não são sequer temas dignos de discussão, e esse é apenas mais um exemplo da desconsideração pelos valores humanos – acarretando uma desconsideração pelo próprio ser humano – que resulta inevitavelmente da idolatria do consumismo.

Se a beleza é o esplendor da verdade, a agricultura não pode cumprir sua segunda função, que consiste em humanizar e enobrecer o hábitat mais amplo do homem, se não aderir fiel e assiduamente às verdades reveladas pelos processos vivos da natureza. Uma delas é a lei do retorno; outra é a diversificação, que se opõe a todo e qualquer tipo de monocultura; outra ainda é a descentralização, de modo que seja possível encontrar usos até para recursos bastante inferiores, que não poderiam jamais, sem ferir a razão, ser transportados por longas distâncias. Mais uma vez, tanto as tendências dos acontecimentos quanto os conselhos dos especialistas seguem na direção diametralmente oposta – rumo à industrialização e à despersonalização da agricultura, rumo à concentração, à especialização e a todos os tipos de desperdício de material que prometam economizar algum trabalho. Em decorrência disso, o hábitat humano mais amplo, longe de estar sendo humanizado e enobrecido pelas atividades agrícolas do homem, se padroniza a ponto de se tornar deprimente ou se degrada a ponto de se tornar horrível.

Tudo isso está sendo feito porque o homem-produtor não pode se dar ao luxo de agir de modo economicamente inviável e, portanto, não pode produzir certos luxos muito necessários – como a saúde, a riqueza e a permanência –, que o homem-consumidor deseja mais que qualquer coisa. Essas coisas são muito caras; e, quanto mais ricos nos tornamos, menos podemos nos dar ao luxo de certas coisas. Os especialistas mencionados calculam que o ônus do auxílio agrícola dentro da Comunidade dos Seis[13] chega a quase 3% do produto nacional bruto, quantia que, para eles, está longe de ser desprezível. Com um índice de crescimento anual de mais de 3% do PNB, seria de imaginar que esse ônus pudesse ser suportado sem dificuldade; mas os especialistas observam que "os recursos nacionais estão por demais comprometidos com o consumo pessoal, o investimento e os serviços públicos. [...] Se usar uma tamanha proporção de recursos para amparar atividades em declínio, seja na agricultura, seja na indústria, a Comunidade perde a oportunidade de empreender [...] melhorias necessárias"[14] nesses outros campos.

Impossível ser mais claro. Se a agricultura não compensa, é apenas uma atividade em declínio. Por que ampará-la? Não há melhorias necessárias no que se refere à terra, mas somente no tocante à renda dos agricultores, e essas melhorias só poderão ocorrer caso o número de agricultores seja menor. Essa é filosofia dos citadinos alienados da natureza viva, que promovem sua própria escala de prioridades defendendo, em termos econômicos, a tese de que não podemos nos dar ao luxo de ter outras prioridades. Na verdade, toda e qualquer sociedade pode se dar ao luxo de cuidar de suas terras e mantê-las perpetuamente saudáveis e belas. Não há dificuldades técnicas nem se carece do conhecimento pertinente. Quando a questão diz respeito às prioridades, não é necessário consultar especialistas em economia. Hoje em dia, sabemos mais que o suficiente sobre ecologia para poder desculpar os muitos abusos que ocorrem na gestão da terra e dos

---

13. França, Alemanha Ocidental, Itália, Bélgica, Holanda e Luxemburgo. (N. do T.)

14. Sicco L. Mansholt, *op. cit.*, 1967.

animais, no armazenamento e processamento de alimentos e na urbanização descuidada. Se permitimos que esses abusos aconteçam, não é por causa da pobreza, como se não pudéssemos nos dar ao luxo de coibi-los; é porque, como sociedade, não temos o fundamento de uma crença firme em quaisquer valores metaeconômicos, e, quando essa crença não existe, o cálculo econômico ganha a primazia. Isso é inevitável. Como poderia ser diferente? Já se disse que a natureza abomina o vácuo; e, quando o espaço espiritual disponível não é ocupado por motivações superiores, será necessariamente preenchido por algo inferior – pela atitude vil, mesquinha e calculista em relação à vida que se racionaliza no cálculo econômico.

Não tenho dúvida de que uma atitude insensível em relação à terra e aos animais que nela vivem está ligada e é um sintoma de muitas outras atitudes. Entre elas é possível mencionar as que produzem o fanatismo pela mudança rápida e o fascínio pelas novidades – técnicas, organizacionais, químicas, biológicas e por aí afora –, que insistem em aplicá-las muito antes que suas consequências de longo prazo sejam minimamente compreendidas. Todo o nosso modo de vida está envolvido na simples questão de como tratamos a terra, que é, depois das pessoas, nosso recurso mais precioso. Antes que nossa política em relação à terra possa mudar de fato, imensas mudanças filosóficas, quando não religiosas, terão de acontecer. Não é questão de podermos ou não nos dar ao luxo de fazer isto ou aquilo, mas de em que decidimos gastar nosso dinheiro. Se resgatarmos o reconhecimento generoso dos valores metaeconômicos, nossas paisagens tornarão a ser saudáveis e belas e nosso povo recuperará a dignidade de um ser humano que sabe ser superior aos animais, mas nunca se esquece de que *noblesse oblige*.

CAPÍTULO 8

RECURSOS PARA A INDÚSTRIA[1]

A coisa mais surpreendente no que se refere à indústria moderna é que ela precisa de muito e realiza pouco. Ela aparenta ser ineficiente em um grau que ultrapassa o poder de imaginação das pessoas. Por isso, sua ineficiência não é percebida. Industrialmente, o país mais avançado nos dias de hoje é, sem dúvida, os Estados Unidos. Com uma população de cerca de 207 milhões de pessoas, ele contém 5,6% da humanidade; com apenas cerca de 35 pessoas por quilômetro quadrado – contra uma média mundial de mais de 43. Situa-se por inteiro dentro da zona temperada norte e é classificado como uma das grandes áreas mais esparsamente povoadas do mundo. Já se calculou que, se toda a população mundial fosse colocada nos Estados Unidos, sua densidade populacional seria mais ou menos igual à da Inglaterra de hoje. É possível que essa comparação seja considerada injusta; mas, mesmo considerando o Reino Unido como um todo, encontramos uma densidade populacional mais de dez vezes superior à dos Estados Unidos (o que significa que os Estados Unidos poderiam conter mais da metade da população mundial atual

---

1. Transcrição extensa de E. F. Schumacher, *Prospect for Coal*. Londres: National Coal Board, abr. 1961.

antes de alcançar uma densidade igual à do Reino Unido agora). Há muitos outros países industrializados com densidades ainda maiores. Considerando toda a Europa, com exceção da URSS, encontramos uma densidade populacional de 150 pessoas por quilômetro quadrado ou cerca de 4,25 vezes a dos Estados Unidos. Não se pode dizer, portanto, que, em comparação com os outros países, os Estados Unidos estejam em desvantagem, com pessoas demais e espaço de menos.

Nem podemos dizer que o território dos Estados Unidos foi pouco dotado de recursos naturais. Pelo contrário, em toda a história humana nunca houve outro território tão grande e com tantos recursos excelentes e maravilhosos, e, apesar de muito já ter sido explorado e arruinado, isso continua verdadeiro hoje.

Mesmo assim, o sistema industrial dos Estados Unidos não é capaz de subsistir apenas com recursos internos e, por isso, teve de estender seus tentáculos pelo mundo afora para garantir seus suprimentos de matéria-prima. Pois os 5,6% da população mundial que vive nos Estados Unidos necessita de algo em torno de 40% dos recursos primários do mundo para se manter. Sempre que são feitas estimativas para os próximos dez, vinte ou trinta anos, a mensagem que surge é a de que a economia dos Estados Unidos será cada vez mais dependente da matéria-prima e das reservas de combustível de fora do país. O Conselho Nacional do Petróleo, por exemplo, calcula que, em 1985, os Estados Unidos terão de atender aos 57% das suas necessidades de petróleo com importações, que então excederiam muito – em 800 milhões de toneladas – o total de petróleo que a Europa Ocidental e o Japão atualmente importam do Oriente Médio e da África.

Um sistema industrial que usa 40% dos recursos primários do mundo para suprir menos de 6% da população mundial só poderia ser chamado de eficiente se obtivesse um sucesso excepcional em matéria de felicidade, bem-estar, cultura, paz e harmonia humana. Não preciso frisar que o sistema norte-americano falha nesse quesito ou que não há a menor perspectiva de que os Estados Unidos poderiam fazer isso se alcançassem um índice mais alto de crescimento da produção, necessariamente associado com um uso ainda maior dos recursos mundiais finitos. O professor Walter Heller, ex-presidente do Conselho Econômico da Presidência dos Estados Unidos, sem dúvida refletiu a opinião dos economistas mais modernos quando expressou sua visão:

> Nós precisamos expandir para atender às aspirações da nossa nação. Em uma economia de pleno emprego e alto crescimento, teremos maior probabilidade de liberar recursos públicos e privados para combater a poluição da terra, do ar e da água e a poluição sonora do que em uma economia de baixo crescimento.

"Não posso conceber", disse ele, "uma economia de sucesso sem crescimento." Mas se não se concebe que a economia dos Estados Unidos possa ter sucesso sem crescer mais e mais rápido e se esse crescimento depende da capacidade de obter cada vez mais recursos do restante do mundo, o que acontecerá com os outros 94,4% da humanidade que estão "atrasados" em relação aos Estados Unidos?

Se uma economia de alto crescimento é necessária para combater a poluição, a qual parece ser, ela própria, um resultado do alto crescimento, que esperança temos de sair desse ciclo extraordinário? De qualquer forma, precisamos nos perguntar se é possível que os recursos da Terra sejam suficientes para continuar desenvolvendo um sistema industrial que consome tanto e realiza tão pouco.

Hoje em dia, um número cada vez maior de vozes vem dizendo que esses recursos não são suficientes. Talvez a mais destacada entre elas seja a de um grupo de estudos do Instituto de Tecnologia de Massachusetts (MIT), que produziu *The Limits to Growth* [Os limites do crescimento], um relatório para o projeto do Clube de Roma sobre a situação atual da humanidade. O relatório contém, entre outros materiais, uma tabela interessante que mostra as reservas conhecidas do mundo; o número de anos que as reservas globais conhecidas devem durar com os atuais índices globais de consumo; o número de anos que as reservas globais conhecidas devem durar se o consumo continuar crescendo exponencialmente; e o número de anos em que elas atenderiam ao consumo crescente se fossem cinco vezes maiores do que sabemos que são agora: tudo isso para dezenove recursos naturais não renováveis de importância vital para as sociedades industrializadas. Tem particular interesse a última coluna da tabela, que mostra o consumo dos Estados Unidos como porcentagem do total mundial. Os números são os seguintes:

Alumínio	42%	Molibdênio	40%
Cromo	19%	Gás natural	63%
Carvão	44%	Níquel	38%
Cobalto	32%	Petróleo	33%
Cobre	33%	Platinoides	31%
Ouro	26%	Prata	26%
Ferro	28%	Estanho	24%
Chumbo	25%	Tungstênio	22%
Manganês	14%	Zinco	26%
Mercúrio	24%		

Somente para um ou dois desses minerais a produção dos Estados Unidos é o bastante para cobrir o próprio consumo. Tendo calculado quando, de acordo com certos pressupostos, cada um desses minerais acabará, os autores, precavidos, declaram sua conclusão geral da seguinte forma:

> Dados os índices atuais de consumo de recursos e o aumento projetado desses índices, a grande maioria dos recursos importantes atualmente e não renováveis será extremamente cara daqui a cem anos.

Na verdade, eles não acreditam que falta muito tempo para que a indústria moderna, "altamente dependente de uma rede de acordos internacionais com os países produtores para o fornecimento de matérias-primas", enfrente crises de proporções nunca antes vistas.

À difícil questão econômica do destino de muitos setores à medida que sucessivos recursos forem se tornando proibitivamente caros, vem somar-se a imponderável questão política das relações entre os países produtores e os países consumidores à medida que os recursos restantes forem se concentrando em regiões geográficas mais limitadas. A recente nacionalização das minas da América do Sul e as bem-sucedidas pressões do Oriente Médio para aumentar o preço do petróleo dão a entender que a questão política pode surgir muito antes da econômica.

Talvez tenha sido útil, embora não essencial, que o grupo do MIT tenha feito tantos cálculos elaborados e hipotéticos. No fim, as suas conclusões são derivadas de seus pressupostos, e uma simples intuição é suficiente para perceber que o crescimento infinito do consumo material em um mundo finito é uma impossibilidade. Tampouco é necessário estudar grandes números de *commodities*, de tendências, de ciclos de *feedback*, de dinâmicas sistêmicas e assim por diante para chegar à conclusão de que *falta pouco tempo*. Talvez tenha sido útil usar um computador para obter resultados aos quais qualquer pessoa inteligente poderia chegar com a ajuda de alguns cálculos rabiscados em um guardanapo de papel, pois o mundo moderno acredita em computadores e em massas de fatos e abomina a simplicidade. Mas sempre é perigoso, e em geral contraproducente, tentar expulsar demônios com a ajuda de Belzebu, príncipe dos demônios.

Isso porque o sistema industrial moderno não será ameaçado em caso de escassez e aumento de preços da maioria dos materiais aos quais o estudo do MIT dedica tão minuciosa atenção. Quem é capaz de avaliar a quantidade desses minerais que existe na crosta terrestre e quanto será extraído, por métodos cada vez mais engenhosos, antes que faça sentido falar em um esgotamento global? Quanto pode ser obtido dos oceanos e quanto pode ser reciclado? A necessidade é, de fato, a mãe da invenção, e é pouco provável que a inventividade da indústria, maravilhosamente apoiada pela ciência moderna, possa ser derrotada com facilidade nesses *fronts*.

Para nos dar novas ideias, seria melhor que a equipe do MIT tivesse concentrado sua análise no único fator material cuja disponibilidade é precondição para todos os outros e que *não pode ser reciclado*: a energia.

Já aludi ao problema energético em alguns capítulos anteriores. É impossível fugir dele e é impossível insistir demais em sua centralidade. Pode-se dizer que a energia está para o mundo mecânico como a consciência está para o mundo humano. Se não houver energia, não haverá mais nada.

Enquanto houver energia primária em quantidade suficiente e a um preço tolerável, não há razão para crer que gargalos em quaisquer outros materiais primários não possam ser quebrados ou contornados. Por sua vez, uma escassez de energia primária faria diminuir a tal ponto a demanda da maioria dos outros produtos primários que a questão da escassez dificilmente surgiria.

Embora esses fatos básicos sejam mais que óbvios, ainda não se prestou atenção suficiente a eles. Ainda há a tendência, amparada pela orientação excessivamente *quantitativa* da moderna ciência econômica de tratar o problema do fornecimento de energia como um entre inúmeros outros – como de fato fez a equipe do MIT. A orientação quantitativa é tão desprovida de compreensão qualitativa que até a qualidade das ordens de magnitude passa em branco. E essa, na verdade, é uma das principais causas da falta de realismo que caracteriza, em geral, as discussões sobre as perspectivas de fornecimento de energia da moderna sociedade industrial. Diz-se, por exemplo, que "o carvão está acabando e será substituído pelo petróleo", e quando se observa que isso acarretaria o rápido esgotamento de todas as reservas de petróleo conhecidas e esperadas (ou seja, a serem descobertas), afirma-se com todo o sossego do mundo que "estamos entrando rapidamente na era nuclear", de modo que não há nada com o que tenhamos de nos preocupar, sobretudo no que se refere à conservação de nossos recursos de combustíveis fósseis. São incontáveis os estudos eruditos, produzidos por agências, comitês, institutos de pesquisa etc., nacionais e internacionais, que pretendem demonstrar, com vastas exibições de cálculos sutis, que a demanda de carvão na Europa Ocidental vem diminuindo e continuará declinando com tanta rapidez que o único problema será o que fazer com os mineiros de carvão. Em vez de contemplar a situação como um todo, que tem sido e ainda é muito previsível, os autores desses estudos quase sempre examinam inúmeros elementos da situação total, nenhum dos quais pode ser previsto em separado, uma vez que as partes não podem ser compreendidas sem que o todo o seja.

Para dar apenas um exemplo, um complexo estudo elaborado pela Comunidade Europeia do Carvão e do Aço em 1960-1961 proporcionou respostas quantitativas precisas a praticamente todas as perguntas que alguém pudesse se fazer acerca dos combustíveis e da energia nos países do Mercado Comum até 1975. Tive a oportunidade de resenhar esse relatório pouco depois de sua publicação, e talvez não seja fora de propósito citar alguns trechos dessa resenha:

> Pode parecer surpreendente que alguém seja capaz de prever o desenvolvimento dos salários e da produtividade dos mineiros em seu próprio país daí a quinze anos, mas é ainda mais surpreendente que ele preveja os preços e as taxas transatlânticas de frete do carvão norte-americano. Ficamos sabendo, ao ler o relatório, que uma certa qualidade de carvão norte-americano custará "cerca de US$ 14,50 por tonelada" em um porto do Mar do Norte em 1970, e "um pouquinho mais" em 1975. "Cerca de US$ 14,50", segundo o relatório, deve ser entendido como "qualquer valor entre US$ 13,75 e US$ 15,25", ou seja, com uma margem de incerteza de US$ 1,50, ou mais ou menos 5%.[2]

(Na verdade, o preço CIF[3] do carvão norte-americano nos portos europeus chegou a US$ 24 e US$ 25 por tonelada para novos contratos concluídos em outubro de 1970!)

> Do mesmo modo, o preço do óleo combustível será da ordem de US$ 17-19 por tonelada, enquanto diversas estimativas são apresentadas para o gás natural e a energia nuclear. De posse desses (e

---

2. *The Economic Journal*, vol. 74, n. 293, p. 192, mar. 1964.
3. Incluindo o transporte [*carriage*], seguro [*insurance*] e frete [*freight*], ou seja, o preço final.

de muitos outros) "fatos", os autores consideram fácil calcular qual proporção da produção de carvão da Comunidade será competitiva em 1970, e a resposta é "cerca de 125 milhões, ou seja, pouco mais de metade da produção atual".

Está na moda, hoje, achar que ter um número qualquer sobre o futuro é melhor do que não ter nenhum. Para produzir cifras que se refiram ao desconhecido, o método atual consiste em dar um palpite – chamado de "suposição" – acerca de um assunto qualquer e derivar uma estimativa por meio de cálculos sutis. A estimativa é apresentada então como resultado de um raciocínio científico, coisa muito superior a uma mera adivinhação. Trata-se de uma prática perniciosa que só pode conduzir aos mais colossais erros de planejamento, pois oferece uma falsa resposta em casos em que o que seria necessário são juízos de empreendedorismo.

O estudo aqui resenhado emprega uma larga gama de suposições arbitrárias, que depois, por assim dizer, são lançadas em uma calculadora para produzir um resultado "científico". Seria mais barato, e, de fato, mais honesto, simplesmente supor o resultado.

De fato, essa prática perniciosa maximizou os erros de planejamento; a capacidade do setor carvoeiro da Europa Ocidental foi cortada pela metade, não somente na Comunidade, mas também no Reino Unido. Entre 1960 e 1970, a dependência da Comunidade Europeia em relação a importações de carvão cresceu de 30% para mais de 60%, e a do Reino Unido, de 25% para 44%. Embora fosse perfeitamente possível antever a situação total que viria a ocorrer a partir da década de 1970, os governos da Europa Ocidental, apoiados pela grande maioria dos economistas, sucatearam deliberadamente metade de seu setor carvoeiro, como se o carvão fosse apenas uma de várias *commodities* vendáveis, a ser produzido enquanto isso fosse lucrativo e a ser abandonado assim que a produção deixasse de dar lucro. A pergunta acerca do que poderia tomar o lugar dos suprimentos locais de carvão a longo prazo foi respondida com garantias de que, "no futuro previsível", haveria um abundante suprimento de outros combustíveis a baixo preço, sendo essas garantias baseadas unicamente em um pensamento fantasioso.

Não que na época – ou agora – não houvesse informações suficientes, ou que os responsáveis pelas decisões tenham desprezado fatos importantes. Não: o conhecimento da situação vigente era perfeitamente adequado e as estimativas acerca das tendências futuras eram perfeitamente razoáveis e realistas. No entanto, os responsáveis pelas decisões foram incapazes de tirar conclusões corretas a partir do que sabiam ser verdade. Os argumentos dos que apontaram para a probabilidade de uma escassez severa de energia no futuro previsível não foram enfrentados e refutados por contra-argumentos, mas simplesmente ridicularizados ou ignorados. Não era preciso muita inteligência para perceber que, independentemente de qual seja o futuro da energia nuclear a longo prazo, o destino da indústria mundial no restante desse século seria determinado antes de tudo pelo petróleo. O que se poderia dizer acerca das perspectivas para o petróleo há mais ou menos uma década? Cito uma palestra dada em abril de 1961.

Dizer qualquer coisa sobre as perspectivas de disponibilidade do petróleo bruto é algo que suscita controvérsias porque, há trinta ou cinquenta anos, alguém talvez tenha previsto que as reservas de petróleo logo se esgotariam e, veja só, isso não aconteceu. Um número espantoso de pessoas parece imaginar que uma referência a previsões errôneas feitas por alguém há muito tempo basta para provar, de algum modo, que o petróleo nunca se esgotará, independentemente da rapidez de crescimento de sua extração anual. No que se refere ao fornecimento de petróleo no futuro, assim como no que se refere à energia atômica, muitas parecem assumir uma posição de otimismo ilimitado e imune à razão.

Prefiro me basear em informações vindas de quem lida diretamente com o petróleo. Não estão dizendo que o petróleo logo se esgotará; pelo contrário, estão dizendo que ainda há muito mais petróleo a ser encontrado do que foi descoberto até agora, e que as reservas mundiais de petróleo acessíveis a um custo razoável bem podem chegar a algo na ordem de 200 bilhões de toneladas, ou seja, cerca de duzentas vezes a extração atual por ano. Sabemos que as chamadas reservas confirmadas de petróleo perfazem agora cerca de 40 bilhões de toneladas, e certamente não cometemos o erro elementar de pensar que esse é todo o petróleo existente.

Não: acreditamos, felizes, que 160 bilhões de toneladas de petróleo, uma quantidade quase inimaginável de tão grande, serão descobertas nas próximas décadas. Por que quase inimaginável? Porque, por exemplo, a descoberta recente de grandes jazidas de petróleo no Saara (que levou muita gente a crer que as perspectivas futuras para o petróleo mudaram só por causa disso) mal afetaria essa cifra para mais ou para menos. A opinião atual dos especialistas parece ser a de que os campos de petróleo do Saara podem, no fim das contas, fornecer até cerca de 1 bilhão de toneladas. Trata-se de um número espantoso quando comparado, por exemplo, com as necessidades atuais de petróleo da França; mas é insignificante na comparação com as 160 bilhões de toneladas que supomos que virão a ser descobertas no futuro previsível. É por isso que eu disse "quase inimaginável": porque de fato é difícil imaginar 160 descobertas tão grandes quanto a do petróleo saariano. Mesmo assim, vamos supor que essas descobertas possam ser e serão feitas.

Parece, portanto, que as reservas confirmadas de petróleo serão suficientes para quarenta anos, e as reservas totais, para duzentos anos – no ritmo atual de consumo. Infelizmente, o ritmo de consumo não é estável, mas tem um longo histórico de crescimento à razão de 6% ou 7% ao ano. Com efeito, se esse crescimento parasse agora, não seria preciso que o petróleo substituísse o carvão; e todos parecem ter certeza de que o crescimento do uso do petróleo – falamos aqui em escala mundial – continuará no ritmo já estabelecido. A industrialização está se espalhando pelo mundo e é impulsionada sobretudo pela força do petróleo. Alguém supõe, por acaso, que esse processo cessará de repente? Se não cessar, talvez valha a pena considerar, de modo puramente aritmético, por quanto tempo continuará.

O que me proponho a fazer agora não é uma previsão, mas um cálculo exploratório ou, como diriam os engenheiros, um estudo de viabilidade. Um índice de crescimento de 7% implica o dobro do consumo a cada dez anos. Em 1970, portanto, o consumo mundial de petróleo poderá chegar à ordem de 2 bilhões de toneladas por ano. [Na prática, chegou a 2,273 bilhões de toneladas.] A quantidade extraída durante a década seria de mais ou menos 15 bilhões de toneladas. Para que as reservas comprovadas se mantivessem em cerca de 40 bilhões de toneladas, as novas descobertas comprovadas durante a década teriam de chegar a cerca de 15 bilhões de toneladas. As reservas comprovadas, que perfazem agora quarenta vezes o consumo anual, seriam então de somente vinte vezes, já que o consumo terá dobrado. Esse desenvolvimento não tem nada de intrinsecamente absurdo ou impossível. Dez anos, contudo, é um período muito curto quando tratamos dos problemas de fornecimento de combustível. Examinemos, portanto, os dez anos seguintes, até 1980. Se o consumo do petróleo continuar crescendo à razão de mais ou menos 7% ao ano, chegaria a cerca de 4 bilhões de toneladas por ano em 1980. A extração total nessa segunda década seria de mais ou menos 30 bilhões de toneladas. Para que a "vida" das reservas comprovadas se mantivesse em vinte anos – e pouquíssima gente estaria disposta a fazer grandes investimentos sem contar com pelo menos vinte anos para recuperá-los – não seria suficiente apenas substituir os 30 bilhões de toneladas extraídos; seria necessário que, no fim da década, as reservas comprovadas já fossem de 80 bilhões de toneladas (vinte vezes 4 bilhões). As novas descobertas nessa segunda década teriam, então, que perfazer não menos de 70 bilhões de toneladas. Afirmo que esse número já parece fantasioso. Mais ainda: a essa altura, já teríamos usado 45 bilhões de toneladas do nosso total original de 200 bilhões. Os 155 bilhões de toneladas restantes, já descobertas ou ainda não, permitiriam que o ritmo de consumo de 1980 se mantivesse por menos de quarenta anos. Nenhuma outra demonstração aritmética é necessária para nos fazer perceber que a perpetuação do *crescimento* rápido para além de 1980 seria virtualmente impossível.

Este, portanto, é o resultado do nosso "estudo de viabilidade": se há alguma verdade nas estimativas das reservas totais de petróleo que foram publicadas pelos principais geólogos do ramo, não há dúvida de que o setor será capaz de manter seu ritmo estabelecido de crescimento por mais dez anos; há muitas dúvidas sobre se será capaz de fazê-lo por vinte anos; e é quase certeza que não será capaz de manter o mesmo ritmo rápido de crescimento depois de 1980. Nesse ano, ou, antes, por volta dessa época, o consumo mundial de petróleo será maior do que nunca antes, e as reservas comprovadas, em sua quantidade absoluta, também seriam as maiores da história. Não se está afirmando que o mundo terá, então, esgotado suas reservas de petróleo; mas terá chegado ao fim do crescimento da extração petrolífera. É interessante acrescentar que esse ponto parece já ter sido atingido nos Estados Unidos no que se refere ao gás natural. A extração deste último é, hoje, maior do que jamais foi; mas sua relação com as reservas restantes é tal que talvez seja impossível que continue crescendo.

No que se refere ao Reino Unido – um país altamente industrializado, com grande índice de consumo de petróleo e poucas reservas locais –, a crise do petróleo não ocorrerá quando o petróleo do mundo se esgotar, mas quando o fornecimento deixar de se expandir. Se esse ponto for alcançado em cerca de vinte anos, possibilidade evidenciada pelo nosso cálculo exploratório, a industrialização já terá se espalhado pelo globo e os países subdesenvolvidos terão forte apetite por um padrão de vida mais elevado, muito embora ainda se encontrem na mais terrível pobreza. Qual poderia ser o resultado disso senão um combate intenso pelas reservas de petróleo, combate talvez violento, em que qualquer país com grande necessidade de petróleo e pouco fornecimento interno se encontrará em posição muito fraca?

O cálculo exploratório pode ficar mais complexo, caso se queira; mesmo que as suposições básicas variem em até 50%, constatar-se-á que os resultados não mudam de modo significativo. Caso queiramos ser muito otimistas, talvez constatemos que o ponto de máximo crescimento não será alcançado em 1980, mas alguns anos depois. O que isso importa? Nós ou nossos filhos seremos só alguns anos mais velhos.

Tudo isso significa que o Conselho Nacional do Carvão tem uma única tarefa e uma única responsabilidade, que supera todas as outras: na qualidade de guardiães das reservas de carvão da nação, temos de estar preparados para fornecer carvão em abundância quando começar a corrida mundial pelo petróleo. Isso não será possível caso se permita que o setor, ou uma parte substancial dele, seja liquidado em razão do atual fornecimento excessivo de petróleo barato – um fornecimento que se deve às mais diversas causas temporárias. [...]

Qual será, então, a situação do carvão, digamos, em 1980? Tudo indica que a sua demanda neste país será maior do que é hoje. Ainda haverá petróleo em abundância, mas não necessariamente o suficiente para atender a todas as necessidades. Talvez haja uma corrida mundial pelo petróleo, que talvez se reflita em um aumento do seu preço. Todos esperamos que o Conselho Nacional do Carvão seja capaz de dirigir o setor com segurança durante os anos difíceis que teremos pela frente, conservando, o máximo possível, sua capacidade de produzir com eficiência algo na ordem de 200 milhões de toneladas de carvão por ano. Mesmo que de vez em quando pareça que uma diminuição do consumo de carvão e o aumento do consumo de petróleo importado seja mais barato e mais conveniente para certos usos ou para a economia como um todo, é a perspectiva de longo prazo que deve reger a política nacional de combustíveis. E essa perspectiva deve ser vista no quadro dos desenvolvimentos mundiais, como o crescimento populacional e a industrialização. Tudo indica que na década de 1980 a população mundial será pelo menos um terço maior do que hoje e que o nível da produção industrial no mundo será pelo menos 2,5 vezes mais alto, ao passo que o consumo de combustível terá mais do que dobrado. Para permitir a duplicação do consumo total de combustíveis, será necessário aumentar quatro vezes a extração de petróleo, dobrar a geração de eletricidade por hidrelétricas, manter a produção de gás natural pelo menos no nível atual, obter uma contribuição substancial (conquanto ainda modesta) da energia nuclear e extrair cerca de 20% mais carvão do que se extrai hoje. Não há dúvida de que, no decorrer dos próximos vinte anos, acontecerão muitas coisas que hoje não podem ser previstas. Algumas delas podem aumentar a necessidade de carvão, ao passo que outras podem diminuí-la. As políticas, no entanto, não podem ser baseadas em imprevistos ou no que não se pode prever. Se basearmos a política atual no que se pode prever agora, a política necessária é a conservação do setor carvoeiro, não a sua liquidação. [...]

Esses alertas, assim como muitos outros lançados durante a década de 1960, não só não foram ouvidos como foram ridicularizados e desprezados – até que chegou o pânico de fornecimento de combustível de 1970. Todas as novas descobertas de petróleo ou de gás natural, seja no Saara, na Holanda, no Mar do Norte ou no Alasca, foram aclamadas como grandes acontecimentos que "mudavam fundamentalmente todas as perspectivas futuras", como se análises como a exposta já não tomassem como *pressuposto* que imensas descobertas fossem feitas todo ano. A principal crítica que se pode fazer aos cálculos exploratórios de 1961 é que os números foram todos muito modestos. Os acontecimentos avançaram com mais rapidez do que eu esperava há dez ou doze anos. Mesmo hoje, há adivinhos trabalhando e afirmando que o problema não existe. Durante a década de 1960, eram as empresas petrolíferas as que mais espalhavam suas insípidas garantias, embora os números que apresentavam refutassem por completo suas pretensões. Agora, depois de destruída quase metade da capacidade produtiva e muito mais de metade das reservas acessíveis do setor carvoeiro da Europa Ocidental, as petrolíferas mudaram de discurso. Costumava-se dizer que a Organização dos Países Exportadores de Petróleo (Opep) nunca vingaria, pois os árabes são incapazes de se entender entre si, quanto mais com os não árabes; hoje está claro que a Opep é o maior cartel que o mundo já conheceu. Costumava-se dizer que os países exportadores de petróleo dependiam dos importadores tanto quanto estes dependiam daqueles; hoje está claro que essa ideia é mera fantasia, pois as necessidades dos consumidores de petróleo são tão grandes e sua demanda é tão pouco elástica que os países exportadores, agindo em unanimidade, podem, na verdade, aumentar sua renda pelo simples expediente de diminuir a produção. Ainda há quem diga que, se o preço do petróleo subir demais (o que quer que isso signifique), o petróleo se colocaria por si mesmo fora do mercado; mas é perfeitamente óbvio que não há um substituto capaz de tomar o lugar do petróleo em escala quantitativamente significativa, de modo que o petróleo, na verdade, não pode sair do mercado, por mais que suba de preço.

Enquanto isso, os países produtores de petróleo estão começando a perceber que o dinheiro por si só não é capaz de construir novas fontes de renda para suas populações. Essa construção, além de dinheiro, exige um esforço imenso e muito tempo. O petróleo é um bem cujo valor se deprecia com o tempo; quanto mais rápido se depreciar, mais curto será o tempo disponível para a criação de uma nova base de subsistência econômica. As conclusões são óbvias: *tanto* os países exportadores de petróleo *quanto* os importadores têm um interesse real e de longo prazo em que o "tempo de vida" do petróleo seja prolongado o mais possível. Os primeiros precisam de tempo para desenvolver fontes alternativas de subsistência, e os segundos precisam de tempo para adaptar sua economia dependente do petróleo a uma situação – que quase certamente surgirá ainda durante a vida da maioria das pessoas vivas hoje – em que o petróleo será escasso e muito caro. O maior perigo para os dois tipos de países é uma continuação do crescimento rápido da produção e do consumo de petróleo pelo mundo afora. Desdobramentos catastróficos no setor petrolífero só poderão ser evitados se a *harmonia básica entre os interesses de longo prazo dos dois grupos de países* for plenamente compreendida, e caso se empreenda uma ação conjunta para estabilizar e, aos poucos, reduzir o fluxo de consumo anual do petróleo.

No que se refere aos países importadores de petróleo, é evidente que o problema é mais grave para a Europa Ocidental e o Japão. Essas duas regiões correm o grave risco de ficar somente com as "sobras" do petróleo exportado. Não são necessários complexos estudos computadorizados para provar esse fato sombrio. Até há pouco tempo, a Europa Ocidental vivia na cômoda ilusão de que estamos entrando na era da energia ilimitada e barata. Alguns cientistas famosos, entre outras pessoas, apresentavam, como sua ponderada opinião, a ideia de que, no futuro, "a energia será tão abundante que será baratíssima". Um relatório do governo britânico sobre política de combustíveis, publicado em novembro de 1967, proclamava que:

> A descoberta de gás natural no Mar do Norte é um acontecimento importantíssimo na evolução das reservas de energia do Reino Unido. Veio logo depois do momento em que a energia nuclear atingiu a maioridade e passou a se contar potencialmente entre as principais fontes de energia. Juntos, esses dois acontecimentos produzirão mudanças fundamentais no padrão de oferta e procura de energia nos anos vindouros.

Cinco anos depois, basta dizer que o Reino Unido depende mais do petróleo importado do que em qualquer outro momento de sua história. Um relatório apresentado à Secretaria de Estado do Meio Ambiente em fevereiro de 1972 abre o capítulo sobre a energia com as seguintes palavras:

> Uma profunda inquietude nos é revelada pelos dados que nos foram enviados acerca dos recursos energéticos no futuro, tanto para este país quanto para o mundo como um todo. Variam as avaliações acerca de quanto tempo passará até que os combustíveis fósseis se esgotem, mas cada vez mais se reconhece que sua vida é limitada e que é preciso encontrar alternativas. As imensas e incipientes necessidades dos países em desenvolvimento, o aumento de população, o ritmo com que certas fontes de energia estão sendo consumidas sem que, aparentemente, sejam levadas em conta as consequências, a crença de que no futuro os recursos só estarão disponíveis a um custo econômico cada vez maior e os riscos que a energia nuclear pode trazer em sua esteira são, todos, fatores que contribuem para a crescente preocupação.

É uma pena que essa "crescente preocupação" não tenha se manifestado na década de 1960, durante a qual quase metade do setor carvoeiro no Reino Unido foi abandonado por ser economicamente inviável – e, uma vez abandonado, está praticamente perdido para sempre; e é espantoso que, apesar dessa crescente preocupação, setores altamente influentes continuem fazendo pressão para que minas sejam fechadas por razões "econômicas".

CAPÍTULO 9
ENERGIA NUCLEAR: SALVAÇÃO OU CONDENAÇÃO?[1]

A principal causa da complacência – que vem diminuindo gradativamente – acerca das reservas de energia no futuro foi, sem dúvida, o surgimento da energia nuclear, que parecia, no sentimento popular, ter chegado na hora certa. Mal se importaram em investigar com cuidado *o que* exatamente havia chegado. Ela era nova, era incrível, era um sinal de progresso, e foram espalhadas aos quatro cantos promessas de que ela seria barata. Como uma nova fonte de energia seria necessária mais cedo ou mais tarde, por que não a ter à mão agora?

A declaração a seguir foi feita há seis anos. Na época, parecia pouquíssimo ortodoxa.

> A religião da economia promove a idolatria da mudança rápida, sem levar em conta um truísmo elementar: toda mudança que não seja uma melhora inequívoca será uma bênção duvidosa. O ônus da prova é transferido aos que assumem o "ponto de vista ecológico": a menos que sejam capazes de produzir provas de que o ser humano será gravemente lesado, a mudança será efetuada. O bom

---
1. Baseado na Palestra Memorial Des Voeux, 1967. Publicado como: "Clean Air and Future Energy: Economics and Conservation", Londres: National Society for Clean Air, 1967.

senso sugeriria, ao contrário, que o ônus da prova coubesse a quem pretende introduzir a mudança; é *este* quem tem de demonstrar que *não haverá* consequência danosas. Mas isso levaria tempo demais e não seria, portanto, economicamente viável. A ecologia, de fato, deveria ser disciplina obrigatória para todos os economistas, sejam profissionais, sejam leigos, pois isso poderia restaurar ao menos um certo equilíbrio. Isso porque a ecologia sustenta que "deve-se considerar que um ambiente que se desenvolveu no decorrer de milhões de anos tem algum mérito. Algo tão complicado quanto um planeta, habitado por mais de 1,5 milhão de espécies de plantas e animais, todas vivendo juntas em uma relação mais ou menos equilibrada, na qual utilizam e reutilizam continuamente as mesmas moléculas do solo e do ar, não pode ser aperfeiçoado por remendos feitos a esmo e sem conhecimento. Toda mudança introduzida em um sistema complexo envolve algum risco e só deve ser levada a cabo depois de um cuidadoso estudo de todos os fatos que se têm à disposição. Além disso, as mudanças devem ser feitas primeiro em pequena escala, para que possam ser testadas antes de serem aplicadas à larga. Quando as informações são incompletas, as mudanças devem permanecer próximas dos processos naturais que contam, em seu favor, com a prova inequívoca de que vêm apoiando a vida há muito tempo."[2]

Há seis anos, o argumento era o seguinte:

De todas as mudanças introduzidas pelo homem na domesticação da natureza, a fissão nuclear em grande escala é, sem dúvida, a mais perigosa e mais profunda. Por isso, a radiação ionizante se tornou o mais grave agente poluidor do ambiente e a maior ameaça à sobrevivência do homem na Terra. Não surpreende que as atenções dos leigos tenham sido capturadas pela bomba atômica, embora exista pelo menos uma chance de que ela não venha a ser usada de novo. No entanto, os perigos à humanidade criados pelos chamados usos pacíficos da energia atômica podem ser muito maiores. Na verdade, não há exemplo mais claro que esse da atual ditadura da ciência econômica. A decisão

---

2. Ralph Buchsbaum e Mildred Buchsbaum, *Basic Ecology*. Pittsburgh: Boxwood Press, 1957.

de construir usinas elétricas convencionais à base de carvão ou petróleo ou usinas nucleares vem sendo tomada por motivos econômicos, talvez com um elemento de consideração pelas "consequências sociais" que poderão advir de um encolhimento rápido demais do setor do carvão. O fato de a fissão nuclear representar um risco incrível, incomparável e sem igual para a vida humana não entra em nenhum cálculo nem é mencionado. As pessoas cuja profissão consiste em avaliar riscos, aquelas das empresas de seguros, relutam em fazer seguros contra terceiros em qualquer lugar do mundo para usinas nucleares; como consequência, tem de ser aprovada uma legislação especial pela qual o próprio Estado assuma uma grande parcela de responsabilidade[3]. Com ou sem seguro, entretanto, o risco permanece, e o fascínio da religião da economia é tamanho que a única questão que parece interessar tanto aos governos quanto ao público é se a instalação de usinas nucleares "compensa" ou não.

Não que faltem alertas de vozes dotadas de autoridade. Os efeitos dos raios alfa, beta e gama sobre os tecidos vivos são conhecidíssimos: as partículas de radiação são como balas de armas de fogo que rasgam o organismo, e os danos por elas provocados dependem sobretudo da dosagem e do tipo de células que atingem[4]. Já em 1927, o biólogo americano H. J. Muller publicou seu famoso artigo sobre as mutações genéticas produzidas por bombardeios de raios X[5], e desde o começo da década de 1930 os riscos genéticos da exposição à radiação vêm sendo reconheci-

---

3. C. T. Highton, "Die Haftung für Strahlenschäden in Grossbritannien". *Die Atomwirtschaft: Zeitschrift für wirtschaftliche Fragen der Kernumwandlung*, 1959.

4. Jack Schubert e Ralph Lapp, *Radiation: What it is and How it Affects You*. Nova York: Viking Press, 1957. Também Hans Marquardt e Gerhard Schubert, *Die Strahlengefährdung des Menschen durch Atomenergie*. Hamburgo: Rowohlt, 1959; Atas da Conferência Internacional sobre os Usos Pacíficos da Energia Atômica, vol. XI, Genebra, 1955; e Atas da Segunda Conferência Internacional das Nações Unidas sobre os Usos Pacíficos da Energia Atômica, vol. XXII, Genebra, 1958.

5. H. J. Muller, "Changing Genes: Their Effects on Evolution", *Bulletin of the Atomic Scientists*, Chicago, vol. 3, n. 9, pp. 267-271, 1947.

dos também por não geneticistas[6]. Está claro que existe um risco de cuja dimensão não temos ainda a experiência, que põe em perigo não somente os que são diretamente afetados pela radiação, mas também seus descendentes.

Essa nova dimensão é dada também pelo fato de que, embora o homem agora seja capaz de criar elementos radioativos, e de fato os crie, não há nada que possa fazer para diminuir sua radioatividade depois de tê-los criado. Não há reação química ou intervenção física que reduza a intensidade da radiação depois de iniciada a reação; somente o transcurso do tempo a reduz. O carbono-14 tem meia-vida de 5.900 anos, o que significa que leva quase 6 mil anos para que sua radioatividade baixe para metade do que era. A meia-vida do estrôncio-90 é de 28 anos. No entanto, independentemente da duração das meias-vidas, alguma radiação continua sendo produzida por um tempo quase indefinido e não há nada que se possa fazer a esse respeito, exceto tentar depositar a substância radioativa em um lugar seguro.

Mas que lugar seria seguro para – por exemplo – a imensa quantidade de resíduos radioativos produzidos pelos reatores nucleares? Não se conhece nenhum lugar seguro sobre a Terra. Em certa época, pensava-se que esses resíduos poderiam ser despejados com segurança nas regiões mais profundas do oceano, com base na suposição de que nenhuma forma de vida poderia subsistir naquelas profundezas[7]. No entanto, isso foi desmentido pelas explorações soviéticas dos mares profundos. Onde quer que haja vida, as substâncias radioativas são absorvidas pelo ciclo biológico. Horas depois de esses materiais serem depositados na água, a maior parte deles já pode ser encontrada dentro de organismos vivos. O plâncton, as algas e muitos animais marinhos têm a ca-

---

6. Declaração de G. Failla, Hearings before the Special Sub-Committee on Radiation of the Joint Committee on Atomic Energy, 86th Congress of the United States, 1959. "Fallout from Nuclear Weapons", vol. II, Washington, 1959.

7. R. Revelle e M. B. Schaefer, "Oceanic Research Needed for Safe Disposal of Radioactive Wastes at Sea"; e V. G. Bogorov e E. M. Kreps, "Concerning the Possibility of Disposing of Radioactive Waste in Ocean Trenches", ambos em Atas da Conferência de Genebra, vol. XVIII, 1958.

pacidade de concentrar essas substâncias por um fator de mil e, em alguns casos, até de 1 milhão. À medida que os organismos vão se alimentando uns dos outros, os materiais radioativos vão subindo na cadeia da vida e acabam voltando ao ser humano[8].

Ainda não se firmou nenhum acordo internacional sobre o destino dos resíduos atômicos. A conferência da Organização Internacional de Energia Atômica, realizada em Mônaco, em novembro de 1959, terminou em desacordo, sobretudo em razão das violentas objeções apresentadas pela maioria dos países contra a prática norte-americana e britânica de lançar os resíduos no oceano[9]. Resíduos de alto teor continuam sendo jogados no mar, ao passo que grande quantidade de resíduos chamados intermediários ou de baixo teor são lançados em rios ou depositados diretamente no solo. Um relatório da Comissão de Energia Atômica observa laconicamente que os resíduos líquidos "penetram aos poucos no lençol freático, deixando sua radioatividade, no todo ou em parte [*sic!*], retida química ou fisicamente no solo"[10].

É claro que os maiores resíduos são os próprios reatores nucleares quando chegam ao fim da sua vida útil. Há muita discussão sobre a trivial questão econômica de saber se durarão vinte ou trinta anos. Ninguém discute a questão, vital para o ser humano, de que eles não podem ser desmontados nem deslocados, mas terão de permanecer onde estão talvez por séculos ou milênios, configurando uma ameaça ativa a todas as formas de vida e deixando sua radioatividade vazar em silêncio para o ar, a água e o solo. Ninguém leva em conta o número e a localização dessas usinas satânicas, que se acumularão em um ritmo constante. É claro que a ocorrência de um terremoto é impensável, assim como a de guerras, distúrbios civis ou levantes como os que vêm infestando as cidades norte-americanas. As usinas nu-

---

8. B. H. Ketchum e V. T. Bowen, "Biological Factors Determining the Distribution of Radioisotopes in the Sea", Atas da Conferência de Genebra, vol. XVIII, 1958.

9. H. W. Levi, relatório da conferência, *Die Atomwirtschaft,* 1960.

10. US Atomic Energy Commission, *Annual Report to Congress*, Washington, DC, 1960.

cleares desativadas erguer-se-ão como horríveis monumentos para perturbar a suposição dos homens de que a partir de agora só terão a tranquilidade à sua frente ou de que o futuro nada vale em comparação com um mínimo ganho econômico a ser obtido agora.

Enquanto isso, várias autoridades se dedicam a definir as máximas concentrações permitidas (MCP) e os máximos índices permitidos (MIP) para diversos elementos radioativos. A MCP pretende definir a quantidade de uma determinada substância radioativa que se pode permitir que o corpo humano acumule. Sabe-se, no entanto, que *qualquer* acumulação produz danos biológicos. O Laboratório Radiológico Naval dos Estados Unidos observa: "Como ignoramos se é possível a recuperação completa desses efeitos, temos de recorrer a uma decisão arbitrária acerca de quanto podemos absorver, ou seja, o quanto é 'aceitável' ou 'permissível' – não como conclusão científica, mas com decisão administrativa."[11] Não surpreende que homens de inteligência e integridade extraordinárias, como Albert Schweitzer, se recusem a aceitar calados essas decisões administrativas: "Quem lhes deu o direito de fazer isso? Quem, aliás, tem autoridade para dar tal permissão?"[12] A história dessas decisões é inquietante, para dizer o mínimo. O Conselho Britânico de Pesquisas em Medicina observou, há uns doze anos, o seguinte:

> O índice máximo permitido de estrôncio-90 no esqueleto humano, aceito pelo Comissão Internacional de Proteção Radiológica, corresponde a 1.000 micromicrocuries por grama de cálcio (= 1.000 unidades-padrão). Mas esse é o índice máximo permitido para adultos em profissões especiais e não deve ser aplicado à população como um todo ou às crianças, que são mais sensíveis à radiação.[13]

---

11. US Naval Radiological Defense Laboratory, *Selected Materials on Radiation Protection Criteria and Standards; their Basis and Use*, [s. d.].
12. Albert Schweitzer, *Friede oder Atomkriege*, 1958.
13. British Medical Research Council, *The Hazards to Man of Nuclear and Allied Radiations*, [s. d.].

Pouco tempo depois, a MCP para o estrôncio-90, para a população em geral, foi reduzida em 90%, e depois em mais um terço, chegando a 67 unidades-padrão. Por sua vez, a MCP para quem trabalha em usinas nucleares foi elevada para 2.000 unidades-padrão[14].

Precisamos cuidar, no entanto, para não nos perdermos na selva de controvérsias que se desenvolveram nesse campo. A questão é que riscos gravíssimos já foram criados pelos "usos pacíficos da energia atômica", afetando não somente quem está vivo hoje mas também todas as gerações futuras, muito embora a energia nuclear, por enquanto, seja utilizada em uma escala insignificante do ponto de vista estatístico. O verdadeiro desenvolvimento ainda está por vir, em uma escala que poucos são capazes de imaginar. Se isso de fato acontecer, haverá um trânsito contínuo de substâncias radioativas entre as usinas químicas "quentes" e as usinas nucleares, entre as usinas nucleares e as usinas de processamento de resíduos e entre estas e os destinos finais dos resíduos. Um acidente grave, quer durante o transporte, quer durante a produção, pode causar uma catástrofe imensa; e os índices de radiação aumentarão implacavelmente de geração em geração pelo mundo afora. A menos que todos os geneticistas vivos estejam errados, haverá um aumento igualmente implacável, conquanto mais tardio, no número de mutações lesivas. K. Z. Morgan, do Laboratório de Oak Ridge, deixa claro que o dano pode ser muito sutil, uma deterioração de todas as qualidades orgânicas, como a mobilidade, a fertilidade e a eficiência dos órgãos sensoriais. "Se uma dose tem qualquer efeito em qualquer estágio do ciclo de vida de um organismo, a radiação crônica nesse nível pode ser mais prejudicial que uma única dose grande [...] Por fim, o estresse e mudanças nos índices de mutação podem ser produzidos mesmo que não haja um efeito óbvio imediato sobre a sobrevivência dos indivíduos irradiados."[15]

---

14. Lewis Herber, *Our Synthetic Environment*. Londres: Jonathan Cape, 1963.

15. K. Z. Morgan, "Summary and Evaluation of Environmental Factors that Must Be Considered in the Disposal of Radioactive Wastes", *Industrial Radioactive Disposal*, vol. III.

Grandes geneticistas já alertaram que se deve fazer todo o possível para evitar qualquer aumento no índice de mutação[16]; grandes médicos já insistiram em que o futuro da energia nuclear deve depender antes de tudo de pesquisas sobre a biologia da radiação, que ainda estão totalmente incompletas[17]; grandes físicos afirmaram que "medidas muito menos heroicas que a construção de [...] reatores nucleares" devem ser experimentadas para resolver o problema do fornecimento de energia no futuro, problema este que, por ora, não chegou de modo algum a um nível agudo[18]; e, ao mesmo tempo, grandes estudiosos dos problemas políticos e estratégicos nos avisaram de que, na verdade, não existe a menor possibilidade de impedir a proliferação da bomba atômica caso haja larga disseminação da capacidade de produção de plutônio, como a que foi "lançada de modo espetacular pelo presidente Eisenhower em suas propostas de 'átomos para a paz' de 8 de dezembro de 1953"[19].

No entanto, nenhuma dessas opiniões de peso desempenha um papel no debate que visa determinar se devemos instituir agora mesmo um "segundo programa nuclear" vultoso ou se devemos nos ater um pouco mais aos combustíveis convencionais, que, independentemente do que se possa dizer a favor ou contra eles, não nos envolvem em riscos completamente novos e confessamente incalculáveis. Nenhuma dessas opiniões é sequer mencionada: a discussão como um todo, que pode afetar de modo crucial o próprio futuro da raça humana, leva em conta somente as vantagens imediatas, como se dois sucateiros tentassem chegar a um acordo sobre o desconto para uma venda em quantidade.

Afinal, o que é sujar o ar com fumaça em comparação com a poluição do ar, da água e do solo pela radiação ionizante? Não

---

16. H. Marquadt, "Natürliche und künstliche Erbanderungen", *Probleme der Mutationsforschung*, Hamburgo, 1957.

17. Jack Schubert e Ralph Lapp, *op. cit.*, 1957.

18. A. M. Weinberg, "Today's Revolution", *Bulletin of the Atomic Scientists*, Chicago, 1956.

19. Leonard Beaton, *Must the Bomb Spread?* Londres: Penguin Books/Institute of Strategic Studies, 1966.

quero, de maneira nenhuma, menosprezar os males da poluição convencional do ar e da água, mas temos de reconhecer uma diferença dimensional entre as duas coisas: a poluição radioativa é um mal de dimensão incomparavelmente maior que qualquer coisa já conhecida pela humanidade. Pode-se até perguntar: De que adianta insistir na pureza do ar se este se encontra repleto de partículas radioativas? E mesmo que o ar possa ser protegido, de que adianta isso se o solo e a água estão sendo envenenados?

Até um economista poderia perguntar: De que adianta o progresso econômico e aquilo que se chama de um padrão de vida mais elevado se a Terra, a única Terra que temos, está sendo contaminada por substâncias que podem causar malformações em nossos filhos e netos? Acaso não aprendemos nada com a tragédia da talidomida? Podemos lidar com assuntos tão básicos por meio de garantias inócuas ou de advertências oficiais de que, "na ausência de provas de que [esta ou aquela inovação] é prejudicial de algum modo, alarmar o público seria o cúmulo da irresponsabilidade"[20]? Podemos lidar com eles somente com base em um cálculo de lucratividade de curto prazo? Leonard Beaton escreve:

> Seria de pensar que todos os recursos dos que temem a disseminação das armas nucleares fossem empenhados para adiar esses desenvolvimentos por tanto tempo quanto possível. Seria de esperar que os Estados Unidos, a União Soviética e a Grã-Bretanha gastassem grandes somas de dinheiro para tentar provar que os combustíveis convencionais, por exemplo, têm sido subestimados como fontes de energia. [...] Na verdade [...] os esforços que têm sido feitos serão lembrados como uma das mais inexplicáveis fantasias políticas da história. Somente um psicólogo social poderia explicar por que aqueles que possuem as armas mais terríveis de todos os tempos procuraram disseminar exatamente o setor industrial necessário para produzi-las. [...] Felizmente [...] os reatores nucleares ainda são relativamente raros.[21]

---

20. W. O. Caster, "From Bomb to Man", em John M. Fowler (Org.), *Fallout*, Nova York, Basic Books, 1960.

21. Leonard Beaton, *op. cit.*, 1966.

Na verdade, A. W. Weinberg, um destacado físico nuclear norte-americano, ofereceu uma espécie de explicação. Segundo ele, "é compreensível o impulso da parte dos homens de boa vontade em desenvolver os aspectos positivos da energia nuclear, exatamente pelo fato de os aspectos negativos serem tão angustiantes". Mas também acrescenta um alerta: "Os cientistas atômicos têm fortes razões pessoais para assumir um tom otimista quando escrevem sobre os efeitos de seus estudos sobre os assuntos mundiais. Cada um de nós precisa justificar para si mesmo por que se dedica à criação de instrumentos de destruição nuclear (e mesmo para nós, que lidamos com reatores, essa culpa é somente um pouquinho menor que para nossos colegas que lidam com armas)."[22]

Seria de pensar que nosso instinto de autopreservação nos tornasse imunes às carícias de um otimismo científico motivado pela culpa ou às promessas não comprovadas de vantagens pecuniárias. "Não é tarde demais para reconsiderarmos as decisões antigas e tomarmos decisões novas", diz um comentarista norte-americano de época recente. "Pelo menos por ora, ainda temos escolha."[23] Quando for criado um grande número de novos centros de radioatividade, não haverá mais escolha, quer sejamos capazes de lidar com os riscos, quer não.

Está claro que certos avanços científicos e tecnológicos dos últimos trinta anos produziram e continuam a produzir riscos intoleráveis. Na Quarta Conferência Nacional do Câncer, realizada nos Estados Unidos em 1960, Lester Breslow, da Secretaria da Saúde da Califórnia, relatou que dezenas de milhares de trutas nas incubadoras do oeste do país desenvolveram câncer de fígado de repente. E continuou:

> Mudanças tecnológicas que afetam o ambiente humano têm sido introduzidas com tamanha rapidez e com tão pouco controle que é de admirar que o homem tenha escapado, até agora, dessa epidemia de câncer que vem ocorrendo este ano entre as trutas.[24]

---

22. A. M. Weinberg, *op. cit.*, 1956.
23. Walter Schneir, "The Atom's Poisonous Garbage", *Reporter*, 1960.
24. Lewis Herber, *op. cit.*, 1963.

Quem menciona esse tipo de coisa se expõe, sem dúvida, a ser acusado de ser contra a ciência, a tecnologia e o progresso. Para concluir, portanto, vou acrescentar algumas palavras sobre a pesquisa científica no futuro. Assim como o homem não pode viver contra a natureza, também não pode viver sem a ciência e a tecnologia. No entanto, o que deve ser objeto da mais cuidadosa consideração é a *direção* da pesquisa científica. Não podemos deixar isso somente a cargo dos cientistas. Como disse o próprio Einstein, "quase todos os cientistas são completamente dependentes sob o aspecto econômico", e "o número de cientistas que possuem algum sentido de responsabilidade social é tão pequeno"[25] que estes são incapazes de determinar a direção das pesquisas. Este último dito se aplica, sem dúvida, a todos os especialistas; a tarefa cabe, portanto, aos leigos inteligentes, pessoas como as que constituem a National Society for Clean Air [Sociedade Nacional do Ar Limpo] e outras organizações semelhantes, preocupadas com a *conservação*. Essas pessoas precisam trabalhar a opinião pública de modo que os políticos, que dependem dela, sacudam os grilhões do economicismo e prestem atenção ao que de fato importa. O que importa, como eu disse, é a *direção* das pesquisas. Estas devem se direcionar sempre para a não violência, e não para a violência; para uma cooperação harmoniosa com a natureza, e não para a guerra contra a natureza; para as soluções silenciosas, elegantes, econômicas e de baixo consumo energético que normalmente se aplicam na natureza, e não para as soluções barulhentas, canhestras, dispendiosas, brutais e de alto consumo energético que caracterizam a ciência de hoje.

A persistência em um progresso científico que ruma para uma violência cada vez maior, culminando na fissão nuclear e caminhando para a fusão, é uma perspectiva de terror que ameaça abolir o ser humano. No entanto, não está escrito nas estrelas que tenha de ser essa a direção. Há também uma possibilidade revitalizadora: a exploração e o cultivo conscientes de todos os métodos relativamente não violentos, harmoniosos e orgânicos

---

25. Albert Einstein, *Einstein on Peace*. Org. O. Nathan e H. Norden. Nova York: Simon and Schuster, 1960.

de cooperação com o sistema imenso, maravilhoso e incompreensível da natureza dada por Deus, da qual fazemos parte e que, sem dúvida, não fomos nós que criamos.

Essa declaração, parte de uma palestra dada na National Society for Clean Air, em outubro de 1967, foi recebida com ponderados aplausos por um público altamente responsável, mas, depois, foi ferozmente atacada pelas autoridades, que a consideraram o cúmulo da irresponsabilidade. O comentário mais impagável foi, ao que parece, o de Richard Marsh, então ministro da Energia de Sua Majestade, que julgou necessário repreender o autor. A palestra, segundo ele, "foi uma das contribuições mais extraordinárias e menos úteis ao debate atual sobre os custos da energia nuclear e da energia do carvão"[26].

Mas as coisas mudam com o tempo. Um relatório sobre o controle da poluição, apresentado em fevereiro de 1972 ao secretário de Estado do Meio Ambiente por um grupo de trabalho oficialmente nomeado, publicado pela Imprensa de Sua Majestade e intitulado *Poluição: um incômodo ou uma catástrofe?*, diz o seguinte:

> A principal preocupação é o futuro e o contexto internacional. A prosperidade econômica do mundo parece estar ligada à energia nuclear. No momento, a energia nuclear fornece somente 1% da eletricidade total gerada no mundo. Se os planos atuais forem levados a efeito, no ano 2000 isso terá aumentado para bem mais de 50%, e o equivalente de dois novos reatores de 500 MW – cada um deles do tamanho do de Trawsfynydd, na Snowdonia – será aberto por dia.[27]

A respeito dos resíduos radioativos dos reatores nucleares:

> A maior causa de preocupação para o futuro é o armazenamento dos resíduos radioativos de vida longa. [...] Ao contrário de

---

26. *Daily Telegraph*, 21 out. 1967.
27. *Pollution: Nuisance or Nemesis?* Her Majesty's Stationery Office, Londres, 1972.

outros poluentes, a radioatividade não pode ser destruída. [...] Por isso, o armazenamento permanente é a única alternativa. [...]

No Reino Unido, o estrôncio-90 é, hoje em dia, armazenado na forma líquida em imensos tanques de aço inoxidável em Windscale, em Cumberland. Os tanques têm de ser permanentemente resfriados com água, pois, caso contrário, o calor emitido pela radiação faria a temperatura aumentar para além do ponto de ebulição. Teremos de continuar resfriando esses tanques por muitos anos, mesmo que não venhamos a construir novos reatores nucleares. No entanto, com o vasto aumento da produção de estrôncio-90 que se espera para o futuro, o problema pode se tornar ainda mais difícil de solucionar. Além disso, a esperada transição para os reatores reprodutores rápidos agravará ainda mais a situação, pois eles produzem uma grande quantidade de substâncias radioativas com meia-vida bastante longa.

Com efeito, de modo consciente e deliberado, estamos acumulando uma substância tóxica e contando com a remota possibilidade de virmos a ser capazes de nos livrar dela no futuro. Estamos comprometendo as gerações futuras com um problema que nós mesmos não sabemos como resolver.

Por fim, o relatório faz um aviso muito claro:

O perigo evidente é que o homem aposte todas as suas fichas na energia nuclear para depois descobrir que não será possível encontrar uma solução. Haveria então uma poderosa pressão política para ignorar os perigos da radiação e continuar usando os reatores que foram construídos. É mera questão de prudência desacelerar o programa nuclear até resolvermos o problema da destinação dos resíduos. [...] Muitas pessoas responsáveis iriam ainda mais longe. São da opinião de que nenhum novo reator nuclear deve ser construído antes de sabermos como controlar os resíduos.

E como atender à demanda sempre crescente de energia?

Uma vez que a demanda prevista de energia não pode ser atendida sem a energia nuclear, elas consideram que a humanidade deve desenvolver sociedades menos extravagantes em seu uso de eletricidade e outras formas de energia. Mais ainda, entendem que a necessidade dessa mudança de direção é imediata e urgente.

Nenhum grau de prosperidade pode justificar o acúmulo de uma imensa quantidade de substâncias altamente tóxicas, que ninguém sabe como tornar seguras e que continuarão representando um perigo incalculável para toda a natureza durante longos períodos históricos ou até geológicos. Tal coisa é uma transgressão contra a própria vida, uma transgressão muito mais séria do que qualquer outro crime já perpetrado pelo homem. A ideia de que uma civilização possa se sustentar com base em tal transgressão é uma monstruosidade ética, espiritual e metafísica. Significa conduzir os assuntos econômicos do homem como se as pessoas de fato não tivessem a menor importância.

CAPÍTULO 10
TECNOLOGIA COM FISIONOMIA HUMANA[1]

O mundo moderno foi moldado por sua metafísica, que moldou sua educação, que, por sua vez, produziu sua ciência e tecnologia. Por isso, sem remontar à metafísica e à educação, podemos dizer que o mundo moderno foi moldado pela tecnologia. Vai cambaleando de crise em crise; vê-se rodeado por profecias catastróficas e, com efeito, sinais visíveis de colapso.

Se aquilo que foi e continua sendo moldado pela tecnologia tem uma aparência doentia, é sinal de sabedoria examinar a própria tecnologia. Se essa tecnologia está sendo vista como cada vez mais desumana, talvez valha a pena considerar se é possível algo melhor – uma tecnologia com fisionomia humana.

Estranhamente, a tecnologia, conquanto produzida pelo homem, tende a se desenvolver de acordo com suas próprias leis e princípios, os quais são muito diferentes dos da natureza humana ou da natureza viva em geral. A natureza, por assim dizer, sempre sabe onde e quando parar. O mistério da cessação natural do crescimento é ainda maior que o mistério do crescimento. Todas as coisas naturais têm uma medida – de tamanho, velocidade ou violência. Em decorrência disso, o sistema da natureza,

---

[1]. Baseado em uma palestra pronunciada na Sexta Conferência Anual do Centro Teilhard para o Futuro do Homem, Londres, 23 out. 1971.

do qual o ser humano faz parte, tende a equilibrar, ajustar e purificar a si mesmo. O mesmo não ocorre com a tecnologia, ou talvez eu deva dizer: com o homem dominado pela tecnologia e pela especialização. A tecnologia não reconhece nenhum princípio que a limite – em seu tamanho, velocidade ou violência, por exemplo. Por isso, não possui as virtudes do autoequilíbrio, do autoajuste e da autopurificação. No sistema sutil da natureza, a tecnologia e, particularmente, a supertecnologia do mundo moderno, atua como um corpo estranho e há numerosos sinais de rejeição.

De repente – se bem que isso não surpreende –, o mundo moderno, moldado pela tecnologia moderna, vê-se envolvido em três crises simultâneas. Em primeiro lugar, a natureza humana se revolta contra os desumanos padrões tecnológicos, organizacionais e políticos, sentindo-os sufocantes e debilitantes. Em segundo lugar, o ambiente vivo que sustenta a vida humana sofre dores, geme e dá sinais de um colapso parcial. E, em terceiro lugar, fica claro para qualquer pessoa que tenha pleno conhecimento do assunto que as incursões sobre os recursos não renováveis do mundo, sobretudo os de combustíveis fósseis, são tais que já é possível vislumbrar vários gargalos e virtuais esgotamentos ocorrendo em um futuro bem próximo.

Qualquer uma dessas crises ou doenças pode acabar tendo efeitos fatais. Não sei qual das três tem a maior probabilidade de ser a causa direta do colapso. O que está muito claro é que um modo de vida baseado no materialismo, ou seja, no expansionismo permanente e ilimitado dentro de um ambiente finito, não pode durar muito, e sua expectativa de vida será tanto mais curta quanto mais ele tiver sucesso na conquista de seus objetivos expansionistas.

Se perguntarmos para onde fomos conduzidos pelos tempestuosos desenvolvimentos da indústria mundial no último quarto do século, a resposta não será muito encorajadora. Em toda parte, os problemas parecem estar crescendo mais rápido que as soluções. Isso parece ocorrer com os países ricos tanto quanto com os pobres. Nas experiências dos últimos 25 anos, nada há que indique que a tecnologia moderna tal como a conhecemos possa realmente ajudar a aliviar a pobreza do mundo, sem mencionar o problema do desemprego, que já alcança uma proporção de cerca de 30% em muitos dos chamados países em desenvolvimento e agora ameaça se tornar endêmico também em muitos países ricos. Seja como for, os sucessos aparentes, embora ilusórios, dos últimos 25 anos não poderão se repetir: a tríplice crise a que me referi impedirá que isso aconteça. Por isso, o melhor é encararmos a questão da tecnologia: O que ela faz e o que deveria fazer? Poderíamos desenvolver uma tecnologia que realmente nos ajude a resolver nossos problemas, uma tecnologia com fisionomia humana?

A tarefa primeira da tecnologia seria, em tese, a de aliviar o fardo de trabalho que o homem tem de carregar a fim de permanecer vivo e desenvolver seu potencial. É bem fácil perceber que a tecnologia cumpre esse objetivo ao vermos qualquer máquina em funcionamento: um computador, por exemplo, pode fazer, em segundos, algo que escriturários ou até matemáticos só fariam em muito tempo, se é que fariam. No entanto, é mais difícil nos convencermos da veracidade dessa proposição simples quando olhamos para sociedades inteiras. Quando comecei a viajar pelo mundo, visitando tanto países ricos quanto países pobres, fiquei tentado a formular da seguinte maneira a primeira lei da economia: "A quantidade de lazer real de que uma sociedade goza tende a ser inversamente proporcional à quantidade de máquinas que ela usa para economizar trabalho." Talvez os professores de ciências econômicas possam lançar essa proposição em seus exames e pedir aos alunos que a discutam. Seja como for, as provas em favor dela são fortíssimas. Caso se vá da tranquila Inglaterra para a Alemanha ou aos Estados Unidos, por exemplo, ver-se-á que os habitantes desses dois últimos países vivem sob uma tensão muito maior do que os do primeiro. E, caso se vá a um país como a Birmânia, que está muito próxima da rabeira da escala em matéria de progresso industrial, ver-se-á que as pessoas dispõem de uma quantidade imensa de tempo livre para realmente descansar e se divertir. É claro que, por terem muito menos máquinas que economizam trabalho para ajudá-las, elas "realizam" muito menos do que nós; mas essa é outra questão. Resta o fato de que o fardo da vida pesa muito menos sobre os ombros delas do que sobre os nossos.

Dessa maneira, a questão de saber o que a tecnologia realmente faz em nosso favor é digna de investigação. É óbvio que ela reduz imensamente certos tipos de trabalho, ao passo que aumenta outros. Aquele que a tecnologia moderna mais consegue reduzir ou até eliminar é o trabalho hábil e produtivo das mãos humanas em contato com materiais reais de diversas espécies. Nas sociedades industriais avançadas, por exemplo, esse trabalho se tornou raríssimo, assim como se tornou praticamente impossível ganhar a vida fazendo um trabalho desse tipo. Inclusive, boa parte da neurose moderna pode ser devida a esse fato, pois não há nada que o ser humano, definido por Tomás de Aquino como um ser dotado de cérebro e mãos, aprecie tanto quanto trabalhar de modo criativo, útil e produtivo, tanto com as mãos quanto com o cérebro. Hoje em dia, a pessoa tem de ser rica para ser capaz de desfrutar desse prazer simples, desse luxo imenso: tem de ter poder aquisitivo suficiente para ter espaço e boas ferramentas; tem de ter sorte suficiente para encontrar um bom professor e muito tempo livre para aprender e praticar. Na verdade, tem de ser rico o suficiente para não precisar trabalhar, pois o número de profissões que satisfariam esse aspecto é mínimo.

A medida em que a tecnologia moderna substituiu o trabalho das mãos humanas pode ser ilustrada da seguinte maneira. Podemos nos perguntar quanto "tempo social" – ou seja, o tempo de todos nós juntos, 24 horas por dia por pessoa – é de fato dedicado à produção. Menos de metade da população total da Inglaterra exerce atividades remuneradas, como se diz, e cerca de um terço dessa metade de fato produz na agricultura, na mineração, na construção e na indústria. Estou falando de *produtores reais*, não de pessoas que dizem aos outros o que fazer, relatam o passado, planejam o futuro ou distribuem o que outros produziram. Em outras palavras, menos de um sexto da população total está envolvido com a produção propriamente dita. Em média, cada uma dessas pessoas sustenta cinco outras, duas das quais exercem atividades remuneradas em outros ramos que não a produção propriamente dita, e três não exercem atividades remuneradas. Ora, levando-se em conta férias e dias de descanso, doenças e outras ausências, uma pessoa plenamente empregada dedica cerca de um quinto do total de seu tempo ao trabalho. Segue-se que a proporção de tempo social total dedicado à produção propriamente dita – no sentido estreito em que estou usando o termo – é, *grosso modo*, um quinto de um terço de metade, ou seja, 3,5%. Os outros 96,5% de tempo social total são dedicados a outras coisas, entre as quais o sono, as refeições, assistir à televisão, profissões que não são *diretamente* produtivas ou simples modos mais ou menos humanos de matar o tempo.

Embora não seja preciso tomar esses cálculos no sentido literal, eles servem muito bem para mostrar o que a tecnologia nos permitiu fazer: a saber, reduzir a quantidade de tempo realmente dedicada à produção em seu sentido mais elementar a uma porcentagem tão minúscula do tempo social total que ela pode ser considerada quase insignificante e sem peso real, para não mencionar o prestígio. Quando se examina dessa maneira a sociedade industrial, não surpreende constatar que o prestígio seja dedicado aos que ajudam a preencher os restantes 96,5% do tempo social total, sobretudo os artistas, mas também os que aplicam a lei de Parkinson. Na verdade, pode-se apresentar aos estudantes de sociologia a seguinte proposição: "O prestígio das pessoas na moderna sociedade industrial é inversamente proporcional ao quanto elas estão próximas da produção propriamente dita."

Esse fato tem ainda outra razão. O processo de limitar o tempo produtivo a 3,5% do tempo social total tem o efeito inevitável de eliminar todo o prazer e a satisfação humana normal do tempo passado nesse trabalho. Praticamente toda a produção real foi transformada em uma labuta desumana que não enriquece o homem; antes, o exaure. Alguém disse: "A matéria morta sai aperfeiçoada da fábrica, ao passo que os homens saem corrompidos e degradados."

Podemos dizer, assim, que a tecnologia moderna privou o homem do tipo de trabalho de que ele mais gosta – o trabalho criativo e útil com as mãos e o cérebro – e o encarregou de uma grande quantidade de trabalho fragmentário, a maior parte do qual ele detesta. Multiplicou o número de pessoas que se veem extremamente ocupadas fazendo um tipo de trabalho que, quando chega de fato a ser produtivo, só o é de maneira indireta. Boa parte desse trabalho seria completamente desnecessária caso a tecnologia fosse um pouco menos moderna. Karl Marx parece ter antevisto, em boa parte, essa situação quando escreveu: "Querem que a produção seja limitada a coisas úteis, mas se esquecem de que a produção de uma quantidade excessiva de coisas úteis resulta em uma quantidade excessiva de pessoas inúteis", ao que podemos acrescentar: sobretudo quando os processos de produção são tediosos e não trazem alegria. Tudo isso confirma nossa suspeita de que a tecnologia moderna, tal como se desenvolveu, está se desenvolvendo e deve se desenvolver no futuro, ostenta uma fisionomia cada vez mais inumana, e que faríamos bem em parar, avaliar nossa situação e reconsiderar nossos objetivos.

Reavaliando a situação, podemos afirmar que possuímos um vasto acúmulo de novos conhecimentos, de esplêndidas técnicas científicas para multiplicá-lo ainda mais e de imensa experiência na sua aplicação. Tudo isso representa um certo tipo de verdade. Mas esse conhecimento verdadeiro, enquanto tal, *não* nos obriga a adotar uma tecnologia baseada no gigantismo, nas velocidades supersônicas, na violência e na destruição da apreciação humana do trabalho. O uso que demos ao nosso conhecimento é apenas um de seus usos possíveis, e vem sendo evidenciado cada vez mais que é, muitas vezes, um uso insensato e destrutivo.

Como demonstrei, o tempo produtivo direto em nossa sociedade já foi reduzido para cerca de 3,5% do tempo social total e a tendência geral do moderno desenvolvimento tecnológico é a de reduzi-lo ainda mais, em uma assíntota[2] que tende a zero. Imagine se nos propusermos a meta oposta – aumentá-lo em seis vezes até chegar a cerca de 20%, de modo que 20% do tempo social seja usado para, de fato, produzir, usar as mãos, o cérebro e, como não poderia deixar de ser, excelentes ferramentas. Uma

---

2. Uma linha matemática que se aproxima continuamente de uma curva, mas não a encontra, em uma distância finita.

ideia incrível! Permitiríamos que até as crianças e os idosos se engajassem em atividades úteis. A uma taxa de um sexto da produtividade atual, produziríamos tanto quanto no presente. Teríamos seis vezes mais tempo para completar qualquer tarefa de trabalho a que resolvêssemos nos dedicar – o suficiente para fazê-la muito bem-feita, para usufruí-la, para criar produtos de verdadeira qualidade, até para dar beleza a esses produtos. Pense no valor terapêutico do trabalho de verdade; pense em seu valor educacional. Ninguém quereria aumentar a idade em que os jovens saem da escola ou diminuir a idade de aposentadoria para manter as pessoas fora do mercado de trabalho. A ajuda de todos seria bem-vinda. Todos teriam acesso a este que é, hoje, o mais raro privilégio: a oportunidade de fazer um trabalho útil e criativo com as próprias mãos e o próprio cérebro, sendo dono de seu próprio tempo e trabalhando no seu próprio ritmo – e com excelentes ferramentas. Acaso isso significaria que o horário de trabalho aumentaria demais? De maneira nenhuma, pois as pessoas que trabalham dessa forma não conhecem a diferença entre o trabalho e o lazer. A menos que estejam dormindo, comendo, ou, por opção própria, não estejam fazendo absolutamente nada, estão sempre engajadas em uma atividade agradável e produtiva. Muitos trabalhos "administrativos" simplesmente desapareceriam; deixo sua identificação a cargo da imaginação do leitor. Haveria pouca necessidade de um entretenimento sem sentido ou de outras drogas; e haveria, sem dúvida, muito menos doenças.

Talvez se diga que essa visão é romântica, utópica. É verdade. O que temos hoje na moderna sociedade industrial não é romântico e certamente não é utópico. Mas está em apuros e não tem perspectiva de sobrevivência. Temos de ter a coragem de sonhar se quisermos sobreviver e dar uma chance de sobrevivência aos nossos filhos. A tríplice crise de que falei não irá embora se simplesmente continuarmos como estávamos. Se tornará pior e terminará em desastre, até que, ou a menos que, desenvolvamos um novo estilo de vida compatível com as reais necessidades da natureza humana, com a saúde da natureza viva ao nosso redor e com a quantidade de recursos de que o mundo dispõe.

É, sem dúvida, uma tarefa difícil, não por ser impossível conceber um novo estilo de vida que atenda a essas exigências críticas, mas porque a atual sociedade de consumo é como um viciado em drogas, que, por pior que se sinta, tem extrema dificuldade de se livrar da sua dependência. Os filhos problemáticos do mundo – desse ponto de vista, e apesar das muitas outras considerações que se poderiam aduzir – não são as sociedades pobres, mas as ricas.

É quase uma bênção providencial que nós, os países ricos, tenhamos tomado a peito pelo menos a ideia de pensar no Terceiro Mundo e tentar mitigar sua pobreza. Apesar da mistura de motivos e da persistência de práticas de exploração, penso que essa novidade recente no ponto de vista dos ricos é digna de respeito. E pode nos salvar, pois a pobreza dos pobres impossibilita, de qualquer modo, que eles adotem nossa tecnologia. É claro que muitas vezes tentam adotá-la e depois têm de arcar com suas mais amargas consequências em matéria de desemprego em massa, migração em massa para as cidades, decadência da zona rural e tensões sociais intoleráveis. Precisam, na verdade, disto mesmo de que estou falando, e de que nós também precisamos: um tipo *diferente* de tecnologia, uma tecnologia com fisionomia humana, que, em vez de tornar redundantes as mãos e o cérebro do ser humano, os ajude a se tornar muito mais produtivos do que nunca.

Como disse Gandhi, os pobres do mundo não podem ser ajudados pela produção em massa, mas somente pela produção pelas massas. O sistema de *produção em massa*, baseado em uma tecnologia sofisticada, intensiva em termos de capital, dependente de um alto consumo de energia e que economiza o trabalho humano, pressupõe a existência prévia de riqueza, pois um grande investimento de capital é necessário para que se estabeleça um único posto de trabalho. O sistema de *produção pelas massas* põe em jogo os recursos inestimáveis que estão de posse de todos os seres humanos – seus cérebros inteligentes e suas mãos hábeis – *e os apoia com ferramentas de primeira linha*. A tecnologia da *produção em massa* é intrinsecamente violenta, faz mal ao ecossistema, é autodestrutiva por seu uso de recursos não renováveis e, por fim, estupidifica a pessoa humana. A tecnologia de *produção pelas massas*, fazendo uso do melhor do conhecimento e da experiência modernos, favorece a descentralização, é compatível com as leis da ecologia, é gentil em seu uso de recursos escassos e é projetada para servir à pessoa humana, em vez de torná-la uma serva das máquinas. Dei-lhe o nome de *tecnologia intermediária* para evidenciar que é imensamente superior à tecnologia primitiva de tempos passados, mas ao mesmo tempo é muito mais simples, mas barata e mais livre que a supertecnologia dos ricos. Podemos chamá-la também de tecnologia de autoajuda, tecnologia democrática ou tecnologia do povo – uma tecnologia a que todos podem ter acesso e não é reservada aos que já são ricos e poderosos. Ela será discutida mais a fundo em capítulos posteriores.

Conquanto estejamos de posse de todo o conhecimento de que precisamos, ainda é necessário um esforço criativo sistemático para dar existência ativa a essa tecnologia e torná-la visível e acessível a todos. A experiência me mostrou que é mais difícil retomar a franqueza e a simplicidade do que avançar na direção de sofisticação e complexidade cada vez maiores. Qualquer engenheiro ou pesquisador de terceira categoria pode aumentar a complexidade; mas é preciso certa inteligência real para tornar a simplificar as coisas. Essa inteligência não é de fácil acesso para quem se deixou alienar do trabalho produtivo real e do sistema homeostático da natureza, que nunca deixa de reconhecer a medida e a limitação. Qualquer atividade que não reconheça um princípio de autolimitação é do demônio. Em nosso trabalho com os países em desenvolvimento, somos pelo menos obrigados a levar em conta as limitações da pobreza. Esse trabalho pode, assim, ser uma escola salutar para todos nós, de modo que, ao mesmo tempo que tentamos genuinamente ajudar os outros, podemos também ganhar conhecimento e experiência sobre como ajudar a nós mesmos.

Acho que já somos capazes de vislumbrar o conflito de atitudes que decidirá nosso futuro. De um lado, vejo pessoas que se consideram capazes de resolver nossa tríplice crise pelos métodos atuais elevados à nova potência. Chamo-lhes o povo da "disparada à frente". Do outro lado, há pessoas em busca de um novo estilo de vida, que procuram retomar certas verdades básicas acerca do homem e de seu mundo. Chamo-lhes o povo da "volta ao lar". Vamos admitir que o povo da disparada à frente, como o diabo, canta as melodias mais sedutoras, ou pelo menos as mais populares e conhecidas. Dizem que não podemos ficar parados, pois ficar parado é cair; é preciso ir em frente; o único problema da tecnologia moderna é que ela ainda está incompleta; vamos, portanto, completá-la. O dr. Sicco Mansholt, um dos mais destacados diretores da Comunidade Econômica Europeia, pode ser citado como um representante típico desse grupo. Diz ele: "Mais, mais longe, mais rápido, mais rico – estas são as palavras de ordem da sociedade atual." Pensa também que precisamos ajudar as pessoas a se adaptar, "pois não há alternativa". Essa é a voz autêntica da disparada à frente, que fala em um tom muito semelhante ao do Grande Inquisidor de Dostoiévski: "Por que vieste nos incomodar?" Apontam para a explosão populacional e para a possibilidade de fome mundial. Não há dúvida de que devemos avançar sem fraqueza nem pusilanimidade. Se as pessoas começarem a protestar e a se revoltar, teremos de aumentar o tamanho da polícia e equipá-la melhor. Se ocorrerem problemas com o meio ambiente, precisaremos de leis mais duras contra a poluição e de um crescimento econômico ainda mais rápido para custear as medidas antipoluição. Se faltarem recursos naturais, nos voltaremos para recursos sintéticos; e se faltarem combustíveis fósseis, passaremos dos reatores nucleares lentos para os reatores reprodutores rápidos, e da fissão à fusão. *Não há* problemas insolúveis. Os *slogans* do povo da disparada à frente são estampados todos os dias nas manchetes dos jornais, trazendo a mensagem de que "uma inovação por dia mantém a crise sob controle".

E o outro lado? É composto de pessoas que estão profundamente convictas de que o desenvolvimento tecnológico enveredou pelo caminho errado e precisa ser reorientado. É claro que a expressão "volta ao lar" tem uma conotação religiosa, pois é preciso muita coragem para dizer não às modas e fascinações desta época e para questionar os pressupostos de uma civilização que parece destinada a dominar o mundo inteiro. A força necessária para isso só pode nascer de uma convicção profunda. Se fosse derivada apenas do medo do futuro, provavelmente desapareceria no momento decisivo. O verdadeiro adepto da volta ao lar não canta as melodias mais sedutoras, mas tem o texto mais exaltado: nada menos que os Evangelhos. Para ele, não pode haver resumo mais conciso da sua situação, da *nossa* situação, do que a parábola do filho pródigo. É estranho dizer isso, mas o sermão da montanha dá instruções muito precisas sobre como construir uma perspectiva capaz de conduzir a uma economia da sobrevivência.

> Felizes os pobres no espírito,
> porque deles é o Reino dos Céus.
> Felizes os *mansos*
> porque herdarão a terra.
> Felizes os *aflitos*,
> porque serão consolados.
> Felizes os que têm fome
> e sede se justiça,
> porque serão saciados.
> Felizes os misericordiosos,
> porque alcançarão a misericórdia.
> Felizes *os puros no coração*,
> porque verão a Deus.
> Felizes os que promovem a paz,
> porque serão chamados de filhos de Deus.

Pode parecer uma ousadia relacionar essas bem-aventuranças a questões de tecnologia e economia. Mas não é possível que estejamos em perigo exatamente porque deixamos, por tanto tempo, de estabelecer essa relação? Não é difícil discernir o que essas bem-aventuranças podem significar para nós hoje:

- Somos pobres, não semideuses.

- Temos muito pelo que sofrer e não estamos entrando em uma era de ouro.

- Precisamos de uma abordagem mansa e um espírito não violento; a beleza está no que é pequeno.

- Temos de nos interessar pela justiça e ver o direito prevalecer.
- E tudo isso, e apenas isso, poderá nos tornar pacificadores.

Os adeptos da volta ao lar se baseiam em uma imagem do homem muito diferente daquela que motiva o povo da disparada à frente. Seria superficial dizer que estes acreditam no crescimento enquanto aqueles não acreditam. Em certo sentido, todos acreditam no crescimento, e com razão, pois o crescimento é uma característica essencial da vida. A questão toda, no entanto, gira em torno de dar à ideia de crescimento uma determinação qualitativa, pois sempre há muitas coisas que devem crescer e muitas que devem diminuir.

Do mesmo modo, seria superficial dizer que o povo da volta ao lar não acredita no progresso, que também pode ser considerado uma característica essencial de todas as formas de vida. A questão toda é determinar o que constitui o progresso. E o povo da volta ao lar acredita que o rumo que a tecnologia moderna tomou e continua tomando – na direção de um tamanho sempre maior, de uma velocidade sempre mais rápida, de uma violência sempre mais brutal, contrariando todas as leis da harmonia natural – é o oposto do progresso. Daí o apelo à reconsideração do rumo atual e a encontrar uma nova orientação. A reconsideração indica que estamos destruindo a própria base da nossa existência, e a reorientação se baseia em nos lembrarmos da real finalidade da vida humana.

De um jeito ou de outro, todos terão de escolher um lado nesse grande conflito. Deixar o assunto "a cargo dos especialistas" significa ficar do lado do povo da disparada à frente. É consenso geral que a política é assunto importante demais para ser deixado a cargo dos especialistas. Hoje em dia, o principal conteúdo da política é a economia e o principal conteúdo da economia é a tecnologia. Se não podemos deixar a política a cargo dos especialistas, tampouco podemos deixar a economia e a tecnologia.

A esperança reside no fato de que as pessoas comuns são, muitas vezes, capazes de assumir uma perspectiva mais ampla e mais humanista do que a normalmente assumida pelos especialistas. O poder do homem comum, que hoje em dia tende a se sentir absolutamente impotente, não consiste em inaugurar novas linhas de ação, mas em dedicar sua simpatia e seu apoio a grupos minoritários que já as inauguraram. Darei dois exemplos que têm a ver com o tema aqui discutido. Um diz respeito à agricultura e o outro, à tecnologia industrial.

A agricultura moderna se baseia na aplicação, no solo, nas plantas e nos animais, de quantidades sempre maiores de produtos químicos, cujos efeitos de longo prazo sobre a fertilidade e a saúde do solo são alvos de dúvidas muito sérias. As pessoas que levantam essas dúvidas são confrontadas, em geral, com a asserção de que precisamos escolher entre "o veneno ou a fome". Em diversos países, há agricultores muito bem-sucedidos que obtêm safras excelentes sem recorrer a esses produtos químicos e sem suscitar dúvidas acerca da fertilidade e da saúde do solo a longo prazo. Durante os últimos 25 anos, uma organização privada formada por voluntários, chamada The Soil Association [Associação do Solo], tem se dedicado a explorar as relações vitais entre o solo, os vegetais, os animais e o homem; tem realizado e facilitado pesquisas sobre o assunto; e tem procurado manter o público informado sobre os novos avanços nesses campos. Nem os agricultores bem-sucedidos nem a The Soil Association têm conseguido atrair o apoio ou o reconhecimento do governo. Eles têm sido, em geral, solenemente ignorados ou chamados de "povo do estrume e do mistério", pois é evidente que se posicionam fora da corrente principal do moderno progresso tecnológico. Seus métodos ostentam a marca da não violência e da humildade diante do sistema infinitamente sutil da harmonia natural, e isso se opõe ao estilo de vida do mundo moderno. No entanto, se percebermos agora que o estilo de vida moderno está nos colocando em um perigo mortal, poderemos encontrar em nosso íntimo a disposição de apoiar e até de nos unir a esses pioneiros, em vez de ignorá-los ou ridicularizá-los.

Do lado da indústria, temos o Intermediate Technology Development Group [Grupo de Desenvolvimento de Tecnologia

Intermediária], que se dedica a um estudo sistemático de como ajudar as pessoas a se ajudarem. Embora sua preocupação primeira seja a de dar assistência técnica ao Terceiro Mundo, os resultados de suas pesquisas estão cada vez mais chamando a atenção também dos que se preocupam com o futuro das sociedades ricas. Isso porque essas pesquisas mostram que uma tecnologia intermediária, com fisionomia humana, é, de fato, possível, é viável e reintegra o ser humano, com suas mãos hábeis e seu cérebro criativo, ao processo produtivo. Atende à *produção pelas massas*, e não à *produção em massa*. Como a The Soil Association, é uma organização privada, composta de voluntários, que depende do apoio público.

Não tenho dúvida de que é possível dar uma nova direção ao desenvolvimento tecnológico, que o reorientará para as verdadeiras necessidades do homem, o que também significa: *para o tamanho real do homem*. O homem é pequeno, e, por isso, há beleza na pequenez. Visar o gigantismo é visar nossa autodestruição. E qual é o custo de uma reorientação? Podemos nos lembrar de que calcular o custo da sobrevivência é uma perversão. Não resta dúvida de que tudo o que vale a pena tem seu preço: redirecionar a tecnologia, para que sirva ao homem em vez de destruí-lo, exige antes de tudo um esforço da imaginação e um abandono do medo.

PARTE III
O TERCEIRO MUNDO

CAPÍTULO 11
DESENVOLVIMENTO[1]

Um relatório do governo do Reino Unido sobre o desenvolvimento no estrangeiro, elaborado há alguns anos, declara da seguinte maneira os objetivos do auxílio britânico a outros países:

> Fazer o que estiver em nosso alcance para ajudar os países em desenvolvimento a proporcionar a seus povos as oportunidades materiais para usar seus talentos, levar uma vida plena e feliz e melhorar continuamente sua sorte.

Não se sabe se uma linguagem tão otimista seria ainda usada hoje em dia, mas a filosofia básica permanece a mesma. Talvez tenha ocorrido alguma desilusão: a tarefa se mostrou muito mais difícil do que parecia – e os países recém-independentes estão constatando a mesma coisa. Dois fenômenos, em particular, estão sendo motivo de preocupação em todo o mundo: o desemprego em massa e a migração em massa para as cidades. Para dois terços da humanidade, o objetivo de uma "vida plena e feliz", com uma melhora contínua da sorte, se não está ficando

---

1. Baseado no Discurso de Aniversário lido na reunião geral do África Bureau, Londres, 3 mar. 1966.

mais longínquo, pelo menos parece tão distante quanto sempre foi. Por isso, o melhor é reexaminarmos todo o problema.

Muita gente vem fazendo esse reexame e alguns concluem que o problema é a falta de auxílio financeiro. Admitem que há muitas tendências nocivas e prejudiciais, mas afirmam que, com um auxílio mais substancial, será possível compensá-las. Caso o auxílio disponível não seja grande o suficiente para atender todos, sugerem que seja concentrado em países onde a promessa de sucesso pareça mais crível. Não surpreende que essa proposta não tenha conquistado a aceitação geral.

Uma das tendências nocivas e prejudiciais em quase todos os países em desenvolvimento é o surgimento cada vez mais acentuado de uma economia dual, em que coexistem dois padrões tão distantes entre si que poderiam ser dois mundos diferentes. Não é uma questão de haver pessoas ricas e outras pobres, ambas unidas por um modo de vida comum: é que dois modos de vida existem lado a lado de tal maneira que até o mais humilde membro de um deles dispõe de uma renda diária muitas vezes maior do que a renda obtida pelos mais trabalhadores membros do outro. As tensões sociais e políticas que nascem da economia dual são tão óbvias que não precisam ser descritas.

Na economia dual de um típico país em desenvolvimento, talvez 15% da população se encaixe no setor moderno, confinado sobretudo a uma ou duas cidades grandes. Os outros 85% existem nas áreas rurais e nas cidades menores. Por razões que serão discutidas adiante, a maior parte do esforço de desenvolvimento é direcionado para as cidades grandes, o que significa que 85% da população é, em geral, deixada de lado. O que será dessas pessoas? A suposição simplista de que o setor moderno das cidades grandes crescerá até absorver a população quase inteira – pois foi isso que aconteceu em muitos dos países mais desenvolvidos – é pouquíssimo realista. Até os países mais ricos vêm gemendo sob o fardo imposto por essa péssima distribuição populacional.

O conceito de "evolução" desempenha papel central em todos os ramos do pensamento moderno, mas não na economia do desenvolvimento, embora as palavras "desenvolvimento" e "evolução" pareçam ser quase sinônimas. Seja qual for o mérito da teoria da evolução em casos específicos, é certo que ela reflete nossa experiência de desenvolvimento econômico e técnico. Imaginemos uma visita a um moderno estabelecimento industrial – uma grande refinaria, digamos. Ao percorrermos seus vastos espaços, podemos bem nos perguntar como a mente humana conseguiu conceber tal coisa. Que imensidão de conhecimento, engenho e experiência se encarna naqueles equipamentos! Como isso é possível? A resposta é que isso não nasceu pronto da mente de uma pessoa particular: veio à existência por um processo de evolução. Começou com bastante simplicidade, e acréscimos e modificações foram se efetuando com o tempo, de modo a tornar esse tipo de estabelecimento cada vez mais complexo. Mas mesmo o que vemos nessa refinaria não passa da ponta de um *iceberg*, como se costuma dizer.

O que não vemos em nossa visita é muito maior do que o que vemos: a imensidão e a complexidade dos arranjos que permitem que o petróleo bruto chegue à refinaria e que garantem que uma multidão de remessas de produtos refinados, adequadamente preparados, embalados e rotulados, chegue a inumeráveis consumidores por meio de um elaboradíssimo sistema de distribuição. Não podemos ver nada disso, assim como não podemos ver as conquistas intelectuais por trás do planejamento, da organização, do financiamento e do *marketing*. Menos ainda podemos ver o grande plano de fundo educacional que é a precondição de tudo isso, que se estende das escolas primárias às universidades e aos institutos especializados de pesquisa, e sem o qual nada do que efetivamente vemos existiria. Como eu disse, o visitante só vê a ponta do *iceberg*: em um outro lugar que ele não consegue ver, há dez vezes mais, e sem o "dez" o "um" de nada valeria. E, se o "dez" não for fornecido pelo país ou sociedade em que a refinaria foi construída, ou a refinaria simplesmente não funciona ou é, na verdade, um corpo estranho cuja vida depende sobretudo de alguma outra sociedade. É fácil esquecer tudo isso, pois a tendência moderna é a de ver e tomar consciência somente do visível e esquecer as coisas invisíveis que possibilitam o visível e o mantêm em funcionamento.

Será que o relativo fracasso do auxílio financeiro ou pelo menos nossa decepção diante de sua ineficácia não tem algo a ver com nossa filosofia materialista, que nos torna propensos a ignorar as precondições mais importantes para o sucesso que, no geral, são invisíveis? Ou, quando não as ignoramos por completo, tendemos a tratá-las como tratamos as coisas materiais – coisas que podem ser planejadas, colocadas em um cronograma e compradas com dinheiro de acordo com um plano abrangente de desenvolvimento. Em outras palavras, não tendemos a conceber o desenvolvimento como um processo de evolução, mas como um processo de criação.

Nossos cientistas nos dizem com certeza absoluta que tudo ao nosso redor evoluiu por meio de pequenas mutações filtradas pela seleção natural. Nem ao Todo-Poderoso se atribui a capacidade de ter criado algo complexo. Toda complexidade, ao que nos dizem, resulta da evolução. No entanto, nossos planejadores parecem considerar-se superiores até ao Todo-Poderoso: parecem considerar-se capazes de criar as coisas mais complexas de uma só vez por meio de um processo chamado planejamento – fazendo com que Atena, toda armada, resplendente e viável, nasça não da cabeça de Zeus, mas do nada.

É claro que coisas extraordinárias e impróprias podem, às vezes, ser feitas. Pode-se levar a cabo um projeto bem-sucedido aqui ou ali. Sempre é possível criar ilhotas de ultramodernidade em sociedades pré-industriais. Depois, no entanto, essas ilhotas terão de ser defendidas como fortalezas e, por assim dizer, aprovisionadas de além-mar por helicópteros para não serem invadidas pelo oceano circundante. O que quer que aconteça – quer deem certo ou não –, elas produzirão a economia dual de que falei. Não podem ser integradas na sociedade circundante e tendem a destruir sua coesão.

Podemos observar, de passagem, que tendências semelhantes operam até em alguns dos países mais ricos, onde se manifestam em uma tendência à urbanização excessiva, à megalópole, e deixam, em meio à afluência, grandes bolsões de pessoas afligidas pela pobreza, pessoas que desistiram de corresponder às expectativas da sociedade, desempregados e não empregáveis.

Até há pouco tempo, os especialistas em desenvolvimento raramente se referiam à economia dual e aos dois males gêmeos por ela gerados: o desemprego em massa e a migração em massa para as cidades. Quando o faziam, limitavam-se a deplorá-los e tratá-los como realidades transitórias. Agora, no entanto, já se reconhece amplamente que o tempo por si só não operará nenhuma cura. Pelo contrário, a menos que a economia dual seja combatida conscientemente, ela produzirá o que chamei de um "processo de envenenamento mútuo", pelo qual o desenvolvimento industrial bem-sucedido nas cidades destrói a estrutura econômica do interior, e este, por sua vez, se vinga por meio da migração em massa para as cidades, envenenando-as e tornando-as impossíveis de administrar. Estimativas feitas pela Organização Mundial da Saúde e por especialistas como Kingsley Davies preveem cidades de 20, 40 e até 60 milhões de habitantes: uma perspectiva de pauperização para multidões de pessoas que desafia a imaginação.

Haverá alternativa? Não se pode duvidar de que a existência de um setor moderno é indispensável para os países pobres, sobretudo quando mantêm contato direto com os países ricos. O que precisa ser questionado é a suposição implícita de que o setor moderno pode ser expandido a ponto de absorver praticamente toda a população, e que isso pode ser feito com certa rapidez. Nos últimos vinte anos, a filosofia que preside o desenvolvimento tem sido: "O que é melhor para os ricos é melhor para os pobres." Essa crença foi levada ao extremo, como se pode verificar ao examinar a lista dos países em desenvolvimento em que os norte-americanos e seus aliados – bem como, em alguns casos, os russos – acharam por bem fundar reatores nucleares "pacíficos": Taiwan, Coreia do Sul, Filipinas, Vietnã, Tailândia, Indonésia, Irã, Turquia, Portugal, Venezuela – todos países cujos principais problemas são a agricultura e o rejuvenescimento da vida rural, uma vez que a maior parte da população, afligida pela pobreza, vive em áreas rurais.

O ponto de partida de todas as nossas considerações é a pobreza, ou, antes, um grau de pobreza que acarreta a miséria e degrada e estupidifica a pessoa humana; e nossa primeira tarefa é a de reconhecer e compreender os obstáculos e limitações que esse grau de pobreza impõe. Mais uma vez, nossa filosofia grosseiramente materialista nos torna propensos a ver somente as "oportunidades materiais" (nas palavras do relatório que citei) e a ignorar os fatores imateriais. Tenho certeza de que os fatores materiais são totalmente secundários entre as causas da pobreza – coisas como a ausência de recursos naturais, de capital ou de infraestrutura. As causas primárias da extrema pobreza são imateriais, pois residem em certas deficiências de educação, organização e disciplina.

O desenvolvimento não começa com os bens, começa com pessoas e sua educação, organização e disciplina. Sem essas três coisas, todos os recursos permanecem latentes, potenciais, inutilizados. Há sociedades prósperas com uma base mínima de riqueza natural, e tivemos abundante oportunidade de observar a primazia dos fatores invisíveis depois da guerra. Todos os países que tinham um nível alto de educação, organização e disciplina, por mais devastados que estivessem, produziram um milagre econômico, que, na verdade, só foi milagroso aos olhos das pessoas cuja atenção está voltada para a ponta do *iceberg*. A ponta tinha sido despedaçada, mas a base, feita de educação, organização e disciplina, ainda existia.

Nisso, portanto, reside o problema central do desenvolvimento. Se as causas primárias da pobreza são deficiências nesses três aspectos, o alívio da pobreza depende antes de tudo da eliminação dessas deficiências. Essa é a razão pela qual o desenvolvimento não pode ser um ato de criação, não pode ser criado por lei, comprado, planejado exaustivamente; é a razão pela qual ele exige um processo de evolução. A educação não pula etapas, é um processo gradual de grande sutileza. A organização não pula etapas, precisa evoluir gradativamente para se adaptar às circunstâncias que vão mudando. E o mesmo vale para a disciplina. Os três fatores precisam evoluir passo a passo, e a tarefa mais importante de qualquer política de desenvolvimento deve ser a de acelerar essa evolução. Os três fatores devem se tornar posse não somente de uma pequena minoria, mas de toda a sociedade.

Caso se ofereça auxílio financeiro para a introdução de novas atividades econômicas, essa ajuda só será benéfica e viável se puder ser sustentada pelo nível educacional já existente de grupos de pessoas bastante amplos, e só será realmente valiosa se promover e disseminar avanços na educação, na organização e na disciplina. Pode haver um processo de extensão, mas nunca um de pular etapas. Se forem introduzidas novas atividades econômicas que dependam de uma educação, de uma organização e de uma disciplina *especiais*, que não sejam inerentes à sociedade que recebe o auxílio, a atividade não promoverá um desenvolvimento saudável; pelo contrário, o mais provável é que o obstaculize. Permanecerá como um corpo estranho que não pode ser integrado e que piorará ainda mais os problemas da economia dual.

Decorre daí que o desenvolvimento não é, em primeiro lugar, um problema dos economistas, sobretudo de economistas cuja especialização se baseia em uma filosofia grosseiramente materialista. Não há dúvida de que economistas de qualquer corrente filosófica têm sua utilidade em certos estágios de desenvolvimento e para desempenhar tarefas técnicas rigorosamente limitadas, mas somente se as diretrizes gerais de uma política de desenvolvimento *que envolva a população como um todo* já estiverem traçadas e firmemente estabelecidas.

O novo pensamento necessário para o auxílio financeiro e o desenvolvimento será diferente do antigo porque levará a pobreza a sério. Não procederá mecanicamente, dizendo: "O que é bom para os ricos é bom para os pobres." Cuidará das pessoas – a partir de um ponto de vista rigorosamente prático. Por que cuidar das pessoas? Porque as pessoas são o primeiro e o último recurso de qualquer tipo de riqueza. Se forem deixadas de fora, se forem manipuladas por especialistas autoproclamados e planejadores autoritários, nada jamais poderá dar frutos de fato.

O capítulo a seguir é uma versão levemente condensada de um artigo preparado em 1965 para a Conferência sobre a Aplicação da Ciência e da Tecnologia ao Desenvolvimento da América Latina, organizada pela Unesco em Santiago do Chile. Naquela época, as discussões sobre o desenvolvimento econômico quase invariavelmente tendiam a tratar a tecnologia como um dado; a questão era *como* transferir tecnologia aos que ainda não a possuíam. A tecnologia mais recente era obviamente a melhor, e a ideia de que talvez não atendesse às necessidades urgentes dos países em desenvolvimento, uma vez que não se enquadrava nas condições e limitações reais da pobreza, era ridicularizada. No entanto, o artigo depois serviu de base para o estabelecimento do Intermediate Technology Development Group em Londres.

CAPÍTULO 12

PROBLEMAS SOCIAIS E ECONÔMICOS QUE DEMANDAM O DESENVOLVIMENTO DE UMA TECNOLOGIA INTERMEDIÁRIA[1]

Introdução

Hoje em dia, em muitos lugares do mundo, os pobres estão ficando mais pobres enquanto os ricos ficam mais ricos, e os processos usuais de auxílio financeiro e planejamento do desenvolvimento parecem incapazes de superar essa tendência. Ao contrário, muitas vezes parecem promovê-la, pois sempre é mais fácil ajudar os que sabem ajudar a si mesmos do que ajudar os desamparados. Quase todos os chamados "países em desenvolvimento" têm um setor moderno em que o padrão de vida e de trabalho são semelhantes aos dos países desenvolvidos, mas também têm um setor não moderno que abarca a imensa maioria da população rural, cujos padrões de vida e de trabalho não só são profundamente insatisfatórios como também se encontram em acelerado processo de decadência.

O que me importa aqui é unicamente o problema de como ajudar as pessoas no setor não moderno. Isso não implica a ideia

---

1. Publicado originalmente pela Unesco, Conferência sobre a Aplicação da Ciência e da Tecnologia ao Desenvolvimento da América Latina, organizada pela própria Unesco com a cooperação da Comissão Econômica para a América Latina (Cepal), Santiago, Chile, set. 1965.

de descontinuar o trabalho construtivo no setor moderno, e não há dúvida de que ele continuará sendo feito de qualquer modo. Implica, porém, a convicção de que todos os sucessos obtidos no setor moderno serão provavelmente ilusórios, a menos que haja um crescimento saudável – ou, pelo menos, uma saudável estabilidade – junto ao imenso número de pessoas cuja vida, hoje, é caracterizada não somente pela extrema pobreza, mas também pela desesperança.

A necessidade de uma tecnologia intermediária

A condição dos pobres

Qual é a típica condição dos pobres na maior parte dos chamados países em desenvolvimento? Suas oportunidades de trabalho são tão restritas que eles não conseguem, pelo trabalho, sair da miséria. São subempregados, quando não totalmente desempregados, e quando, de vez em quando, encontram algum trabalho, sua produtividade é excessivamente baixa. Alguns deles possuem terras, que, no entanto, em geral são pequenas demais. Muitos não têm terra, nem alguma perspectiva de algum dia vir a tê-la. Subempregados ou desempregados, acabam migrando para as cidades grandes. Mas é claro que, nelas, não encontram trabalho e, como seria de esperar, tampouco têm onde morar. Mesmo assim, acorrem às cidades porque as perspectivas de encontrar trabalho parecem maiores nelas do que nos povoados rurais, onde são nulas.

Muitas vezes se considera que o desemprego visível e invisível nas áreas rurais é devido, em sua totalidade, ao crescimento populacional, e não há dúvida de que este é um fator daquele. Os que sustentam essa opinião, no entanto, ainda têm de explicar por que esse excedente de pessoas não pode realizar um excedente de trabalho. Diz-se que não podem trabalhar porque não têm capital. Mas o que é o capital? É o produto do trabalho humano. A falta de capital pode até explicar um baixo índice de produtividade, mas não pode explicar a falta de oportunidades de trabalho.

Resta, contudo, o fato de que um grande número de pessoas não trabalha em absoluto ou só trabalha de forma intermitente, e que é, portanto, pobre, desamparada e, com frequência, desesperada o suficiente para sair dos povoados para procurar algum meio de vida nas cidades. O desemprego rural produz a migração em massa para as cidades, produzindo um índice de crescimento urbano que impõe pesado fardo até aos recursos das sociedades mais ricas. O desemprego rural se traduz em desemprego urbano.

Ajuda aos que mais precisam de ajuda

O problema, portanto, pode ser formulado de maneira muito simples: O que se pode fazer para dar saúde à vida econômica fora das grandes cidades, nas cidades menores e nos povoados que ainda abrigam – na maioria dos casos – de 80% a 90% da população total? Enquanto o esforço de desenvolvimento se concentrar sobretudo nas grandes cidades, onde é mais fácil estabelecer novas indústrias, equipá-las com gestores e operários e encontrar finanças e mercados que as mantenham em funcionamento, a concorrência dessas indústrias perturbará e destruirá ainda mais a produção não agrícola no restante do país, aumentará o desemprego fora das cidades e acelerará ainda mais a migração de indigentes para cidades, incapazes de absorvê-los. O "processo de envenenamento mútuo" não será contido.

É preciso, assim, que pelo menos uma parte significativa do esforço de desenvolvimento deixe de lado as grandes cidades e se ocupe diretamente da criação de uma "estrutura agroindustrial" nas áreas rurais e nas cidades pequenas. Sob esse aspecto, é preciso sublinhar que a primeira de todas as necessidades são postos de trabalho, literalmente aos milhões. É evidente que ninguém está afirmando que a produtividade por trabalhador é desimportante, mas a maximização dessa produtividade não pode ser a primeira consideração; esta deve ser a maximização de oportunidades de trabalho para os desempregados e subempregados. Para o pobre, a oportunidade de trabalhar é a maior de todas as necessidades, de modo que até um trabalho mal pago e relativamente improdutivo será, para ele, melhor que o ócio. Para usar as palavras de Gabriel Ardant, "a cobertura deve vir antes da perfeição"[2].

É importante que haja bastante trabalho para todos, pois esse é o único meio para eliminar reflexos antiprodutivos e criar um novo estado de espírito – o de um país em que a força de trabalho humana se tornou preciosa e deve ser direcionada para os melhores usos possíveis.

Em outras palavras, o cálculo econômico que mede o sucesso pela produção ou pela renda, sem considerar o número de empregos, é totalmente inadequado nas condições que aqui consideramos, pois implica uma abordagem estática ao problema do desenvolvimento. A abordagem dinâmica presta atenção às necessidades e às reações das pessoas: sua primeira necessidade é dar início a algum tipo de trabalho que lhes traga alguma recompensa, por pequena que seja; é só quando sentem que seu tempo e seu trabalho têm valor que podem se interessar em aumentar esse valor. Por isso, todos produzirem um pouquinho é mais importante do que alguns produzirem muito, e isso continuará sendo verdade mesmo que, em alguns casos excepcionais, a produção total, na primeira hipótese, seja menor do que seria na segunda. Não continuará sendo menor, pois essa é uma situação dinâmica, capaz de gerar crescimento.

O homem desempregado é um homem desesperado e é praticamente obrigado a migrar. Esta é mais uma justificativa da tese de que o fornecimento de oportunidades de trabalho é a primeira necessidade e deve ser o objetivo primeiro do planejamento econômico. Sem isso, a migração das pessoas para as grandes cidades não pode diminuir, que dirá estancar.

A natureza da tarefa

A tarefa, portanto, consiste em criar milhões de novos postos de trabalho nas áreas rurais e nas cidades pequenas. É mais que

---

2. Gabriel Ardant, "A Plan for Full Employment in the Developing Countries". *International Labour Review*, n. 88, pp. 15-51, 1963.

óbvio que a indústria moderna, tal como surgiu nos países desenvolvidos, não pode em absoluto cumprir essa tarefa. Ela surgiu em sociedades ricas em capital e pobres em trabalho, e, por isso, não pode, em absoluto, ser adequada a sociedades pobres em capital e ricas em trabalho. Porto Rico é um bom exemplo. Para citar um estudo recente:

> O desenvolvimento da manufatura em fábricas, à maneira moderna, contribui de modo muito limitado para gerar empregos. O programa de desenvolvimento porto-riquenho foi bastante vigoroso e bem-sucedido; de 1952 a 1962, no entanto, o aumento médio das vagas de emprego em indústrias subsidiadas pelo EDA foi de cerca de 5 mil por ano. Com os índices de participação atuais da força de trabalho, e na ausência de emigração líquida para a América continental, o aumento anual da força de trabalho porto-riquenha seria da ordem de 40 mil vagas. [...]
>
> Na manufatura, devem ser exploradas de modo imaginativo formas de organização de pequena escala, mais descentralizadas, que usem mais o trabalho, semelhantes às que persistiram na economia japonesa até hoje e que deram tão importante contribuição ao seu vigoroso crescimento.[3]

Exemplos igualmente convincentes poderiam ser extraídos de muitos outros países, com destaque para a Índia e a Turquia, onde ambiciosíssimos planos quinquenais regularmente mostram, no final de cada período de cinco anos, um índice maior de desemprego do que no começo, mesmo supondo que o plano tenha sido implementado em sua integridade.

A verdadeira tarefa pode ser formulada em quatro proposições:

Primeira: É preciso criar postos de trabalho nas regiões onde as pessoas moram agora, e não sobretudo nas áreas metropolitanas para onde tendem a emigrar.

Segunda: Esses postos de trabalho devem ser, em geral, baratos o suficiente para que possam ser criados em grande núme-

---

3. Lloyd G. Reynolds, "Wages and Employment in the Labour-Surplus Economy". *American Economic Review*, vol. 55, n. 1-2, pp. 19-39, 1965.

ro, sem que isso exija um nível inatingível de formação capital e de importações.

Terceira: Os métodos de produção empregados devem ser relativamente simples, de modo a minimizar a necessidade de uma alta qualificação, não somente no próprio processo de produção, mas também em matéria de organização, fornecimento de matérias-primas, financiamento, *marketing* e por aí afora.

Quarta: A produção deve usar principalmente materiais locais e se destinar principalmente ao uso local.

Essas quatro exigências só poderão ser atendidas se o desenvolvimento for abordado de maneira regionalizada e, em segundo lugar, se houver um esforço consciente para desenvolver e aplicar uma tecnologia que poderíamos chamar de intermediária. Consideraremos agora essas duas condições, uma por vez.

A abordagem regional ou distrital

Uma dada unidade política nem sempre terá o melhor tamanho para que seu desenvolvimento econômico beneficie aqueles cuja necessidade é maior. Em alguns casos, ela pode ser muito pequena, mas, na maioria dos casos, hoje, é muito grande. Tomemos, por exemplo, o caso da Índia. Trata-se de uma unidade política bem grande, e é desejável, sem dúvida, de muitos pontos de vista, que essa unidade se mantenha. No entanto, se a política de desenvolvimento se voltar apenas ou principalmente para a "Índia como um todo", a tendência natural das coisas será que o desenvolvimento se concentre sobretudo em umas poucas áreas metropolitanas, no setor moderno. Áreas imensas dentro do país, que contêm 80% ou mais da população, pouco vão se beneficiar e podem até vir a se prejudicar. Disso decorrerão os dois males: o desemprego em massa e a migração em massa para as áreas metropolitanas. O resultado do "desenvolvimento" será que a fortuna de uma minoria feliz aumentará imensamente, ao passo que os que realmente precisam de ajuda se tornarão mais indefesos do que nunca. Se o objetivo do desenvolvimento é levar ajuda aos que mais precisam dela, cada região ou distrito dentro do país precisa do seu próprio desenvolvimento. É isso que significa uma "abordagem regional".

Podemos buscar outro exemplo na Itália, um país relativamente rico. O sul do país e a Sicília não se desenvolveram como um simples efeito do crescimento econômico da "Itália como um todo". A indústria italiana se concentra sobretudo no norte do país, e seu rápido crescimento não diminui – pelo contrário, tende a intensificar – os problemas do sul. Nada como o sucesso para chamar mais sucesso, e nada como o fracasso para atrair mais fracassos. A competição do norte destrói a produção do sul e o drena de todos os homens talentosos e empreendedores. É preciso fazer um esforço consciente para contrabalançar essas tendências. Se a população de qualquer região dentro de um país foi esquecida pelo desenvolvimento, ela se tornará ainda mais pobre do que já era, será jogada no desemprego em massa e obrigada a migrar em massa. Provas disso se encontram em todo o mundo, até nos países mais desenvolvidos.

Nesse assunto, não é possível propor definições rígidas. Muita coisa depende da geografia e das circunstâncias locais. Não há dúvida de que uns poucos milhares de pessoas não são suficientes para constituir um distrito para fins de desenvolvimento econômico, mas algumas centenas de milhares, mesmo que dispersos por uma área mais ou menos grande, bem podem merecer ser tratados como tal. A Suíça inteira tem menos de 6 milhões de habitantes; no entanto, é dividida em mais de vinte cantões, cada um dos quais é uma espécie de distrito de desenvolvimento. Como resultado, a população e a indústria estão distribuídas de maneira bem homogênea pelo país e não existe a tendência de se formarem concentrações excessivas.

O ideal é que cada distrito tenha algum tipo de coesão interna e de identidade e possua pelo menos uma cidade que possa atuar como centro distrital. Uma "estrutura cultural" é tão necessária quanto uma "estrutura econômica"; assim, ao passo que cada povoado deve ter uma escola de ensino fundamental, algumas cidadezinhas maiores, com um centro comercial, devem ter escolas de ensino médio, e o centro distrital deve ser grande o suficiente para ter uma instituição de ensino superior. Quanto maior o país, maior é a necessidade de estrutura interna e de uma abordagem descentralizada do desenvolvimento. Caso não se dê atenção a isso, não haverá esperança para os pobres.

A necessidade de uma tecnologia apropriada

É evidente que essa abordagem regional ou distrital não tem a menor chance de sucesso a menos que seja baseada no emprego de uma tecnologia adequada. A fundação de cada posto de trabalho no sistema da indústria moderna exige uma grande quantidade de capital – algo da ordem de 2 mil libras esterlinas, digamos. É natural que um país pobre jamais seja capaz de fundar mais que um número bastante limitado desses postos de trabalho dentro de um período qualquer. Além disso, um posto de trabalho moderno só pode ser realmente produtivo dentro de um ambiente moderno, e essa razão basta para que não se encaixe em um distrito que consiste em áreas rurais e algumas cidades pequenas. Em todos os "países em desenvolvimento" encontram-se parques industriais estabelecidos em áreas rurais, cujo equipamento passa a maior parte do tempo inativo em razão da falta de organização, finanças, matéria-prima, transporte, uma infraestrutura de vendas e outras coisas do tipo. Vêm então as queixas e recriminações; estas, no entanto, não alteram o fato de que uma grande quantidade de escassos recursos de capital – em geral, importações pagas com escassas divisas externas – são, na prática, desperdiçados.

A divisão entre setores de capital intensivo e outros de trabalho intensivo é, como não poderia deixar de ser, muito conhecida na teoria do desenvolvimento. Embora não se possa duvidar de sua validade, ela não chega a fazer contato com a essência do problema, pois normalmente induz as pessoas a aceitar a tecnologia de qualquer linha de produção como algo dado e inalterável. Caso então se afirme que os países em desenvolvimento devem dar preferência a setores de trabalho intensivo em detrimento dos de capital intensivo, não poderá seguir-se a isso nenhuma ação inteligente, pois a escolha do setor, na prática, será determinada por critérios muito diferentes e muito mais poderosos, como a base de matéria-prima, os mercados, o interesse empresarial e por aí afora. A escolha do setor é uma coisa; mas a escolha da tecnologia a ser empregada *depois* da escolha do setor é outra coisa muito diferente. Por isso, é melhor já começar falando sobre a tecnologia e não nublar a discussão usando termos como "intensidade de capital" e "intensidade de trabalho" como ponto de partida. O mesmo se aplica a outra distinção que muitas vezes se faz nessas discussões: aquela entre indústrias de grande escala e de pequena escala. É verdade que a indústria moderna muitas vezes se organiza em unidades muito grandes, mas a grandeza de escala não é, em absoluto, uma de suas características essenciais e universais. O fato de uma dada atividade industrial ser ou não apropriada para as condições de um distrito em desenvolvimento não depende diretamente da escala, mas da tecnologia empregada. Uma empresa de pequena escala com um custo médio de 2 mil libras por posto de trabalho é tão inadequada quanto uma empresa de grande escala com postos de trabalho igualmente custosos.

Creio, portanto, que o melhor caminho para fazer contato com o problema fundamental é falar da tecnologia: o desenvolvimento econômico em locais afligidos pela pobreza só pode ser frutífero se for baseado no que chamei de "tecnologia intermediária". No fim, a tecnologia intermediária será intensiva em termos de trabalho e se presta a ser usada em estabelecimentos de pequena escala. Mas nem o trabalho intensivo nem a pequena escala implicam a tecnologia intermediária.

Definição de tecnologia intermediária

Se definirmos o nível de tecnologia pelo custo do equipamento por posto de trabalho, podemos dizer que a tecnologia nativa de um típico país em desenvolvimento é – falando simbolicamente – uma tecnologia de um dólar, ao passo que a dos países desenvolvidos pode ser chamada de uma tecnologia de mil dólares. A lacuna entre essas duas tecnologias é tão grande que qualquer transição de uma a outra é simplesmente impossível. Na verdade, a tentativa atual dos países em desenvolvimento de infiltrar a tecnologia de mil dólares em sua economia mata inevitavelmente a tecnologia de um dólar em um ritmo alarmante, destruindo os postos de trabalho tradicionais com muito mais rapidez do que é possível criar postos de trabalho modernos; assim, deixa os pobres em uma situação mais desesperada e indefesa do que nunca. Para que se forneça uma ajuda eficaz aos que mais precisam dela, é necessária uma tecnologia que se situe em uma posição mais ou menos intermediária entre a tecnologia de um dólar e a de mil dólares. Vamos chamá-la – simbolicamente, mais uma vez – de uma tecnologia de cem dólares.

Essa tecnologia intermediária seria imensamente mais produtiva que a tecnologia nativa (que se encontra, muitas vezes, em um processo de decadência), mas também seria muitíssimo mais barata que a tecnologia sofisticada, intensiva em termos de capital, da indústria moderna. Nesse nível de capitalização, um grande número de postos de trabalho poderia ser criado em período relativamente curto, e a criação desses postos de trabalho estaria ao alcance da minoria mais empreendedora de cada distrito, não somente do ponto de vista financeiro, mas também sob o aspecto de sua instrução, aptidão, capacidade organizativa, e assim por diante.

Esse último ponto pode, talvez, ser elucidado da seguinte maneira:

Nos países desenvolvidos, a renda média anual por trabalhador e o capital médio por posto de trabalho parece manter, no presente, uma relação de mais ou menos 1 para 1. Isso significa, em termos gerais, que é preciso o trabalho de um homem por um ano para criar um posto de trabalho, ou que um homem precisaria economizar o salário de um mês por ano durante 12 anos para poder ser dono de um posto de trabalho. Se a relação fosse de 1 para 10, seria preciso o trabalho de um homem durante dez anos para criar um posto de trabalho, e um homem teria de economizar o salário de um mês por ano durante 120 anos para poder ser dono de um posto de trabalho. É evidente que isso é impossível, e decorre daí que a tecnologia de mil dólares, transplantada para um distrito ainda encalhado no nível da tecnologia de um dólar, não pode se disseminar por um processo de crescimento normal. Não pode ter um "efeito de demonstração" positivo; pelo contrário, como se observa em todo o mundo, seu efeito de demonstração é totalmente negativo. O povo, para quem a tecnologia de mil dólares é inacessível, simplesmente desiste e muitas vezes deixa de fazer até aquelas coisas que antes fazia.

A tecnologia intermediária também se encaixaria muito melhor no ambiente relativamente pouco sofisticado em que terá de ser utilizada. Os equipamentos seriam relativamente simples e, portanto, fáceis de aprender a usar, de manter e de consertar. Um equipamento simples, em geral, depende muito menos de matérias-primas de grande grau de pureza ou de especificações exatas, e, por isso, é muito mais adaptável às flutuações do mercado do que um equipamento altamente sofisticado. É mais fácil treinar seus usuários; a supervisão, o controle e a organização são mais simples; e a vulnerabilidade a dificuldades imprevistas é muito menor.

Objeções e sua refutação

Depois que foi apresentada a ideia da tecnologia intermediária, várias objeções foram apresentadas. As mais imediatas são psicológicas: "Você está querendo guardar o melhor para vocês e espera que nos contentemos com coisas inferiores e ultrapassadas." Essa é a voz dos que não são necessitados, que podem ajudar a si mesmos e querem ajuda para alcançar um padrão de vida mais elevado agora mesmo. Não é a voz dos que nos preocupam aqui, das multidões afligidas pela pobreza que não têm absolutamente nenhum meio de vida, seja nas áreas urbanas, seja nas rurais, e que não têm nem o "melhor" nem o "segundo melhor", mas que estão desprovidas até dos meios mais essenciais de sobrevivência. Às vezes nos perguntamos quantos economistas do desenvolvimento têm de fato alguma compreensão da situação dos pobres.

Há economistas e econometristas que creem que se pode derivar uma política de desenvolvimento de certas razões supostamente fixas, como a razão entre capital e produção. Seu argumento é o seguinte: a quantidade de capital disponível é dada.

Pode ser concentrada em um pequeno número de postos de trabalho altamente capitalizados ou espalhada por um grande número de postos de trabalho baratos. Na segunda hipótese, a produção total é menor do que na primeira; não se alcança assim, por meio dela, o maior índice possível de crescimento econômico. O dr. Kaldor, por exemplo, afirma que "as pesquisas mostram que as máquinas mais modernas produzem muito mais por unidade de capital investido do que máquinas menos sofisticadas que empregam mais gente"[4]. Sustenta-se que não somente o capital, mas também os bens-salário existem em uma quantidade dada, e essa quantidade determina "os limites do trabalho assalariado em qualquer país e em qualquer momento determinado".

Se só podemos empregar uma quantidade determinada de pessoas no trabalho assalariado, vamos empregá-la da maneira mais produtiva possível, de modo que elas possam dar a maior contribuição possível para a produção nacional, pois é isso também que resultará no maior índice de crescimento econômico. Não devemos nos esforçar para reduzir a produtividade a fim de reduzir a quantidade de capital por trabalhador. Isso me parecer um disparate, pois podemos vir a constatar que, aumentando dez vezes a quantidade de capital por trabalhador, podemos aumentar em vinte vezes a produtividade de cada trabalhador. De todos os pontos de vista, é inquestionável a superioridade das tecnologias mais recentes e mais capitalistas.[5]

A primeira coisa que se pode dizer sobre esses argumentos é que eles têm um caráter evidentemente estático e não levam em conta a dinâmica do desenvolvimento. Para fazermos justiça à real situação, precisamos levar em conta as reações e as capacidades das pessoas, e não nos limitarmos ao maquinário ou a conceitos abstratos. Como já vimos, é errado supor que o equipamento mais sofisticado, transplantado para um ambiente primitivo, será regularmente utilizado em sua plena capacidade; e, se o

---

4. Ronald Robinson (Org.), *Industrialisation in Developing Countries*. Cambridge: Cambridge University Overseas Studies Committee, 1965.

5. *Idem, ibidem.*

uso da capacidade é baixo, a relação entre produção e capital também será baixa. Por isso, é falacioso tratar a razão entre capital e produção como um fato tecnológico, pois ela depende muito de outros fatores.

Devemos, além disso, nos perguntar se existe de fato a lei afirmada pelo dr. Kaldor, de que a razão entre produção e capital cresce quando o capital é concentrado em menos postos de trabalho. Ninguém que tenha a menor experiência na indústria afirmaria ter notado a existência dessa lei, que tampouco tem fundamento em uma ciência. A mecanização e a automação são introduzidas para aumentar a produtividade do trabalho, ou seja, a razão de produção por trabalhador e seu efeito sobre a razão entre a produção e o capital pode ser positivo como pode ser negativo. É possível citar inúmeros exemplos de avanços tecnológicos que eliminam postos de trabalho à custa de uma injeção adicional de capital, sem, porém, afetar o volume da produção. Por isso, é falso afirmar que uma dada quantidade de capital sempre e necessariamente redundará na maior produção total quando for concentrada no menor número possível de postos de trabalho.

A maior fraqueza do argumento, no entanto, reside em considerar o capital – ou mesmo os bens-salário – como quantidades dadas em uma economia de subemprego. Mais uma vez, o ponto de vista estático leva inevitavelmente a conclusões errôneas. Como eu já disse, a preocupação principal de toda política de desenvolvimento deve ser a criação de oportunidades de trabalho para aqueles que, estando subempregados, são consumidores – ainda que em um nível de miséria – sem dar nenhuma contribuição aos fundos, quer dos bens-salário, quer do capital. O emprego é, sem dúvida, precondição para tudo o mais. A produção do homem ocioso é zero, ao passo que mesmo um homem mal equipado pode dar uma contribuição positiva, não somente para os bens-salário, mas até para o capital. A própria distinção entre capital e bens-salário não é, em absoluto, tão nítida quanto os econometristas tendem a pensar, pois a própria definição de capital depende decisivamente do nível de tecnologia empregado.

Consideremos um exemplo bem simples. É preciso fazer um serviço de terraplenagem em uma região de alto desemprego. As opções de tecnologia são amplas: desde os equipamentos mais modernos para terraplenagem até um trabalho puramente manual, sem ferramentas. A produção é fixada pela natureza do serviço, e fica claríssimo que a razão entre produção e capital será máxima se a entrada de capital for mínima. Se o serviço fosse feito sem nenhuma ferramenta, a razão entre produção e capital seria infinitamente grande, mas a produtividade por homem seria excessivamente baixa. Se fosse feito com o mais alto nível de tecnologia moderna, a relação entre produção e capital seria baixa e a produtividade por homem, muito alta. Nenhum desses extremos é desejável, e é preciso encontrar um caminho intermediário. Suponhamos que os homens desempregados fossem postos para trabalhar primeiro na manufatura de diversas ferramentas, entre as quais carrinhos de mão e outras, ao passo que outros produzissem diversos bens-salário. Cada uma dessas linhas de produção, por sua vez, poderia ser baseada em uma ampla gama de tecnologias diferentes, desde a mais simples até a mais sofisticada. Em cada caso, a tarefa seria a de encontrar uma tecnologia intermediária que permitisse um nível razoável de produtividade sem que fosse necessário recorrer à aquisição de equipamentos caros e sofisticados. O resultado de todo esse empreendimento seria um desenvolvimento econômico que ultrapassa em muito o término do projeto inicial de terraplenagem. Com uma injeção total de capital externo, que pode ser muito menor do que a envolvida na aquisição dos equipamentos mais modernos para terraplenagem, e uma injeção de trabalho (antes ocioso) muito maior do que a exigida pelo método moderno, seria possível não somente terminar um projeto determinado, mas também lançar toda uma comunidade no caminho do desenvolvimento.

Digo, portanto, que uma abordagem dinâmica do desenvolvimento, que atribui papel central à escolha de tecnologias intermediárias apropriadas, abre avenidas de ação construtiva que não são sequer reconhecidas pela abordagem estática e economicista.

Isso nos conduz à próxima objeção apresentada contra a ideia de tecnologia intermediária. Afirma-se que ela poderia ser muito promissora, não fosse pela notória escassez de capacidade empreendedora nos países subdesenvolvidos. Esse recurso escasso deve, portanto, ser utilizado da maneira mais concentrada possível, em locais onde tenha a maior possibilidade de sucesso, e deve ter acesso aos mais sofisticados equipamentos de capital que o mundo pode proporcionar. Afirma-se, assim, que as indústrias devem ser estabelecidas nas grandes cidades ou perto delas, em grandes unidades integradas e com o maior nível possível de capitalização por posto de trabalho.

O argumento gira em torno da suposição de que a capacidade empreendedora é uma quantidade fixa e determinada, traindo assim, mais uma vez, um ponto de vista puramente estático. É claro que essa capacidade não é determinada nem fixa, e depende em grande medida da tecnologia a ser empregada. Homens incapazes de atuar como empreendedores no nível da tecnologia moderna podem ser plenamente capazes de ter sucesso com uma empresa de pequena escala estabelecida com base em uma tecnologia intermediária – pelas razões já explicadas. Com efeito, tenho a impressão de que a aparente escassez atual de empreendedores em muitos países em desenvolvimento resulta exatamente do "efeito negativo de demonstração" de uma tecnologia sofisticada infiltrada em um ambiente primitivo. É muito improvável que a introdução de uma tecnologia apropriada, intermediária, viesse a naufragar por falta de capacidade empreendedora. Tampouco diminuiria a oferta de empreendedores para empresas do setor moderno; pelo contrário, disseminando por toda a população a familiaridade com modalidades técnicas e sistemáticas de produção, ajudaria, sem dúvida, a aumentar a oferta do talento necessário.

Dois outros argumentos foram apresentados contra a ideia de tecnologia intermediária: que seus produtos precisariam ser protegidos dentro do país e seriam inadequados para exportação. Ambos se baseiam em meras suposições. Na verdade, um número considerável de estudos e cálculos de custo, feitos para produtos específicos em distritos específicos, têm demonstrado de forma universal que os produtos de uma tecnologia intermediária escolhida com inteligência poderiam, na verdade, ser mais baratos que os das fábricas modernas da grande cidade mais próxima. Se esses produtos poderiam ou não ser exportados é uma questão em aberto; os desempregados já não estão contribuindo para as exportações, e a primeira tarefa é pô-los para trabalhar, de modo que produzam bens úteis a partir de materiais locais para uso local.

A aplicabilidade da tecnologia intermediária

É claro que a aplicabilidade da tecnologia intermediária não é universal. Há produtos que são, eles próprios, resultados típicos de uma indústria moderna altamente sofisticada e só podem ser produzidos por ela. Ao mesmo tempo, esses produtos não são, na maioria das vezes, de necessidade urgente para os pobres. O que os pobres mais precisam são coisas simples – materiais de construção, roupas, artigos de uso doméstico, implementos agrícolas – e um retorno melhor para seus produtos agrícolas. Em muitos locais, além disso, precisam urgentemente de árvores, água e locais para armazenar os produtos da colheita. A maioria das populações agrícolas receberia uma ajuda imensa se pudessem cuidar elas mesmas dos primeiros estágios de processamento de seus produtos. Todos esses são campos ideias para a tecnologia intermediária.

Também há, entretanto, várias aplicações de natureza mais ambiciosa. Cito dois exemplos de um relatório recente:

> O primeiro diz respeito à tendência recente (alimentada pela política da maioria dos governos africanos, asiáticos e latino-americanos de criar refinarias de petróleo em seus próprios territórios, por menores que sejam seus mercados) das empresas internacionais de projetar refinarias pequenas, com baixo investimento de capital por unidade de produção e baixa capacidade total – de 5 mil a 30 mil barris por dia, digamos. Essas unidades são tão eficientes e baratas quanto as refinarias maiores e mais intensivas em matéria de capital, que correspondem aos projetos convencionais.

O segundo exemplo se refere às "usinas compactas" para produção de amônia, também projetadas há pouco tempo para mercados pequenos. Segundo alguns dados preliminares, o custo do investimento por tonelada em uma usina compacta com capacidade para produzir 60 toneladas por dia pode ser de cerca de 30 mil dólares, ao passo que uma unidade de projeto convencional, com capacidade diária de 100 toneladas (que, para uma usina convencional, é uma capacidade muito pequena), exigira um investimento de mais ou menos 50 mil dólares por tonelada.[6]

A ideia de uma tecnologia intermediária não implica um simples retorno ao passado e a métodos já obsoletos, embora um estudo sistemático dos métodos empregados nos países desenvolvidos há cerca de cem anos, por exemplo, pudesse produzir resultados altamente sugestivos. Com demasiada frequência se supõe que as grandes conquistas da ciência ocidental, tanto pura quanto aplicada, residem sobretudo nos aparelhos e máquinas desenvolvidos a partir dela, de tal modo que rejeitar esses aparelhos e máquinas seria equivalente a rejeitar a própria ciência. Trata-se de uma visão excessivamente superficial. A verdadeira conquista da ciência é o acúmulo de conhecimentos precisos, que podem ser aplicados das mais diversas maneiras, dentre as quais a aplicação atual na indústria moderna é apenas uma. O desenvolvimento de uma tecnologia intermediária, portanto, representa um verdadeiro movimento à frente, rumo a territórios inexplorados, no qual o imenso custo e a imensa complicação da produção em nome de poupar trabalho e eliminar empregos são evitados e a tecnologia se torna apropriada para sociedades que contam com um excedente de trabalho.

Que a aplicabilidade da tecnologia intermediária é extremamente ampla, quando não universal, é coisa óbvia para quem quer que se dê o trabalho de procurar aplicações possíveis para ela hoje. Podem ser encontrados exemplos em todos os países em desenvolvimento e também nos países avançados. Nesse caso, o

---

6. Nuño F. de Figueiredo, "Notes on Latin American Industrial Development" *apud* Ronald Robinson (Org.), *op. cit.*, 1965.

que falta? Ocorre apenas que os praticantes da tecnologia intermediária, corajosos e capacitados, não conhecem uns aos outros, não apoiam uns aos outros e não podem ajudar os que gostariam de seguir um caminho semelhante, mas não sabem como começar. Existem, por assim dizer, fora da corrente principal do interesse oficial e popular. "Os catálogos publicados pelos exportadores de maquinário dos Estados Unidos ou da Europa ainda são as principais fontes de assistência técnica"[7] e os arranjos institucionais para oferecimento de ajuda são, em geral, constituídos de tal modo que uma parcialidade insuperável se impõe em favor de projetos de grande escala que usam a mais moderna tecnologia existente.

Se conseguíssemos afastar a atenção oficial e popular dos projetos grandiosos e voltá-la para as verdadeiras necessidades dos mais pobres, poderíamos ganhar a guerra. Um estudo das tecnologias intermediárias tais como existem hoje já deixaria claro que existem conhecimento e experiência suficientes para que todos possam trabalhar; e, onde houver lacunas, poder-se-iam fazer rapidamente novos estudos de projeto. O professor Gadgil, diretor do Instituto Gokhale de Política e Economia em Pune, na Índia, delineou três abordagens possíveis para o desenvolvimento da tecnologia intermediária, que são as seguintes:

> Uma abordagem pode consistir em começar com técnicas existentes na indústria tradicional e utilizar o conhecimento das técnicas avançadas para transformá-las de modo adequado. A transformação implica a conservação de alguns elementos do equipamento, das habilidades e dos procedimentos existentes. [...] Esse processo de aperfeiçoamento da tecnologia tradicional é extremamente importante, sobretudo para aquela fase da transição em que parece ser necessária uma operação de contenção para prevenir o aumento do desemprego tecnológico. [...]
>
> Outra abordagem consistiria em começar do fim, das tecnologias mais avançadas, e adaptá-las e ajustá-las para atender às necessidades da tecnologia intermediária. [...] Em alguns casos,

---

7. Ronald Robinson (Org.), *op. cit.*, 1965.

o processo também envolveria um ajuste a determinadas circunstâncias locais, como os tipos de combustível ou de energia disponíveis.

Uma terceira abordagem consistiria em fazer experimentos e pesquisas, em um esforço direto para criar uma tecnologia intermediária. Para que isso seja empreendido com sucesso, no entanto, seria preciso definir, tanto para os cientistas quanto para os técnicos, as circunstâncias econômicas limitantes. Estas consistem sobretudo na escala de operações visada e nos custos relativos do capital e do trabalho, bem como a escala – possível ou desejável – de ambos. Esse esforço direto de criação de uma tecnologia intermediária seria conduzido, sem dúvida, diante do pano de fundo de um conhecimento da tecnologia mais avançada no campo em questão. Pode, contudo, cobrir um leque mais amplo de possibilidades do que as abordagens de ajuste a adaptação.

Em seguida, o professor Gadgil faz o seguinte apelo:

A maior parte da atenção do pessoal do setor aplicado dos laboratórios nacionais, dos institutos técnicos e dos departamentos das grandes universidades deve ser direcionada para esse trabalho. O progresso da tecnologia avançada em todos os campos vem sendo efetuado da melhor maneira nos países desenvolvidos; as adaptações e ajustes especiais necessários para a Índia não merecem e provavelmente não merecerão a atenção de nenhum outro país. Disso decorre que devem gozar, em nossos planos, da mais elevada prioridade. A tecnologia intermediária deve se tornar um assunto de interesse nacional e não continuar sendo, como é hoje, um campo negligenciado, separado e entregue a um pequeno número de especialistas.[8]

Apelo semelhante poderia ser dirigido às agências supranacionais, que teriam condições de coletar, sistematizar e desenvolver os conhecimentos e experiências dispersos que já existem nesse campo de suma importância.

---

8. D. R. Gadgil, "Technologies Appropriate for the Total Development Plan". *Appropriate Technologies for Indian Industry*. Hyderabad, Índia: SIET Institute, 1964.

Em resumo, podemos arrolar as seguintes conclusões:

1. Os países em desenvolvimento, tanto quanto se pode prever, continuarão apresentando uma economia dual. O setor moderno não será capaz de absorver toda a economia.

2. Se o setor não moderno não se tornar objeto de esforços especiais de desenvolvimento, continuará a se desintegrar. Essa desintegração continuará se manifestando no desemprego em massa e na migração em massa para as áreas metropolitanas; e isso envenenará a vida econômica também no setor moderno.

3. É possível ajudar os pobres a ajudarem a si mesmos, mas somente se lhes for disponibilizada uma tecnologia que reconheça as barreiras econômicas e as limitações da pobreza – uma tecnologia intermediária.

4. São necessários programas de ação em escala nacional e supranacional para desenvolver tecnologias intermediárias adequadas para promover o pleno emprego nos países em desenvolvimento.

CAPÍTULO 13
DOIS MILHÕES DE ALDEIAS[1]

Os resultados da segunda década de desenvolvimento não serão melhores que os da primeira a menos que, de forma consciente e determinada, o foco seja deslocado dos bens para as pessoas. Com efeito, sem essa mudança os resultados do auxílio financeiro serão cada vez mais destrutivos.

Quando falamos de promover o desenvolvimento, no que estamos pensando? Nos bens materiais ou nas pessoas? Se for nas pessoas, quais? Quem são elas e onde estão? Por que precisam de ajuda? Se não conseguem viver sem ajuda, qual é exatamente a ajuda de que necessitam? Como devemos nos comunicar com elas? Quando pensamos nas pessoas, inúmeras questões como essas surgem. Os bens, por sua vez, não suscitam tantas questões. Sobretudo quando pensados pelos econometristas e estatísticos, os bens chegam mesmo a perder toda a sua identidade e se tornam PNB, importações, exportações, poupança, investimento, infraestrutura e outras coisas do tipo. Podem ser construídos modelos impressionantes a partir dessas abstrações e é raro que neles sobre algum espaço para encaixar as pessoas de carne e

---

1. Publicado pela primeira vez na coletânea de ensaios fabianos: George Cunningham (Org.). *Britain and the World in the Seventies*. Londres: Weidenfeld & Nicolson Ltd., 1970.

osso. É claro que eles podem incorporar as populações, mas só como mera quantidade que entra como divisor depois de determinado o dividendo, ou seja, a quantidade de bens disponíveis. O modelo mostrará então que o "desenvolvimento", ou seja, o crescimento do dividendo, será diminuído e frustrado caso o divisor também cresça.

É muito mais fácil lidar com os bens do que com as pessoas, até porque os bens não têm iniciativa própria e não suscitam problemas de comunicação. Quando se dá ênfase às pessoas, os problemas de comunicação ganham relevo. Quem são os que ajudam e quem são os que precisam de ajuda? Os que ajudam, em sua maioria, são ricos, instruídos (em um sentido bastante especializado) e citadinos. Os que precisam de ajuda são pobres, não instruídos e camponeses. Isso significa que três grandes abismos se interpõem entre eles: o que separa os ricos dos pobres; o que separa os instruídos dos não instruídos; e o que separa os citadinos dos camponeses; incluindo-se aí a separação entre indústria e agricultura. O primeiro problema do auxílio financeiro para o desenvolvimento é vencer esses três abismos. Para isso, é necessário um tremendo esforço de imaginação, estudo e compaixão. Os métodos de produção, os padrões de consumo e os sistemas de ideias e de valores adequados para citadinos relativamente prósperos e bem instruídos não serão, com toda a probabilidade, adequados para camponeses pobres e semianalfabetos. Os camponeses pobres não podem, de repente, adquirir os pontos de vista e os hábitos de citadinos sofisticados. Se o povo não é capaz de se adaptar aos métodos, os métodos devem se adaptar ao povo. Essa é a chave da questão.

Além disso, há muitas características da economia dos ricos que são tão questionáveis em si mesmas e, em todo caso, tão inadequadas às comunidades pobres que, se o povo de fato conseguisse se adaptar a elas, isso seria prenúncio de ruína. Se a natureza da mudança for tal que os pais já não tenham nada que ensinar aos seus filhos ou os filhos já não tenham nada a receber dos pais, a vida familiar entra em colapso. A vida, o trabalho e a felicidade de todas as sociedades dependem de certas "estruturas psicológicas" infinitamente preciosas e altamente vulneráveis. A coesão social, a cooperação, o respeito mútuo e, sobretudo, o respeito por si mesmo, a coragem diante da adversidade e a capacidade de suportar contrariedades – tudo isso e muito mais se desintegra e desaparece quando essas "estruturas psicológicas" sofrem danos graves. O homem é destruído pela convicção interior de sua inutilidade. Não há quantidade de crescimento econômico capaz de compensar tais perdas – embora essa reflexão talvez não tenha objeto, visto que elas costumam inibir o crescimento econômico.

Nenhum desses problemas imensos consta das teorias confortáveis da maioria dos nossos economistas do desenvolvimento. O fracasso da primeira década de desenvolvimento é atribuído simplesmente a uma insuficiência de financiamento ou, pior ainda, a certos supostos defeitos que caracterizariam as sociedades e populações dos países em desenvolvimento. Um estudo da literatura atual poderia nos levar a supor que a questão decisiva é se o auxílio deve ser multilateral ou bilateral ou que a melhora das condições de comércio dos produtos primários, a eliminação das barreiras comerciais, as garantias para investimentos privados ou a introdução eficaz do controle populacional são as únicas coisas que realmente importam.

Não me cabe afirmar que qualquer um desses itens não tenha nada a ver com o assunto, mas eles não parecem chegar ao âmago da questão, e, de qualquer modo, as inúmeras discussões que neles se concentram parecem produzir pouquíssimas ações construtivas. O âmago da questão, a meu ver, é o fato puro e simples de que a pobreza do mundo é, antes de tudo, um problema de 2 milhões de aldeias e, portanto, um problema de 2 bilhões de aldeães. A solução não será encontrada nas cidades grandes dos países pobres. A menos que a vida no interior se torne tolerável, o problema da pobreza do mundo não poderá ser solucionado e se tornará, inevitavelmente, cada vez pior.

Todas as ideias importantes passarão em branco se continuarmos concebendo o desenvolvimento sobretudo em termos quantitativos e nos moldes das vastas abstrações – como PIB, investimento, poupança etc. –, que têm sua utilidade no estudo dos países desenvolvidos, mas não têm, na prática, nada a ver com os problemas do desenvolvimento enquanto tais (e não tiveram participação no desenvolvimento propriamente dito dos países ricos!). O auxílio só pode ser considerado bem-sucedido se ajudar a mobilizar a força de trabalho das massas no país que o recebe e aumentar a produtividade sem "poupar" trabalho. O critério habitual de sucesso – a saber, o crescimento do PNB – é extremamente enganador e, na verdade, acaba necessariamente produzindo fenômenos que só podem ser chamados de neocolonialismo.

Hesito em usar esse termo, pois soa mal e parece implicar uma intenção deliberada da parte dos que fornecem o auxílio. Existe essa intenção? No conjunto, acho que não. Mas isso aumenta o problema em vez de diminuí-lo. O neocolonialismo não intencional é muito mais insidioso e infinitamente mais difícil de combater do que um neocolonialismo intencional. Resulta de um movimento natural respaldado pelas melhores intenções. São estabelecidos nos países pobres certos métodos de produção, padrões de consumo, critérios de sucesso ou fracasso, sistemas de valores e padrões de comportamento que, por serem (ambiguamente) apropriados somente para condições de prosperidade já adquirida, prendem os países pobres de modo cada vez mais inescapável em uma situação de absoluta dependência dos ricos. O exemplo e sintoma mais óbvio é o crescimento da dívida. Trata-se de um fato reconhecido, e as pessoas bem-intencionadas chegam à conclusão simples de que dinheiro dado é melhor que dinheiro emprestado e empréstimos a juros baixos são melhores que empréstimos a juros altos. É verdade. Mas o aumento da dívida não é o ponto mais grave. Afinal de contas, se o devedor não conseguir pagar, simplesmente para de pagar – um risco que o credor sempre deve ter em mente.

É muito mais grave a dependência criada quando o país pobre se acostuma com os padrões de produção e consumo dos ricos. Uma tecelagem que visitei há pouco tempo na África é um exemplo característico. O gerente me mostrou, com considerável orgulho, que a tecnologia de sua fábrica era a mais avançada do mundo. Por que era tão automatizada? Ele disse: "Porque o trabalhador africano, desacostumado com o trabalho industrial, cometeria erros, ao passo que as máquinas automatizadas não cometem erros." E explicou: "Os padrões de qualidade exigidos hoje são tais que meu produto tem de ser perfeito para encontrar mercado." Para resumir sua política de qualidade, disse: "Minha tarefa, sem dúvida, consiste em eliminar o fator humano." E isso não é tudo. Em razão de padrões de qualidade inadequados, todo o seu equipamento teve de ser importado dos países mais avançados. A sofisticação do equipamento fez com que o pessoal da alta gerência e da manutenção tivesse de ser importado. Até a matéria-prima tinha de ser importada, pois o algodão local era curto demais para fazer fios de qualidade superior e os padrões postulados exigiam o uso de uma alta porcentagem de fibras artificiais. Esse caso não é atípico. Quem quer que já tenha se dado o trabalho de examinar sistematicamente projetos reais de "desenvolvimento" – em vez de simplesmente estudar planos de desenvolvimento e modelos econométricos – conhece inúmeros casos desse tipo: fábricas de sabonete que produzem sabonetes de luxo por meio de processos tão sensíveis que somente materiais altamente refinados podem ser utilizados, tendo de ser importados a um preço altíssimo enquanto as matérias-primas locais são exportadas a baixo preço; fábricas de alimentos processados; estações de embalagem; motorização, e por aí afora – o padrão do homem rico. Em muitos casos, frutas locais são jogadas fora porque se alega que o consumidor exige padrões de qualidade que levam em conta somente a aparência visual e só podem ser atendidos por frutas importadas da Austrália ou da Califórnia, onde a aplicação de uma ciência descomunal e de uma tecnologia fantástica garante que todas as maçãs tenham o mesmo tamanho e nenhuma apresente a menor mancha visível. Os exemplos não têm fim. Os países pobres inadvertidamente adotam – e são obrigados a adotar – métodos de produção e padrões de consumo que destroem as possibilidades de autossuficiência. Os resultados são um neocolonialismo não intencional e o desespero dos pobres.

Como, então, é possível ajudar esses 2 milhões de aldeias? Primeiro o aspecto quantitativo. Se tomarmos o total do auxílio ocidental, depois de eliminar certos itens que não têm nada a ver com o desenvolvimento, e o dividirmos pelo número de pessoas que habitam os países em desenvolvimento, chegamos a uma cifra de menos de 2 libras por ano por pessoa. Considerado como suplemento de renda, é evidente que esse auxílio é insignificante e ridículo. Por isso, muitos pedem que os países ricos façam um esforço financeiro maior – e seria perversidade deixar de apoiar essa reivindicação. Mas qual nível de auxílio poderíamos ter a esperança de alcançar? Talvez 4 libras por ano por pessoa? Como subsídio, como uma espécie de programa de renda mínima, até 4 libras por ano não são muito menos irrisórias do que a quantia atual.

Para melhor ilustrar o problema, consideremos o caso de um pequeno grupo de países em desenvolvimento que recebem renda suplementar em uma escala verdadeiramente monumental: os países produtores de petróleo do Oriente Médio, a Líbia e a Venezuela. A renda de impostos e *royalties* pagos pelas empresas petrolíferas em 1968 chegou a 2,349 milhões de libras, ou cerca de 50 libras por habitante desses países. Acaso essa quantidade de auxílio tem produzido sociedades saudáveis e estáveis, populações contentes, a progressiva eliminação da pobreza rural, uma agricultura florescente e a disseminação da industrialização? Apesar de alguns sucessos bem limitados, a resposta é, sem dúvida, não. O dinheiro por si só não basta. O aspecto quantitativo é muito secundário em relação ao qualitativo. Se a política estiver errada, o dinheiro não a tornará correta; e, se a política estiver correta, é possível que o dinheiro não seja um problema muito difícil de resolver.

Voltemo-nos, então, para o aspecto qualitativo. Se o esforço de desenvolvimento dos últimos dez ou vinte anos nos ensinou alguma coisa, é que o problema apresenta um enorme desafio *intelectual*. Os que dão o auxílio – ricos, instruídos, citadinos – sabem fazer as coisas do seu jeito; mas será que sabem como promover a autossuficiência de 2 milhões de aldeias, de 2 bilhões de aldeães

– pobres, não instruídos, camponeses? Sabem como tocar alguns projetos grandes em cidades grandes; mas será que saberiam tocar milhares de projetos pequenos em áreas rurais? Sabem fazer as coisas com bastante capital; mas saberiam fazê-las com bastante trabalho – aliás, no começo, com trabalho não especializado?

No conjunto, eles não sabem; mas há muita gente experiente que sabe, cada um no campo limitado da sua experiência. Em outras palavras, o conhecimento necessário, no geral, existe; mas não existe de forma organizada e prontamente acessível. Está disperso e não é sistemático; é desorganizado e, sem dúvida, também incompleto.

O melhor auxílio que se pode dar é intelectual, um presente de conhecimento útil. Um presente de conhecimento é infinitamente preferível a um presente de coisas materiais e as razões disso são muitas. Nós só "tomamos posse" das coisas na base de um esforço ou sacrifício verdadeiros. Um presente de bens materiais pode ser acolhido pelo receptor sem esforço nem sacrifício; por isso, raramente se torna "seu", e com demasiada frequência e facilidade é tratado como mero golpe de sorte. Um presente de bens intelectuais, um presente de conhecimento, é algo muito diferente. Sem um esforço verdadeiro de apropriação por parte de quem o recebe, o presente não existe. Apropriar-se do presente e tomar posse dele são a mesma coisa, e isso "a traça não rói e a ferrugem não consome". O presente de coisas materiais torna as pessoas dependentes, mas o presente de conhecimento as torna livres – desde que se trate, é claro, do tipo correto de conhecimento. O presente de conhecimento também tem efeitos mais duradouros e se liga muito mais de perto ao conceito de desenvolvimento. Quem dá um peixe a um homem, como se diz, o ajuda um pouquinho por pouco tempo; quem o ensina a pescar o ajuda a ajudar a si mesmo pelo resto da vida. Em um nível superior: dê-lhe o material de pesca; isso custará bastante dinheiro e o resultado será duvidoso; mas, mesmo que tenha um bom resultado, o homem ainda dependerá de você para obter peças de reposição. Se você o ensinar a fazer seu próprio material de pesca, no entanto, tê-lo-á ajudado não somente a sustentar a si mesmo, mas também a ser independente e autônomo.

Deve ser esta portanto, a preocupação cada vez maior dos programas de auxílio: tornar os homens independentes e autônomos mediante um generoso fornecimento de dons intelectuais apropriados, dons de conhecimento dos métodos pertinentes pelos quais as pessoas podem ajudar a si mesmas. Por acaso, essa abordagem também tem a vantagem de ser relativamente barata, ou seja, de fazer com que o dinheiro renda bastante. Com 100 libras, pode-se talvez equipar um homem com certos meios de produção; com o mesmo dinheiro, é possível ensinar cem homens a equipar a si mesmos. Talvez alguns bens materiais, na forma de um financiamento inicial, ajudem, em alguns casos, a acelerar o processo; mas seria algo puramente incidental e secundário, e, se esses bens forem bem escolhidos, os que precisam deles provavelmente poderão pagar por eles.

Uma reorientação fundamental do auxílio no sentido por mim defendido exigiria apenas uma realocação marginal do dinheiro. Se o Reino Unido hoje fornece auxílio da ordem de cerca de 250 milhões de libras por ano, tenho certeza de que a destinação de apenas 1% desse valor para a organização e a mobilização de "presentes de conhecimento" mudaria todas as perspectivas e inauguraria uma nova era de esperança na história do desenvolvimento. Afinal de contas, 1% são cerca de 2,5 milhões de libras – uma quantia com a qual é possível fazer muitas coisas para esse fim caso seja empregada com inteligência. E pode também tornar muito mais frutíferos os outros 99%.

Quando a tarefa do auxílio é entendida em primeiro lugar como a de fornecer conhecimento, experiência e *know-how* adequados, entre outros bens intelectuais e não materiais, fica claro que a organização atual do esforço de desenvolvimento no estrangeiro está longe de ser suficiente. Isso é natural, pois entende-se que a principal tarefa é a de disponibilizar *dinheiro* para diversas necessidades e projetos propostos pelo país que recebe o auxílio; tem-se mais ou menos como certo que o fator conhecimento estará disponível. O que estou dizendo é simplesmente que não se pode ter como certa essa disponibilidade, que é exatamente esse fator de conhecimento que se destaca por sua inexistência, que é essa a lacuna, o elo perdido de todo esse empreendimento. Não estou dizendo que hoje em dia não é fornecido conhecimento nenhum; isso seria ridículo. Não: o fluxo de *know-how* é abundante, mas é baseado no pressuposto implícito de que o que é bom para os ricos é evidentemente bom para os pobres. Como já demonstrei, esse pressuposto está errado, ou pelo menos só está certo de modo muito parcial, está predominantemente errado.

Voltemos então aos nossos 2 milhões de aldeias e vejamos como proporcionar a *elas* um conhecimento pertinente. Para tanto, precisamos nós mesmos, primeiro, processar esse conhecimento. Antes de falarmos em dar auxílio, temos de ter algo para dar. Não temos milhares de aldeias afligidas pela pobreza em nosso país; o que sabemos, nesse caso, sobre métodos eficazes de autoajuda nessas circunstâncias? O princípio da sabedoria é a admissão de que não temos conhecimento. Enquanto pensarmos que sabemos quando na verdade não sabemos, continuaremos indo até os pobres para demonstrar todas as coisas maravilhosas que poderiam fazer se já fossem ricos. Essa tem sido a principal falha do auxílio dado até hoje.

Mas nós sabemos alguma coisa sobre a organização e sistematização do conhecimento e da experiência; dispomos de instalações onde podemos cumprir praticamente qualquer tarefa, desde que compreendamos com clareza de que se trata. Se a tarefa consistir, por exemplo, em montar um manual eficaz sobre métodos e materiais para construção de baixo custo em países tropicais, por exemplo, e, com a ajuda desse manual, formar nos países em desenvolvimento construtores locais que tenham ciência dessas tecnologias e metodologias, não há dúvida de que conseguiremos fazer isso, ou – no mínimo – de que podemos tomar medidas imediatas que nos permitam fazer isso em um prazo de dois ou três anos. Do mesmo modo, se compreendermos claramente que uma das necessidades básicas de muitos países em desenvolvimento é a água e que milhões de aldeães se beneficiariam imensamente se tivessem um conhecimento sistemático de métodos independentes e de baixo custo de armazenamento, proteção, transporte etc. de água – se isso for claramente compreendido e se voltarmos para isso a nossa atenção, não há dúvida de que dispomos da capacidade e dos recursos necessários para juntar, organizar e comunicar as informações em questão.

Como eu já disse, os pobres têm necessidades relativamente simples, e é sobretudo no que se refere aos requisitos e atividades básicos que precisam de ajuda. Se não fossem capazes de independência e autonomia, não estariam vivos hoje. Mas os métodos que usam são, com demasiada frequência, muito primitivos, ineficientes e ineficazes; precisam ser melhorados por uma injeção de conhecimentos que, para essas pessoas, são novos, embora não o sejam para todos. É errado supor que os pobres, em geral, não estão dispostos a mudar; mas é preciso que haja uma espécie de relação orgânica entre a mudança proposta e aquilo que já estão fazendo, e eles têm razão de desconfiar das mudanças radicais propostas por inovadores engravatados da cidade grande, e de resistir a essas mudanças quando os inovadores os abordam com o seguinte espírito: "Saiam do meu caminho para nós lhes mostrarmos o quanto vocês são inúteis e como a mesma tarefa pode ser executada de modo esplêndido com um monte de dinheiro estrangeiro e equipamentos extravagantes."

Uma vez que as necessidades dos pobres são relativamente simples, o leque de estudos a serem feitos é bastante limitado. Trata-se de uma tarefa muito simples de ser cumprida sistematicamente, mas exige uma organização diferente da que temos atualmente (a de hoje é voltada antes de tudo para o fornecimento de *dinheiro*). No momento, o esforço de desenvolvimento é realizado sobretudo por autoridades do governo, tanto no país doador quanto no recipiendário; em outras palavras, é realizado por administradores. Estes, por formação e experiência, não são nem empreendedores nem inovadores, nem possuem um conhecimento técnico específico de processos produtivos, exigências comerciais ou problemas de comunicação. É certo que seu papel é essencial e não seria possível nem desejável tentar seguir em frente sem eles. Mas, sozinhos, eles não conseguem fazer nada.

Precisam estar associados de perto a outros grupos sociais, com gente da indústria e do comércio, treinados na "disciplina da viabilidade" – se não conseguirem pagar os salários na sexta-feira, estão fora! – e com profissionais liberais, acadêmicos, pesquisadores, jornalistas, educadores e por aí afora, que têm tempo, meios, capacidade e facilidade natural para pensar, escrever e se comunicar. O trabalho de desenvolvimento é difícil demais para ser feito por qualquer um desses três grupos trabalhando isoladamente. Tanto nos países doadores quanto nos recipiendários, é preciso realizar o que chamo de combinação ANC, em que A significa os administradores; N, os homens de negócios; e C, os comunicadores – ou seja, trabalhadores intelectuais e profissionais liberais de ramos diversos. É só quando a combinação ANC de fato se realiza que se pode operar um impacto real nos problemas dificílimos do desenvolvimento.

Nos países ricos, há milhares de pessoas capacitadas em todos esses campos que gostariam de se envolver e dar uma contribuição à luta contra a pobreza no mundo, uma contribuição que vai muito além de desembolsar um pouco de dinheiro; mas essas pessoas não dispõem de muitos meios de ação. E nos países pobres, as pessoas instruídas, uma minoria altamente privilegiada, seguem com demasiada frequência as modas das sociedades ricas – outro aspecto do neocolonialismo não intencional – e prestam atenção em qualquer problema, exceto nos que dizem respeito diretamente à pobreza de seus compatriotas. Precisam de uma orientação forte e de inspiração para lidar com os problemas urgentes de suas sociedades.

A mobilização de um conhecimento adequado para ajudar os pobres a ajudarem a si mesmos, por meio da mobilização de pessoas dispostas a ajudar – e que existem em toda parte, tanto aqui quanto no estrangeiro –, bem como a organização dessas pessoas em grupos ANC, é uma tarefa que exige algum dinheiro, mas não muito. Como eu disse, 1% do programa de auxílio financeiro do Reino Unido seria suficiente – mais que suficiente – para dar a essa abordagem a força financeira de que ela precisa para existir ainda por muito tempo. Por isso, não se deve sequer pensar em virar os programas de auxílio do avesso ou de cabeça para baixo. O que tem de mudar são o pensamento e o método de operação. Não basta apenas estabelecer uma nova política; são necessários novos métodos de organização, pois *a política está na implementação*.

Para implementar a abordagem aqui proposta, é preciso formar grupos de ação não somente nos países doadores, mas também – e isto é importantíssimo – nos próprios países recipiendários. Esses grupos de ação, seguindo o padrão ANC, devem idealmente se situar fora do mecanismo do governo. Em outras palavras, devem ser organizações não governamentais voluntárias. Podem muito bem ser organizados por agências voluntárias que já se dedicam ao trabalho de desenvolvimento.

Existem muitas agências desse tipo, tanto religiosas quanto seculares, com um grande número de pessoas que trabalham "nas bases". Elas logo reconheceram que a tecnologia intermediária é exatamente o que em muitos casos tentaram implementar, mas que lhes falta, para esse fim, um respaldo técnico organizado. Foram realizadas conferências em muitos países para discutir os problemas que eles têm em comum, e tem ficado cada vez mais claro que mesmo os maiores esforços de sacrifício dos trabalhadores voluntários não podem dar bons frutos a menos que haja uma organização sistemática do conhecimento e uma organização igualmente sistemática das comunicações – em outras palavras, a menos que haja o que podemos chamar de uma "infraestrutura intelectual".

Têm-se feito tentativas de criar essa infraestrutura, que devem receber pleno apoio dos governos e das organizações voluntárias que coletam fundos. Há pelo menos quatro funções principais a serem desempenhadas:

- A função de comunicação: permitir que cada trabalhador de campo ou grupo de trabalhadores de campo saiba o que mais tem sido feito no território geográfico ou funcional ao qual se dedicam, de modo a facilitar o intercâmbio direto de informações.

- A função de intermediação de informações: coletar e disseminar de forma sistemática informações pertinentes sobre tecnologias apropriadas para os países em desenvolvimento, sobretudo sobre métodos de baixo custo relacionados à construção, à água, à energia, ao armazenamento e processamento das colheitas, à manufatura de pequena escala, aos serviços de saúde, ao transporte e assim por diante. Nesse caso, a essência da questão não está em reter todas as informações em um só centro, mas em oferecer "informações sobre as informações" ou "*know-how* sobre o *know-how*".

- A função de *feedback*: ou seja, a transmissão de problemas técnicos identificados pelos trabalhadores de campo nos países em desenvolvimento para aqueles locais nos países avançados em que existem meios adequados para sua solução.

- A função de criar e coordenar "subestruturas": ou seja, grupos de ação e centros de verificação nos próprios países em desenvolvimento.

Essas questões só podem ser plenamente esclarecidas por tentativa e erro. Em tudo isso, não é preciso começar do zero – muita coisa já existe, mas agora é preciso juntar tudo e desenvolver o conjunto de modo sistemático. O sucesso futuro do auxílio ao desenvolvimento dependerá da organização e da comunicação do tipo correto de conhecimento – uma tarefa administrável, bem definida e totalmente adequada aos recursos disponíveis.

Por que é tão difícil para os ricos ajudar os pobres? A doença que toma conta do mundo moderno é o desequilíbrio total entre a cidade e o campo, que se manifesta na riqueza, no poder, na cultura, na capacidade de atração e na esperança. A cidade se estendeu demais e o campo se atrofiou. A cidade se tornou um ímã universal, ao passo que a vida rural perdeu seus encantos. Mesmo assim, continua sendo uma verdade inalterável que, assim como uma mente sã depende de um corpo são, a saúde das cidades depende da saúde das áreas rurais. As cidades, com toda a sua riqueza, são meros produtores secundários, ao passo que a produção primária, precondição de toda a vida econômica, ocorre no campo. O desequilíbrio atual, baseado na antiquíssima exploração dos camponeses e produtores de matérias-primas, ameaça hoje todos os países do mundo, e os ricos ainda mais que os pobres. Restaurar o devido equilíbrio entre a vida urbana e a rural talvez seja a maior tarefa que se impõe ao homem moderno. Não se trata somente de aumentar a produção agrícola para evitar a fome em escala mundial. Não há resposta aos males do desemprego em massa e da migração em massa para as cidades que não passe pela elevação geral do nível de vida rural e isso exige o desenvolvimento de uma cultura agroindustrial em que cada distrito, cada comunidade, seja capaz de oferecer uma larga variedade de ocupações aos seus membros.

A tarefa mais crucial desta década de 1970, portanto, é a de tornar o esforço de desenvolvimento mais apropriado e, assim, mais eficaz, de modo que chegue ao coração da pobreza mundial, aos 2 milhões de aldeias. Se a desintegração da vida rural continuar, não haverá saída – independentemente de quanto dinheiro for gasto. Se, no entanto, o povo rural dos países em desenvolvimento for ajudado, de modo a ganhar independência, não tenho dúvida de que a isso se seguirá um desenvolvimento verdadeiro, sem imensas favelas e cinturões de miséria ao redor de todas as grandes cidades e sem as cruéis frustrações de uma revolução sangrenta. A tarefa é imensa, mas os recursos que estão à espera de serem mobilizados também são.

O desenvolvimento econômico é algo muito mais amplo e mais profundo do que a ciência econômica, que dirá a econometria. Suas raízes jazem fora da esfera econômica: estão na educação, na organização, na disciplina e, para além disso, na independência política e em uma consciência da autonomia nacional. O desenvolvimento não pode ser "produzido" por meio de hábeis operações de enxerto feitas por técnicos estrangeiros ou por uma elite nacional que perdeu contato com o povo comum. Só pode ter sucesso se for levado adiante como um amplo movimento popular de reconstrução, com ênfase primária na plena utilização da gana, do entusiasmo, da inteligência e da força de trabalho de todos. O sucesso não pode ser obtido por alguma fórmula mágica produzida por cientistas, técnicos ou planejadores econômicos. Só pode decorrer de um processo de crescimento que envolva a educação, a organização e a disciplina de toda a população. Qualquer coisa que não chegue a isso redundará em fracasso.

CAPÍTULO 14

O PROBLEMA DO DESEMPREGO NA ÍNDIA[1]

Quando falo do desemprego, refiro-me à não utilização ou a uma grosseira subutilização do trabalho disponível. Podemos conceber uma escala de produtividade que vá de zero – ou seja, a produtividade de uma pessoa totalmente desempregada – a 100% – ou seja, a produtividade de uma pessoa plenamente empregada e eficiente. Para qualquer sociedade pobre, a questão crucial é como subir nessa escala. Ao considerar a produtividade em qualquer sociedade, não basta levar em conta somente os que estão empregados ou são autônomos e deixar de fora todos os desempregados, cuja produtividade, portanto, é zero.

O desenvolvimento econômico depende antes de tudo de que se trabalhe mais, e há quatro condições essenciais para tanto. Primeiro, é preciso haver motivação; segundo, é preciso haver algum *know-how*; terceiro, é preciso haver algum capital; e quarto, é preciso escoar a produção (uma produção maior exige um mercado maior).

No que se refere à motivação, não há muito que alguém *de fora* possa dizer. Se as pessoas não querem melhorar de condição, o melhor é deixá-las como estão, e esse deve ser o primeiro princípio do auxílio financeiro. Quem está dentro pode ter uma

---

1. Palestra proferida ao India Development Group, em Londres, [s. d.].

opinião diferente, assim como tem responsabilidades diferentes. Para quem dá o auxílio, sempre há um número suficiente de pessoas que *querem* melhorar de condição, mas não sabem como fazê-lo. Chegamos assim à questão do *know-how*. Se há milhões de pessoas que querem melhorar de condição, mas não sabem como fazê-lo, quem vai ensinar? Consideremos o tamanho do problema na Índia. Não estamos falando de uns poucos milhares ou milhões, mas de algumas centenas de milhões de pessoas. O tamanho do problema o situa além de qualquer tipo de aperfeiçoamento, reforma, melhora ou subsídio de pequena escala e o transforma em uma questão de filosofia política. O assunto inteiro pode ser resumido na seguinte pergunta: Para que serve a educação? Acho que foram os chineses, antes da Segunda Guerra Mundial, que calcularam que o trabalho de trinta camponeses era necessário para que um único homem ou mulher frequentasse a universidade. Se essa pessoa fizesse um curso universitário de cinco anos, ao final do curso teria consumido o trabalho de um ano de 150 camponeses. Como se pode justificar isso? Quem tem o direito de se apropriar de 150 anos de trabalho no campo para manter uma única pessoa na universidade por cinco anos, e o que os camponeses recebem em troca? Essas perguntas nos levam a uma encruzilhada: Acaso a educação deve ser um simples "passaporte para o privilégio" ou deve ser algo que as pessoas assumem quase como um voto monástico, uma obrigação sagrada de servir ao povo? O primeiro caminho leva o jovem formado na universidade a um bairro elegante de Mumbai, para onde muitas outras pessoas formadas na universidade já foram e onde ele pode passar a integrar uma associação de admiração mútua, um "sindicato dos privilegiados", para garantir que seus privilégios não sejam corroídos pelas grandes massas de compatriotas que não tiveram a mesma educação. Esse é um caminho possível. O outro seria tomado em um espírito diferente e conduziria a um destino diferente. Conduziria nosso jovem universitário de volta ao povo que, no fim das contas, direta ou indiretamente, pagou sua educação com o trabalho anual de 150 camponeses. Tendo consumido os frutos do trabalho deles, o universitário deveria sentir-se, por uma questão de honra, obrigado a lhes dar algo em troca. O problema não é novo. Lev Tolstói se referiu a ele quando escreveu: "Sento-me sobre as costas de um homem, sufocando-o e obrigando-o a me carregar, e no entanto asseguro a mim mesmo e aos outros que tenho muita pena dele e quero melhorar sua sorte por todos os meios possíveis, exceto descer das costas dele." Afirmo, portanto, que esta é a primeira questão a ser enfrentada. Podemos estabelecer uma ideologia – ou como quer que se queira chamá-la – que insiste em que os instruídos assumiram uma obrigação e não simplesmente adquiriram um "passaporte para o privilégio"? É evidente que essa ideologia seria apoiada por todas as doutrinas superiores da humanidade. Como cristão, permitam-me citar São Lucas: "Àquele a quem muito se deu, muito será pedido, e a quem muito se houver confiado, mais será reclamado." Poder-se-ia dizer que se trata de uma questão elementar de justiça.

Caso essa ideologia não prevaleça, caso se entenda como coisa natural que a educação é mero passaporte para o privilégio, o conteúdo da educação não será, em primeiro lugar, algo que vise a servir ao povo, mas algo a servir a nós, pessoas instruídas. A minoria privilegiada vai querer ser educada de uma maneira que estabeleça uma distinção entre ela e o povo, e inevitavelmente aprenderá e ensinará coisas erradas, ou seja, coisas que de fato a distinguem, com um desprezo pelo trabalho manual, pela produção primária, pela vida rural etc. etc. A menos que praticamente todas as pessoas com ensino superior se vejam como servas de seu país – e isso significa, no fim das contas, que se vejam como servas do povo comum –, não haverá liderança nem comunicação de *know-how* suficiente para resolver esse problema do desemprego ou do emprego não produtivo nas 500 mil aldeias da Índia. É algo que afeta 500 milhões de pessoas. Para ajudá-las a ajudarem a si mesmas, é preciso de pelo menos duas pessoas para cuidar de cada cem, e isso acarreta a obrigação de formar 10 milhões de ajudadores, ou seja, toda a população indiana com ensino superior. Talvez se diga que isso é impossível, mas, se for, não é em razão de uma lei qualquer do Universo, mas de um certo egoísmo inato e arraigado por parte de pessoas que estão mais preparadas para receber do que para dar. Na verdade, há indícios de que o problema não seja insolúvel, mas só pode ser resolvido no nível político.

Volto-me agora para o terceiro fator depois da motivação e do *know-how,* que chamei de capital, e que tem evidente relação com a questão do *know-how.* Segundo minhas estimativas, a Índia precisa, neste momento, de cerca de 50 milhões de novos empregos. Se concordarmos que as pessoas não podem fazer trabalho produtivo se não tiverem algum capital – na forma de equipamento e também de capital de giro –, surge a questão: De quanto capital se pode dispor para criar um novo emprego? Se custa 10 libras para criar um emprego, são necessários 500 milhões de libras para criar 50 milhões de empregos. Se custa 100 libras para criar um emprego, são necessários 5 bilhões; e, se cada emprego custa 5 mil libras – como pode acontecer no Reino Unido e nos Estados Unidos –, para serem criados 50 milhões de empregos são necessários 250 bilhões de libras.

A renda nacional do país de que estamos falando, a Índia, é de cerca de 15 bilhões de libras por ano. A primeira questão, portanto, é quanto podemos oferecer para criar cada posto de trabalho; e a segunda, em quanto tempo temos de fazê-lo. Digamos que queremos 50 milhões de empregos em dez anos. Qual proporção da renda nacional (que identifiquei como sendo de cerca de 15 bilhões de libras) se pode razoavelmente esperar que seja disponibilizada para estabelecer esse fundo de capital para a criação de empregos? Sem entrar em detalhes, eu diria que teríamos sorte se fosse de 5%. Assim, se dispusermos de 5% de 15 bilhões durante dez anos, teremos um total de 7,5 bilhões para gerar empregos. Se quisermos 50 milhões de empregos nesses dez anos, poderemos gastar uma média de 150 libras por posto de trabalho. Ou seja, nesse nível de investimento de capital por posto de trabalho, poder-se-iam criar 5 milhões de postos de trabalho por ano. Suponhamos, no entanto, que se diga: "Não, 150 libras é muito pouco, não compra mais que um conjunto de ferramentas; queremos 1.500 libras por posto de trabalho" – nesse caso, não teremos 5 milhões de novos empregos por ano, mas apenas 0,5 milhão. E caso se diga: "Não aceitamos nada menos que o melhor; queremos virar americaninhos agora mesmo, e isso significa 5 mil libras por posto de trabalho" – nesse caso, não teremos sequer 0,5 milhão de novos empregos por ano, e muito menos 5 milhões, mas somente cerca de 170 mil. Você terá notado que simplifiquei bastante o assunto porque, durante os dez anos em que se investisse em empregos, a renda nacional também aumentaria; mas também deixei de fora o aumento de população e sou de opinião de que esses dois fatores cancelariam um ao outro quanto aos seus efeitos sobre o meu cálculo.

Decorre daí, segundo penso, que a mais importante decisão coletiva que qualquer país na posição da Índia tem de tomar é a escolha de tecnologia. Não estou baixando uma lei sobre como as coisas devem ser. Estou apenas dizendo que são esses os difíceis fatos da vida. Pode-se argumentar contra muitas coisas, mas não contra a aritmética. Ou seja, é possível ter poucos empregos com um alto nível de capitalização ou muitos empregos com um nível relativamente baixo de capitalização.

É claro que tudo isso se liga aos outros fatores que mencionei: a educação, a motivação e o *know-how*. A Índia tem cerca de 50 milhões de alunos no ensino fundamental; cerca de 15 milhões no ensino médio; e cerca de 1,5 milhão em instituições de ensino superior. Manter uma máquina educacional desse tamanho não teria sentido se, no final do processo, não houvesse algo para o aluno fazer, uma oportunidade de aplicar seu conhecimento. Se não houver, o sistema inteiro não passa de um fardo terrível. Esse esboço do esforço educacional basta para mostrar que de fato é preciso pensar em termos de 5 milhões de novos empregos por ano, e não de umas poucas centenas de milhares.

Até bem pouco tempo – ou seja, até uns cinquenta ou setenta anos atrás –, o modo como fazíamos as coisas era bastante primitivo para os padrões de hoje. A esse respeito, gostaria de me referir ao capítulo 2 de *The New Industrial State* [O Novo Estado

Industrial], de John Kenneth Galbraith[2]. O livro traz um relato fascinante sobre a Ford Motor Company. Essa empresa foi fundada em 16 de junho de 1903, com um capital nominal máximo autorizado (a ser levantado pela venda de ações) de 150 mil dólares, dos quais 100 mil dólares foram efetivamente oferecidos na Bolsa, e dos quais somente 28,5 mil dólares foram pagos em dinheiro. Ou seja, o total de dinheiro que entrou na empresa foi de cerca de 30 mil dólares. Ela abriu em junho de 1903 e o primeiro carro a chegar ao mercado foi lançado em outubro de 1903, ou seja, depois de quatro meses. É claro que, em 1903, a quantidade de empregados era pequena – apenas 125 pessoas, ao passo que o investimento de capital por posto de trabalho foi de menos de cem dólares. Isso foi em 1903. Se avançarmos sessenta anos, até 1963, vemos que nesse ano a Ford Motor Company decidiu produzir um novo modelo, o Mustang. A preparação do novo veículo levou 3,5 anos. Os custos de desenvolvimento técnico e *design* foram de 9 milhões de dólares; as novas máquinas necessárias para a produção do modelo custaram 50 milhões de dólares. Enquanto isso, a empresa movimentava ativos de 6 bilhões de dólares, o que equivale a quase 10 mil dólares por funcionário, cerca de cem vezes mais do que há sessenta anos.

De tudo isso, Galbraith tira certas conclusões que valem a pena serem estudadas e que descrevem o que aconteceu nesses sessenta anos. A primeira é que, agora, o tempo entre o início de um empreendimento e o término do serviço é muitíssimo maior. A produção do primeiro carro da Ford, do começo do trabalho até o lançamento no mercado, levou quatro meses, ao passo que uma mera mudança de modelo hoje leva quatro anos. Em segundo lugar, há um aumento imenso do capital investido na produção. O investimento por unidade de produção na fábrica original da Ford era infinitesimal; o material e as peças só ficavam ali por pouco tempo; não havia especialistas caros prestando atenção nelas; somente máquinas elementares eram usadas para montá-las e fazer um carro; e, para ajudar, o chassi do carro podia ser levan-

---

2. John Kenneth Galbraith, *The New Industrial State*. Londres: Penguin Books/Hamish Hamilton, 1967.

tado por dois homens. Em terceiro lugar, esses sessenta anos assistiram a um aumento imenso da inflexibilidade. Galbraith comenta: "Se Ford e seus sócios (em 1903) tivessem a qualquer momento decidido mudar de um motor a gasolina para um motor a vapor, a fábrica poderia ter sido adaptada à mudança em poucas horas." Hoje, se tentarem mudar que seja um parafuso, isso pode levar meses. Em quarto lugar, tem-se hoje uma força de trabalho muito mais especializada, não somente entre os operadores de máquinas, mas também no planejamento, que busca prever o futuro com minúcia de detalhes. Em quinto lugar, é preciso um tipo de organização muitíssimo diferente para integrar todos esses especialistas, nenhum dos quais é capaz de cumprir mais que uma tarefa minúscula dentro de um conjunto complexo. "Com efeito, o trabalho dos especialistas em organização é tão complexo que essa especialização se torna necessária. Mais ainda que o maquinário, as organizações empresariais gigantescas e complexas são expressões tangíveis da tecnologia avançada." E, por fim, tem-se a necessidade de um planejamento de longo prazo que, posso lhe assegurar, é um trabalho complexíssimo e altamente frustrante. Galbraith comenta: "Naqueles primeiros dias da Ford, o futuro era bem próximo. Poucos dias se passaram entre o investimento em máquinas e materiais e seu surgimento na forma de um automóvel. Se o futuro está próximo, pode-se supor que venha a ser bem parecido com o presente", o que facilita o planejamento e a previsão.

No que tudo isso redunda? Redunda em que, quanto mais sofisticada for a tecnologia, maiores, em geral, serão as exigências listadas anteriormente. Quando as coisas simples da vida (que são tudo de que me ocupo agora) passam a ser produzidas por processos cada vez mais sofisticados, a necessidade de atender a essas seis exigências avança para além da capacidade de qualquer sociedade pobre. No que se refere a produtos simples – alimento, abrigo, vestuário e cultura –, o maior perigo é que as pessoas suponham que somente o modelo de 1963 vem ao caso, e não o de 1903; ora, o jeito de fazer as coisas em 1963 é inacessível aos pobres, pois pressupõe uma riqueza imensa. Sem querer ser indelicado com meus amigos acadêmicos, devo dizer que eles quase sempre se esquecem desse ponto. A questão de quanto se pode gastar em cada posto de trabalho quando são necessários milhões de postos mal foi levantada, se é que foi. Para atender às exigências que surgiram nos últimos cinquenta ou sessenta anos, com efeito, é preciso dar um salto quântico. Tudo foi bastante contínuo na história humana até cerca do começo do século XX; no último meio século, contudo, foi dado um salto quântico que se manifestou na capitalização da Ford, que passou de 30 mil para 6 bilhões de dólares.

Em um país em desenvolvimento já é difícil encontrar um Henry Ford no nível de 1903. Encontrar um super-Henry Ford para sair do quase nada para o nível de 1963 é praticamente impossível. Ninguém pode começar nesse nível. Isso significa que ninguém pode fazer nada nesse nível a menos que já esteja estabelecido e já esteja operando nesse nível. Isso é absolutamente crucial para nossa compreensão do mundo moderno. Nesse nível, nenhuma *criação* é possível; só *extensões* o são, e isso significa que os pobres, caso firmem um compromisso com esse nível, estarão mais dependentes dos ricos do que já estiveram em toda a história da humanidade. Só existirão para preencher as lacunas dos ricos – nos casos, por exemplo, em que os salários baixos os habilitarem a produzir essa ou aquela bugiganga a um preço barato. As pessoas saem fazendo pesquisas e dizem: "Aqui, neste ou naquele país pobre, os salários são tão baixos que podemos mandar fazer tal peça de um relógio ou de um carburador a um preço muito mais baixo que no Reino Unido. Então, que ela seja produzida em Hong Kong ou em Taiwan ou onde quer que seja." O papel dos pobres é o de preencher as lacunas nas exigências dos ricos. Decorre daí que, nesse nível de tecnologia, é impossível alcançar quer o pleno emprego, quer a independência. A escolha de tecnologia é a mais importante de todas.

É estranho que certas pessoas digam que não existam opções em matéria de tecnologia. Li um artigo escrito por um conhecido economista norte-americano que afirma que só existe um jeito de produzir qualquer mercadoria: o jeito de 1971. Será que essas mercadorias nunca foram produzidas antes? As coisas básicas da vida são necessárias e têm sido produzidas desde que Adão saiu do Paraíso. Esse economista diz que as únicas máquinas que podem ser obtidas são as mais avançadas. Essa questão é diferente, e pode até ser que as únicas máquinas que podem ser obtidas *com facilidade* sejam as mais recentes. É verdade que, em cada época, há um tipo de máquina que tende a dominar o mercado, e isso dá a impressão de que não temos opção e de que é a quantidade de capital em uma sociedade que determina a quantidade de empregos que ela pode oferecer. Isso é evidentemente absurdo. O autor que estou citando também sabe que é absurdo e por isso se corrige e aponta os exemplos do Japão, da Coreia, de Taiwan etc., onde níveis altos de emprego e produção são alcançados com um equipamento de capital bastante modesto.

A importância da opção tecnológica tem penetrado aos poucos na consciência dos economistas e dos planejadores do desenvolvimento. Os estágios dessa penetração são quatro. O primeiro é o riso, o desprezo e a rejeição de qualquer um que fale a respeito disso. O segundo estágio já foi alcançado: as pessoas falam da importância do assunto, mas ninguém faz nada e a tendência continua a mesma. O terceiro estágio seria um trabalho ativo no sentido de mobilizar o conhecimento dessa opção tecnológica. E o quarto estágio seria a aplicação prática. O caminho é longo, mas não quero escamotear o fato de que existe a possibilidade política de passar diretamente ao quarto estágio. Caso haja uma ideologia política que veja o desenvolvimento como algo para beneficiar as pessoas, pode-se empregar de imediato o engenho de centenas de milhões de pessoas e passar direto ao quarto estágio.

Não me cabe, entretanto, falar de política. Se vem crescendo a compreensão de que essa opção tecnológica tem uma importância crucial, como passar do estágio dois ao estágio três, ou seja, de simplesmente falar sobre o assunto para de fato começar a trabalhar? Que eu saiba, só há uma organização que se dedica sistematicamente a esse tipo de trabalho: o Intermediate Technology Development Group (ITDG). Não nego que o setor comercial também esteja trabalhando um pouco nesse sentido, mas esse trabalho não é sistemático. O próprio ITDG se propõe a tarefa de descobrir quais são as opções tecnológicas. Vou dar apenas um exemplo das muitas atividades desse grupo totalmente privado. Falemos das fundições e do trabalho em madeira (marcenaria), sendo o metal e a madeira os dois insumos fundamentais desses setores. Quais seriam as tecnologias alternativas que poderiam ser empregadas, organizadas na ordem de intensidade de capital, da mais primitiva, em que os trabalhadores empregam as ferramentas mais simples, até a mais complexa? Isso é apresentado em algo que se chama perfil industrial, e esses perfis são acompanhados por manuais de instrução em cada nível de tecnologia e por uma lista de equipamentos, com os endereços onde eles podem ser obtidos.

A única crítica que se pode fazer a essa atividade é que ela é muito escassa e está sendo feita muito tarde. Não basta que, nesse assunto crucial, alguém se satisfaça com um pequeno grupo particular de entusiastas que fazem esse trabalho. É preciso haver dezenas de organizações sólidas e bem financiadas cumprindo essa tarefa pelo mundo. A tarefa é tão grande que, mesmo que algumas delas se dedicassem a resolver problemas nos mesmos lugares, isso não teria importância. Seja como for, espero que esse trabalho seja assumido em escala substancial na Índia, e estou contentíssimo por ver que algo já começou a ser feito nesse sentido.

Falarei agora do quarto fator: o mercado. Esse problema é evidente e muito real, pois a pobreza faz com que os mercados sejam pequenos e o poder aquisitivo seja mínimo. Todo o poder aquisitivo existente já está, por assim dizer, comprometido, e se eu começasse a produzir sandálias ou sapatos, por exemplo, em uma região pobre, meus companheiros de sofrimento não teriam dinheiro para comprar os sapatos depois de prontos. Às vezes, é mais fácil começar a produzir do que encontrar mercados e nesses casos recebemos rapidamente o conselho de produzir para exportação, pois as exportações visam principalmente os países ricos, cujo poder aquisitivo é abundante. Porém, se eu começar do nada em uma área rural, como posso ter a expectativa de ser competitivo no mercado mundial?

Parece-me que essa extraordinária ênfase na exportação tem duas razões, uma das quais é real, ao passo que a outra, nem tanto. Falarei primeiro sobre a segunda. Trata-se, na verdade, de um vestígio do pensamento econômico da época do colonialismo. É claro que a potência metropolitana não entrava em um território por estar particularmente interessada na população local, mas, sim, para acessar recursos de que sua própria atividade econômica necessitava. Uma delas entrou na Tanzânia para obter sisal, na Zâmbia para obter cobre etc., e em outros lugares para comerciar. Todo o pensamento era moldado por esses interesses.

O "desenvolvimento" significava a produção de matérias-primas, alimentos ou lucros comerciais. A potência colonial se interessava sobretudo por insumos e lucros, não pelo desenvolvimento do povo local, e isso significa que se interessava, em primeiro lugar, pelas exportações da colônia, não por seu mercado interno. Esse ponto de vista se arraigou de tal modo que, até para o relatório Pearson, a expansão das exportações é o principal critério de sucesso para os países em desenvolvimento. Mas é claro que não são as exportações que mantêm as pessoas vivas, e aquilo que elas produzem para si mesmas e para seus compatriotas é infinitamente mais importante para elas do que aquilo que produzem para os estrangeiros.

O outro ponto, no entanto, tem mais relação com a realidade. Se produzo para exportar para um país rico, posso ter certeza da disponibilidade de poder aquisitivo, pois minha pequena produção é apenas uma gota no oceano da produção já existente. Se, no entanto, eu der início a uma nova produção em um país pobre, o mercado local para o meu produto será inexistente se eu não conseguir desviar para ele o poder aquisitivo que antes se direcionava para outro. Seria preciso começar uma dúzia de produções diferentes, todas juntas: assim, para cada um dos doze produtores, os outros onze constituiriam seu mercado. Haveria um excedente de poder aquisitivo para absorver a produção adicional. No entanto, é muito difícil começar várias atividades ao mesmo tempo. Em razão disso, o conselho convencional é: "Somente a produção para exportação conta como desenvolvimento propriamente dito." Essa produção não só tem um âmbito muito limitado como também o seu efeito sobre o nível de emprego é extremamente limitado. Para competir nos mercados mundiais, em regra, é necessário empregar a tecnologia dos países ricos, intensiva em termos de capital e econômica em termos de trabalho. Seja como for, o efeito multiplicador não existe: meus bens são vendidos em moeda estrangeira, esta é gasta em importações (ou para pagar dívidas) e pronto.

A necessidade de dar início a muitas atividades produtivas complementares ao mesmo tempo representa uma dificuldade grave para o desenvolvimento, mas ela pode ser mitigada pelo estímulo ao consumo oferecido por obras públicas. Muito já se exaltou as virtudes de um programa intensivo de obras públicas para a criação de empregos. Quanto a isso, a única ressalva que eu gostaria de fazer é a seguinte: caso se possa introduzir em uma comunidade rural um novo grau de poder aquisitivo por meio de um programa de obras públicas financiado por países estrangeiros, deve-se cuidar para aproveitar ao máximo o "efeito multiplicador". As pessoas empregadas em obras públicas querem gastar seus salários em "bens-salário", ou seja, bens de consumo de todo tipo. Se esses bens de consumo puderem ser produzidos localmente, o novo poder aquisitivo disponibilizado pelo programa de obras públicas não vai embora, mas continua circulando no mercado local, podendo ter um efeito prodigioso sobre o nível de emprego. As obras públicas são desejáveis e podem fazer muito bem; porém, se não forem respaldadas pela produção nacional de bens-salário adicionais, o poder aquisitivo adicional será direcionado para produtos importados e o país poderá enfrentar severas dificuldades cambiais. Mesmo assim, será errôneo deduzir, a partir desse truísmo, que as exportações têm uma importância especial para o desenvolvimento. Afinal, para a humanidade como um todo não existem exportações. Não demos início ao desenvolvimento obtendo divisas em moeda estrangeira de Marte ou da Lua. A humanidade é uma sociedade fechada. A Índia é grande o suficiente para ser uma sociedade relativamente fechada nesse sentido – uma sociedade em que as pessoas saudáveis trabalham e produzem aquilo de que necessitam.

Tudo isso parece muito difícil, e de certo modo é se for feito *para* o povo, e não *pelo* povo. Mas não devemos pensar que o desenvolvimento ou o emprego não sejam as coisas mais naturais do mundo. Ocorrem na vida de toda pessoa saudável: chega um momento em que ela simplesmente começa a trabalhar. Em certo sentido, é muito mais fácil fazer isso hoje do que em qualquer outro momento da história. Por quê? Porque o conhecimento é muito maior. As comunicações são muito melhores. É possível ter acesso a todo esse conhecimento (é para isso que existe o Indian Development Group [Grupo de Desenvolvimento da Índia]. Por isso, não vamos nos deixar hipnotizar pelas dificuldades, mas, sim, recuperar a visão sensata de que o trabalho é a coisa mais natural do mundo. Basta não nos deixarmos obstaculizar pelo excesso de teorização. Sempre temos inúmeras ideias muito "inteligentes" sobre a otimização disso ou daquilo, ainda antes de a coisa a ser otimizada existir. Creio que o ignorante que diz "alguma coisa é melhor do que nada" é muito mais inteligente que o camarada esperto que não faz nada a menos que seja o ideal. O que nos detém? As teorias, o planejamento. Já conheci planejadores da Comissão de Planejamento que se convenceram que nem mesmo em quinze anos será possível pôr para trabalhar a força de trabalho bem-disposta da Índia. Se disserem que isso não será possível em quinze meses, tudo bem, pois leva tempo para circular por um território tão grande. No entanto, jogar a toalha e dizer que não é possível fazer algo tão elementar em quinze anos é apenas uma degeneração do intelecto. Qual o argumento por trás dessa ideia? É um argumento inteligentíssimo, um exemplo esplêndido de modelagem. Constataram que, para pôr um homem para trabalhar, é preciso em média tanto de eletricidade, tanto de cimento e tanto de aço. Isso é absurdo. Gostaria de lembrar ao leitor que, há cem anos, a eletricidade, o cimento e o aço não existiam em quantidade significativa. (Gostaria de lembrar, além disso, que o Taj Mahal foi construído sem eletricidade, cimento e aço, e que todas as catedrais da Europa foram construídas sem essas coisas. Tem-se a ideia fixa de que, caso não se tenha acesso à tecnologia mais recente, é impossível fazer qualquer coisa. É essa fixação que tem de ser superada.) Talvez se diga, mais uma vez, que esse problema não é econômico, mas essencialmente político. É, no fundo, um problema de falta de compaixão pelas pessoas comuns deste mundo. O problema não é envolver as pessoas comuns no esforço de desenvolvimento, mas fazer com que as pessoas instruídas se envolvam voluntariamente.

Outro exemplo: os teóricos e planejadores nos dizem que o número de pessoas que se pode pôr para trabalhar depende da quantidade de capital de que se dispõe, como se não fosse possível levar as pessoas a trabalhar na produção de bens de capital. Dizem que não há opções de tecnologia, como se a produção mundial tivesse começado em 1971. Dizem que somente os métodos mais recentes são viáveis do ponto de vista econômico, como se pudesse haver algo mais economicamente inviável do que uma legião de pessoas sem trabalho. Dizem que é preciso "eliminar o fator humano".

A maior privação que uma pessoa pode sofrer é não ter a oportunidade de cuidar de si mesma e de ganhar a vida. Não há conflito entre o crescimento e o emprego. Não há nem mesmo um conflito entre o presente e o futuro. Seria preciso criar um exemplo muito absurdo para demonstrar que, deixando as pessoas trabalharem, cria-se um conflito entre o presente e o futuro. Nenhum país desenvolvido conseguiu se desenvolver sem deixar o povo trabalhar. Por um lado, é verdade que essas coisas são difíceis; por outro, não devemos perder de vista o fato de estarmos falando das necessidades mais elementares do ser humano, e que essas considerações pretensiosas e dificílimas não nos devem impedir de fazer as coisas mais diretas e elementares.

Agora, correndo o risco de ser mal interpretado, vou dar o mais simples de todos os exemplos possíveis de autoajuda. Deus não deserdou nenhum de Seus filhos, e deu à Índia uma ampla variedade de árvores sem igual no mundo inteiro. Há árvores para quase todas as necessidades humanas. Um dos maiores mestres da Índia foi Buda, que incluiu entre seus ensinamentos a obrigação, imposta a todo bom budista, de plantar uma árvore pelo menos a cada cinco anos e garantir que ela vingue. Enquanto esse mandamento foi observado, o amplo território da Índia era coberto de árvores e livre de poeira e tinha água, sombra, alimento e materiais em abundância. Imagine se fosse possível criar e consolidar uma ideologia que tornasse obrigatório para todo indiano capaz, homem, mulher ou criança, fazer esse gesto mínimo – plantar uma árvore por ano e fazê-la vingar durante cinco anos sucessivos. Em um período de cinco anos, isso nos daria 2 bilhões de árvores arraigadas. Qualquer um seria capaz de rabiscar, em um guardanapo de papel, os cálculos necessários para demonstrar que o valor econômico desse empreendimento, se fosse conduzido com inteligência, seria maior que qualquer coisa já prometida por qualquer um dos planos quinquenais da Índia. É algo que poderia ser feito sem um centavo de ajuda estrangeira; o problema da poupança e do investimento inexiste. Produziria alimento, fibras, material para construção, sombra, água e praticamente qualquer coisa de que o homem de fato precisa.

Vou deixar isso como uma ideia, não como resposta final aos imensos problemas da Índia. Mas pergunto: Que tipo de educação nos impede de pensar em coisas que possam ser feitas de imediato? O que nos faz pensar que precisamos de eletricidade, cimento e aço antes que possamos fazer qualquer coisa? As coisas mais úteis não podem ser estabelecidas do centro para a periferia; não podem ser feitas por grandes organizações; mas podem ser realizadas pelo próprio povo. Se formos capazes de recuperar o bom senso e perceber que é perfeitamente natural que qualquer pessoa nascida neste mundo use suas mãos de modo produtivo, e que não está além do alcance intelectual do homem tornar isso possível, creio que o problema do desemprego desaparecerá e logo estaremos nos perguntando como conseguir fazer tudo o que se precisa fazer.

PARTE IV
ORGANIZAÇÃO E PROPRIEDADE

CAPÍTULO 15
UMA MÁQUINA DE PREVER O FUTURO[1]

O motivo para incluir neste livro uma discussão sobre a previsibilidade é que ela representa um dos problemas metafísicos – e, portanto, práticos – mais importantes que enfrentamos. Nunca houve tantos futurólogos, planejadores, previsores e construtores de modelos quanto há hoje, e o produto mais intrigante do progresso tecnológico, o computador, parece oferecer possibilidades nunca antes vistas. As pessoas falam a todo momento sobre "máquinas de prever o futuro". Por acaso não são essas máquinas exatamente aquilo que queríamos? Todos os homens, em todas as épocas, quiseram conhecer o futuro.

Os chineses antigos costumavam consultar o *I Ching*, também chamado de *O livro das mutações* e considerado o livro mais antigo da humanidade. Alguns dos nossos contemporâneos o consultam até hoje. O *I Ching* se baseia na convicção de que, ao passo que tudo muda o tempo todo, a mudança em si não muda e segue certas leis metafísicas que podem ser conhecidas. "Para tudo há um tempo", disse o Eclesiastes, "e para cada coisa um momento debaixo do céu […], tempo de demolir e tempo de construir […], tempo de atirar pedras e tempo de juntá-las", ou, pode-

---

1. Palestra proferida na Primeira Conferência Britânica sobre os Efeitos Sociais e Econômicos da Automação, Harrogate, jun. 1961.

mos dizer, tempo de expansão e tempo de consolidação. A tarefa do sábio é entender os grandes ritmos do Universo e entrar em sintonia com eles. Enquanto os gregos – e, suponho, a maior parte das outras nações – recorriam a oráculos vivos, a suas pítias, cassandras, profetas e videntes, os chineses, extraordinariamente, recorriam a um livro que delineia o padrão universal e necessário da mudança, as próprias Leis do Céu às quais toda a natureza inevitavelmente se amolda e às quais o homem se amoldará livremente como resultado da introspecção obtida quer pela sabedoria, quer pelo sofrimento. O homem moderno recorre ao computador.

Por mais tentador que seja comparar os antigos oráculos e os computadores modernos, somente uma comparação por contraposição é possível. Os oráculos lidam exclusivamente com qualidades; e os computadores, com quantidades. A inscrição no templo de Delfos era "Conhece-te a ti mesmo", enquanto é possível que a inscrição em um computador eletrônico seja "Conhece-me", isto é, "Estude o manual de instruções antes de me ligar". Alguns diriam que o *I Ching* e os oráculos são metafísicos, enquanto o modelo dos computadores é físico, "real"; mas resta o fato de que uma máquina de prever o futuro é baseada em suposições metafísicas de um tipo muito definido. Baseia-se na suposição implícita de que "o futuro já está aqui", que ele já existe de forma determinada, de modo que necessita apenas de bons instrumentos e boas técnicas para entrar em foco e se tornar visível. O leitor concordará que essa suposição metafísica é muito vasta; na verdade, é uma suposição extraordinária, que parece ir contra toda a experiência pessoal direta. Deixa implícito que a liberdade humana não existe ou, no mínimo, que não pode alterar o curso predeterminado dos acontecimentos. Não podemos fechar os olhos para o fato, sobre o qual venho insistindo neste livro, de que uma suposição desse tipo, como todas as teses metafísicas, explícitas ou implícitas, tem consequências práticas decisivas. A questão, muito simplesmente, é: Isso é verdade ou não?

Quando o Senhor criou o mundo e os seres humanos para viverem nele – uma empreitada que, segundo a ciência moderna, levou muito tempo – imagino que Ele raciocinou consigo mesmo da seguinte maneira: "Se eu fizer todas as coisas serem previsíveis, estes seres humanos, a quem dei cérebros muito bons, sem dúvida aprenderão a prever tudo, e, por isso, não terão motivo para fazer nada, pois perceberão que o futuro é totalmente determinado e não pode ser influenciado pela ação humana. Por sua vez, se eu fizer as coisas totalmente imprevisíveis, eles, aos poucos, descobrirão que não há base racional para nenhuma decisão e, como na primeira hipótese, não terão motivo para fazer nada. Nenhum dos casos faria sentido e, por isso, devo criar uma mistura dos dois: que algumas coisas sejam previsíveis e outras, imprevisíveis. Assim, entre muitas coisas, eles terão a importante tarefa de descobrir o que é o quê."

E essa tarefa é, de fato, muito importante, principalmente nos dias de hoje, em que as pessoas tentam desenvolver máquinas de prever o futuro. Antes de uma pessoa fazer uma previsão, ela deve ser capaz de apresentar uma razão convincente que explique por que o fator ao qual sua previsão se refere é previsível em essência.

Os planejadores, é claro, agem com base na suposição de que o futuro "ainda não está aqui", que não estão lidando com um sistema predeterminado – e, portanto, previsível –, de que são capazes de determinar as coisas pelo seu próprio livre-arbítrio e de que seus planos tornarão o futuro diferente do que seria se não houvesse planejamento. Ainda assim, são os planejadores, talvez mais do que quaisquer outros, que mais gostariam de ter uma máquina de prever o futuro. Acaso se perguntam se a máquina pode também prever seus próprios planos antes de eles serem concebidos?

A necessidade da semântica

Como quer que seja, está claro que a questão da previsibilidade não é somente importante, mas também bastante complicada. Falamos a todo momento sobre estimar, planejar, prever, orçar, sobre pesquisas, programas, metas e assim por diante, e costumamos usar esses termos como se fossem livremente intercambiáveis e como se todos fossem entender automaticamente o que foi dito.

O resultado é uma grande confusão, pois, na realidade, é preciso fazer algumas distinções fundamentais. Os termos que usamos podem se referir ao passado ou ao futuro; também podem se referir a atos ou a eventos; e podem implicar certeza ou incerteza. O número de combinações possíveis quando há três pares desse tipo é 2^3, ou 8, e realmente deveríamos ter oito palavras diferentes para termos certeza do que estamos falando. A linguagem, no entanto, não é tão perfeita. A distinção mais importante é, em geral, entre atos e eventos. Os oito casos possíveis podem, portanto, ser ordenados da seguinte maneira:

1	Ato Passado Certeza	5	Evento Passado Certeza
2	Ato Futuro Certeza	6	Evento Futuro Certeza
3	Ato Passado Incerteza	7	Evento Passado Incerteza
4	Ato Futuro Incerteza	8	Evento Futuro Incerteza

A distinção entre atos e eventos é tão básica quanto entre ativo e passivo ou entre "sob o meu controle" e "fora do meu controle". Aplicar a palavra "planejamento" a assuntos que estejam fora do controle do planejador é absurdo. Os eventos, no que dizem respeito ao planejador, simplesmente acontecem. Ele pode ser capaz de prevê-los e isso pode muito bem influenciar seu plano, mas não é possível que façam parte do plano enquanto tal.

A distinção entre passado e futuro é necessária para nossos fins porque, de fato, palavras como "plano" ou "estimativa" costumam ser usadas para se referir a ambos. Se eu disser: "Não visitarei Paris sem um plano", isso pode significar: "Levarei comigo um mapa para me orientar", e, portanto, se refere ao caso 5. Ou pode significar: "Farei um plano que delineia previamente onde vou e como gastarei meu tempo e meu dinheiro" – casos 2 ou 4. Se alguém falar que "Ter um plano é indispensável", não é desinteressante descobrir se a pessoa está se referindo ao primeiro ou ao segundo caso. Os dois são diferentes *em essência*.

De forma parecida, a palavra "estimativa", que denota incerteza, pode se referir ao passado ou ao futuro. Em um mundo ideal, não seria necessário fazer estimativas acerca de coisas que já aconteceram. Mas, no mundo real, há muita incerteza até mesmo acerca de assuntos que, a princípio, poderiam ser totalmente determinados. Os casos 3, 4, 7 e 8 representam quatro tipos diferentes de estimativas. O caso 3 é relacionado a algo que eu fiz no passado. O caso 7, a algo que aconteceu no passado. O caso 4 é relacionado a algo que eu planejo fazer no futuro. E o caso 8 é relacionado a algo que acredito que acontecerá no futuro. O caso 8, na verdade, é uma previsão no sentido próprio da palavra e não tem nada a ver com "planejar". Com que frequência, no entanto, as previsões são apresentadas como se fossem planos – e vice-versa?! O Plano Nacional britânico de 1965 é um excelente exemplo, e não surpreende que tenha dado em nada.

É possível falar de atos ou eventos futuros como se pudéssemos ter certeza de que acontecerão (casos 2 e 6)? Se eu fizer um plano com total conhecimento de todos os fatos pertinentes, estando inflexivelmente determinado a completá-lo – o caso 2 – eu poderia, neste caso, considerar que realizarei as minhas ações futuras. De forma parecida, na ciência laboratorial, quando se lida com sistemas determinísticos cuidadosamente isolados, pode-se considerar que os eventos futuros acontecerão com certeza. O mundo real, no entanto, não é um sistema determinável; podemos até falar com certeza sobre atos ou eventos do passado – os casos 1 ou 5 – mas só podemos fazer isso com eventos futuros *com base em suposições*. Em outras palavras, podemos formular afirmações condicionais sobre o futuro, como: "*Se* tal e tal curso de eventos continuar por mais x anos, é para lá que ele nos levará." Isso não é uma previsão, que sempre será incerta no mundo real, mas um cálculo exploratório que, sendo condicional, tem a virtude da certeza matemática.

O caos semântico em que nos encontramos hoje resulta em uma confusão sem fim. Como já dissemos, são desenvolvidos "planos" que, quando examinados de perto, demonstram ter relação com eventos totalmente fora do controle do planejador. São oferecidas "previsões" que, quando examinadas de perto, revelam-se como afirmações condicionais ou, em outras palavras, cálculos exploratórios. Os cálculos exploratórios são interpretados como se fossem previsões. São oferecidas "estimativas" que, quando examinadas de perto, são planos. E assim por diante. Os nossos professores universitários e demais acadêmicos cumpririam uma tarefa necessária e muito útil se ensinassem seus alunos a fazer as distinções discutidas e desenvolvessem uma terminologia que as fixasse em palavras.

Previsibilidade

Voltemos agora ao nosso assunto principal – a previsibilidade. Acaso a previsão é possível? O futuro não existe. Como então pode haver conhecimento sobre algo inexistente? Essa pergunta tem sua razão de ser. No sentido estrito da palavra, o conhecimento só pode tratar do passado. O futuro está sempre sendo feito, mas é feito *principalmente* com materiais já existentes, sobre os quais podemos nos informar bastante. O futuro, assim, é *altamente* previsível, se houver um conhecimento sólido e extenso do passado. *Altamente*, mas não completamente, pois na criação do futuro há também o fator misterioso e irreprimível da liberdade humana. É a liberdade de um ser que se diz ter sido criado à imagem de Deus, o Criador: a liberdade da criatividade.

É estranho dizer que, sob a influência da ciência laboratorial, muitas pessoas hoje aparentam usar sua liberdade somente com o propósito de negar a existência dela. Homens e mulheres dotados de grande inteligência encontram seu prazer mais puro em ressaltar cada "mecanismo", cada "inevitabilidade", tudo aquilo em que a liberdade humana não entra ou parece não entrar. Sempre há um forte grito de triunfo quando alguém encontra mais provas – na fisiologia, na psicologia, na sociologia, na economia ou na política – de falta de liberdade, mais indícios de que as pessoas não são capazes de não ser o que são ou de não fazer o que fazem, independentemente de quão desumanas sejam suas ações. Negar a liberdade, obviamente, é negar a responsabilidade: desse ponto de vista, não existem atos, mas somente eventos; tudo simplesmente acontece; ninguém é responsável. E essa, sem dúvida, é a principal causa da confusão semântica a que me referi. É também o que causa a crença de que logo teremos uma máquina de prever o futuro.

De fato, se tudo simplesmente acontecesse, se não existissem os elementos da liberdade, da escolha, da criatividade e da responsabilidade humanas, tudo seria perfeitamente previsível, sujeito apenas a limitações de conhecimento acidentais e temporárias. A ausência de liberdade tornaria os casos humanos apropriados para estudo pelas ciências naturais ou, ao menos, pelos métodos das ciências naturais, e resultados sólidos sem dúvida viriam logo em seguida da observação dos fatos. O professor Phelps Brown, em seu discurso de posse como presidente da Real Sociedade Econômica, parece adotar precisamente esse ponto de vista ao falar sobre "O subdesenvolvimento da ciência econômica". "A nossa própria ciência", diz ele, "mal alcançou seu século XVII." Com a crença de que a ciência econômica é *metafisicamente* idêntica à *física*, ele cita outro economista, o professor Morgenstern, aprovando-o da seguinte maneira:

> Os avanços decisivos que ocorreram na física no século XVII, especificamente no campo da mecânica, foram possibilitados somente por causa dos avanços anteriores na astronomia. Foram apoiados por muitos milênios de observações astronômicas sistemáticas e científicas. [...] Nada desse tipo ocorreu na ciência econômica. Na física, seria absurdo esperar por Kepler e Newton sem Tycho – e não há motivo para esperar que a ciência econômica tenha um desenvolvimento mais fácil.

O professor Phelps Brown conclui que precisamos de mais muitos anos de observações do comportamento humano. *"Até então, a nossa matematização será prematura."*

É a intrusão da liberdade e da responsabilidade humanas que torna a ciência econômica diferente da física e torna as questões humanas altamente imprevisíveis. Temos previsibilidade, é claro, quando nós ou os outros agimos segundo um plano. Mas as coisas são assim precisamente porque os planos são resultados da prática da liberdade de escolha: a escolha é feita; todas as alternativas são eliminadas. Se as pessoas seguirem o plano, seu comportamento será previsível simplesmente porque elas decidiram abdicar de sua liberdade de agir de forma diferente da prescrita no plano.

Em princípio, tudo o que é imune à intrusão da liberdade humana, como o movimento dos astros, é previsível, e tudo que é sujeito a essa intrusão é imprevisível. Por acaso isso significa que todas as ações humanas são imprevisíveis? Não, pois a maioria das pessoas, na maioria das vezes, não usa sua liberdade; antes, age de maneira puramente mecânica. A experiência demonstra que, quando lidamos com grandes quantidades de pessoas, muitos aspectos de seu comportamento são, de fato, previsíveis; dentre um número grande de pessoas, a qualquer momento apenas uma pequena minoria usa seu poder de escolha, e muitas vezes essa minoria não afeta o resultado global de maneira significativa. Ainda assim, todas as inovações e mudanças realmente importantes costumam começar com pequenas minorias de pessoas que *usam* sua liberdade criativa.

É verdade que os fenômenos sociais adquirem uma certa estabilidade e previsibilidade com o não uso da liberdade, o que significa que a grande maioria das pessoas responde a determinadas situações de uma forma que não muda muito com o tempo, a menos que surjam causas novas extremamente poderosas.

Assim, podemos fazer as seguintes distinções:

a) A previsibilidade total (em princípio) existe somente com a ausência da liberdade humana, isto é, na natureza "sub-humana". As limitações da previsibilidade se resumem a limitações de conhecimento e técnica.

b) A previsibilidade relativa existe no que diz respeito ao padrão comportamental de quantidades muito grandes de pessoas fazendo coisas "normais" (de rotina).

c) A previsibilidade relativamente completa existe no que diz respeito a ações humanas controladas por planos que eliminam a liberdade, como os horários dos trens.

d) As decisões singulares tomadas por indivíduos são, em princípio, imprevisíveis.

Previsões de curto prazo

Na prática, todas as previsões são apenas extrapolações do passado, modificadas pelos planos futuros que conhecemos. Mas como são feitas essas extrapolações? Quantos anos temos de voltar no passado? Se houver registros de crescimento, por exemplo, o que deve ser extrapolado – a taxa média de crescimento, o aumento da taxa de crescimento ou o incremento anual em termos absolutos? Na verdade, não há regras[2]: a decisão depende de uma "sensação" ou de um juízo discricionário.

É bom conhecer todas as possibilidades de uso do mesmo período de tempo para fazer extrapolações com resultados muito diferentes uns dos outros. Esse conhecimento nos impede de depositar muita fé nas extrapolações. Ao mesmo tempo e pelo mesmo motivo, o desenvolvimento de (supostas) técnicas melhores de previsão pode se tornar um vício. Em previsões de curto prazo, digamos, para o ano que vem, técnicas refinadas raramente produzem resultados significativamente diferentes dos resultados obtidos com técnicas rudimentares. Após um ano de crescimento – o que podemos prever?

a) Que alcançamos um teto (temporário);

b) Que o crescimento continuará ou na mesma taxa, ou em uma taxa mais lenta, ou em uma taxa mais rápida;

c) Que haverá um declínio.

---

2. Quando há padrões sazonais ou cíclicos, evidentemente é necessário levar em conta pelo menos um ano ou um ciclo já passado; mas a decisão de quantos anos ou ciclos levar em conta é puramente discricionária.

Ora, parece claro que a escolha entre essas três alternativas básicas da previsão não pode ser feita com base em nenhuma "técnica de previsão", mas somente por meio de um juízo bem informado. Depende, é claro, do assunto que está sendo previsto. Quando algo normalmente vem crescendo muito rápido, como o consumo de energia, as alternativas são a mesma taxa de crescimento, um crescimento mais rápido ou um crescimento mais lento.

O que pode nos ajudar a formar um juízo preciso acerca do futuro não é uma técnica de previsão, mas uma compreensão completa da situação atual. Se é sabido que o nível atual de desempenho (ou taxa de crescimento) é influenciado por fatores anormais que provavelmente não estarão presentes no ano que vem, claramente é necessário levá-los em consideração. A previsão segundo a qual tudo será "igual ao ano passado" pode implicar um crescimento ou uma diminuição "reais" por conta de fatores incomuns que estão presentes neste ano, e isso, é claro, deve ser explicitado por quem fizer a previsão.

Por isso, creio que nosso maior esforço deve ser o de entender a situação atual, para identificar e, se necessário, eliminar fatores anormais e não recorrentes que estão presentes no panorama atual. Uma vez feito isso, pouco importa que o método de previsão seja rudimentar. Não há sofisticação que possa nos ajudar a chegar ao juízo fundamental: o ano que vem será igual ao ano passado, melhor ou pior?

A essa altura, alguém poderia levantar a objeção de que as previsões de curto prazo podem melhorar muito com a ajuda de computadores eletrônicos, que conseguem manejar grandes quantidades de dados e dar um tipo qualquer de expressão matemática de maneira rápida e fácil. Por um processo de *feedback*, a expressão matemática pode ser atualizada quase instantaneamente. Uma vez que se disponha de uma excelente adequação matemática, a máquina será capaz de prever o futuro.

Mais uma vez, precisamos dar uma olhada no embasamento metafísico dessas alegações. O que significa "excelente adequação matemática"? Apenas que uma sequência de mudanças quantitativas no passado foi descrita com elegância em uma linguagem matemática precisa. Mas o fato de que eu – ou a máquina – fui capaz de descrever essa sequência de modo exato não estabelece em absoluto o pressuposto de que o mesmo padrão continuará se manifestando. Ele poderia continuar somente se a) não houvesse liberdade humana; e b) se não houvesse nenhuma possibilidade de mudanças nas causas que originaram o padrão observado.

Posso aceitar a alegação de que podemos esperar que um padrão muito claro e muito firmemente estabelecido (de estabilidade, crescimento ou diminuição) continue por mais um tempinho, a menos que haja um conhecimento preciso do surgimento de novos fatores capazes de mudá-lo. Porém, afirmo que, para a detecção de padrões tão claros, firmes e persistentes, o cérebro humano não eletrônico costuma ser mais barato, mais rápido e mais confiável do que seu rival eletrônico. Ou, em outras palavras: se, para detectar um padrão, for mesmo necessário aplicar métodos tão refinados de análise matemática que o uso de um computador eletrônico seja necessário, o padrão será muito fraco e muito obscuro para ser uma base adequada para a extrapolação na vida real.

É difícil que métodos brutos de previsão – depois de corrigidas as anomalias do panorama atual – levem aos erros de falsa verossimilhança e falso detalhamento, os dois maiores vícios dos estatísticos. Quando dispomos de uma fórmula e um computador eletrônico, surge a péssima tentação de espremer o limão até a última gota e apresentar uma visão do futuro que, por meio de sua própria precisão e verossimilhança, dê a forte impressão de certeza. Todavia, um homem que usa um detalhadíssimo mapa imaginário considerando-o como real muito possivelmente está em uma situação pior do que alguém que não tenha nenhum mapa, pois não considerará necessário fazer perguntas aos transeuntes, observar todos os detalhes em seu caminho e buscar constantemente com todos os seus sentidos e toda a sua inteligência as indicações de para onde deve ir.

A pessoa que faz as previsões pode ainda ter uma apreciação precisa dos pressupostos em que elas são baseadas. Mas a pessoa que usa as previsões pode não ter nenhuma ideia de que a estabilidade de todo esse edifício – como costuma acontecer – depende de um único pressuposto não verificável, que pode ser correto ou não. Ela se impressiona com a minúcia do trabalho, com o fato de que tudo aparenta fazer sentido e assim por diante. Se as previsões fossem apresentadas de maneira mais rudimentar – por exemplo, no verso de um envelope – a pessoa teria maior probabilidade de perceber que elas não são definitivas e que, com ou sem previsões, alguém terá de tomar uma decisão empresarial acerca do futuro desconhecido.

Planejamento

Já insisti na ideia de que os planos são essencialmente diferentes das previsões. São afirmações de intenção, daquilo que os planejadores – ou seus chefes – pretendem fazer. O planejamento (tal como sugiro que o termo seja empregado) é inseparável do poder. É natural e mesmo desejável que todos os que possuem algum tipo de poder façam algum tipo de plano, ou seja, que usem seu poder de modo deliberado e consciente, olhando um pouco para o futuro. Ao fazer isso, devem considerar o que é possível que as outras pessoas façam; em outras palavras, não podem planejar de maneira sensata sem fazer uma certa quantidade de previsões. Isso é bastante evidente, desde que a coisa a ser prevista possa de fato ser prevista, ou seja, tenha relação ou com assuntos em que não há liberdade humana, ou com as ações rotineiras de um número muito grande de indivíduos ou com os planos estabelecidos de outras pessoas que tenham poder. Infelizmente, as questões a serem previstas normalmente não pertencem a nenhuma dessas categorias e dependem das decisões individuais de uma única pessoa ou de pequenos grupos. Nesses casos, as previsões não passam muito de "palpites inspirados", e não há melhoria na técnica de previsão que possa nos ajudar. É claro que os palpites de certas pessoas podem ser melhores que os de outras, mas isso não se deve à posse de uma técnica melhor de previsão ou de equipamentos mecânicos melhores que as auxiliem em seus cálculos.

Qual seria, então, o significado de um plano nacional em uma sociedade livre? Não pode significar a concentração de todo o poder em um lugar só, pois isso implicaria o fim da liberdade: a medida do verdadeiro planejamento é a medida do poder que o implementa. Parece-me que o único significado inteligível das palavras "plano nacional" em uma sociedade livre seria uma declaração de intenções a mais completa possível por parte de todas as pessoas que tenham um poder econômico substancial, sendo tais afirmações coletadas e agrupadas por alguma agência central. As próprias incoerências de um plano misto desse tipo podem revelar valiosos indicadores.

Previsões de longo prazo e estudos de viabilidade

Examinemos agora as previsões de longo prazo. Estou me referindo à produção de estimativas para cinco anos à frente ou mais. Devo deixar claro que, como as mudanças são uma função do tempo, o futuro distante é ainda menos previsível do que o próximo. Na verdade, todas as previsões de longo prazo são, de certa forma, pretensiosas e absurdas, a menos que sejam tão genéricas que acabem afirmando o óbvio. Mesmo assim, muitas vezes existe a necessidade prática de procurar vislumbrar o futuro, já que decisões têm de ser tomadas e compromissos de longo prazo têm de ser assumidos. Não há nada que possa nos ajudar nisso?

Eu gostaria novamente de enfatizar aqui a distinção entre as previsões de um lado, e os cálculos exploratórios ou estudos de viabilidade de outro. No primeiro caso, afirmo que estaremos em tal ou qual posição em, digamos, vinte anos. No outro caso, meramente exploro o efeito de longo prazo de certas tendências presumidas. Infelizmente é verdade que, na ciência macroeconômica, os estudos de viabilidade muito raramente vão além de um início muito rudimentar. As pessoas se contentam em se apoiar em previsões genéricas que quase nunca valem mais do que o papel em que estão escritas.

Talvez valha a pena dar alguns exemplos. É muito comum hoje falar sobre o desenvolvimento dos países subdesenvolvidos e inúmeros (supostos) planos são produzidos com essa finalidade. Se seguirmos as expectativas que estão sendo levantadas no mundo inteiro, parece que todos supõem que, dentro de algumas décadas, a maior parte das pessoas do mundo estará vivendo mais ou menos como os europeus ocidentais vivem hoje. Porém, me parece que seria muito didático se alguém se propusesse a fazer um bom e detalhado estudo de viabilidade acerca desse projeto. Podemos escolher o ano 2000 como a data-alvo e trabalhar de lá para cá. Qual seria o nível de produção necessário em matéria de alimentos, combustíveis, metais, têxteis e assim por diante? Qual seria a reserva de capital industrial? É de esperar que muitas suposições novas tenham de ser introduzidas no processo. Cada suposição deveria, então, se tornar o objeto de estudo de outros estudos de viabilidade. A pessoa que se dedica a esse exercício poderá então descobrir que não conseguirá resolver suas equações a menos que introduza suposições que transcendam todos os limites das probabilidades plausíveis. Isso pode ter um efeito altamente didático. Pode levar à conclusão de que, ao passo que é claro que deve haver um desenvolvimento econômico substancial nos países em que grandes massas de pessoas vivem na extrema pobreza, há certas escolhas entre *padrões de desenvolvimento* alternativos que podem e devem ser feitas, e que certos tipos de desenvolvimento aparentam ser mais viáveis do que outros.

O pensamento de longo prazo, apoiado por estudos de viabilidade minuciosos, seria especialmente desejável no que diz respeito a todos os materiais brutos não renováveis e de disponibilidade limitada, ou seja, principalmente os combustíveis fósseis e os metais. Agora, por exemplo, o carvão está sendo substituído pelo petróleo. Algumas pessoas parecem ter certeza de que o carvão está prestes a sair de uso. Um estudo de viabilidade cuidadoso, que faça uso de todos os indícios disponíveis acerca das reservas de carvão, petróleo e gás natural, e do que comprovadamente existe e do que se supõe existir, seria extremamente didático.

Sobre o assunto de crescimento populacional e da disponibilidade de alimentos, a coisa mais próxima de um estudo de viabilidade foi feita sobretudo pela ONU. Esses estudos podem ser levados muito além, calculando não somente qual teria de ser a produção de alimentos em 1980 ou 2000, mas também mostrando com muito mais detalhes do que já se mostrou o cronograma dos passos específicos que devem ser dados no futuro próximo para alcançar esses números.

Em tudo isso, a coisa mais necessária é puramente intelectual: um reconhecimento claro da diferença entre uma previsão e um estudo de viabilidade. Confundir as duas coisas é um sinal claríssimo de analfabetismo estatístico. Uma previsão de longo prazo, como disse, é algo presunçoso; mas um estudo de viabilidade de longo prazo é um trabalho humilde, e não pretensioso, cujo abandono nos põe em risco.

Surge novamente a questão: esse trabalho poderia ser facilitado com o auxílio mecânico de computadores eletrônicos? Pessoalmente, duvido disso. Parece-me que a multiplicação sem fim de auxílios mecânicos em campos onde um juízo discricionário é mais necessário do que qualquer outra coisa é uma das principais forças dinâmicas por trás da lei de Parkinson. É claro que o computador eletrônico pode lidar com um número imenso de permutações, aplicando suposições variadas dentro de alguns segundos ou minutos, enquanto o cérebro não eletrônico pode levar meses para fazer o mesmo trabalho. Mas o que quero dizer é que o cérebro não eletrônico não precisa tentar fazer esse trabalho. Com o poder do discernimento, ele pode se concentrar em uns poucos parâmetros decisivos que são suficientes para delinear os limites das probabilidades razoáveis. Algumas pessoas imaginam que seria possível e útil preparar uma máquina para previsões de longo prazo que processaria notícias atuais e geraria continuamente revisões de algumas previsões de longo prazo. Sem dúvida, isso seria possível; mas seria útil? Cada item das notícias tem de ser julgado pelo quanto será relevante a longo prazo, e em geral não é possível fazer um juízo correto de imediato. Tampouco vejo valor na revisão mecânica contínua das previsões de longo prazo. As previsões são necessárias somente quando uma decisão de longo prazo tem de ser tomada ou revisada, um acontecimento relativamente raro até nas maiores empresas, e, quando isso acontece, vale a pena agrupar os melhores dados de modo deliberado e consciente, julgar cada um deles à luz da experiência acumulada e, por fim, chegar a uma visão que parece razoável para os melhores cérebros disponíveis. A ideia de que esse processo trabalhoso e incerto pode ser resolvido por um aparato mecânico é um autoengano.

O caso dos estudos de viabilidade é diferente do das previsões, pois, ocasionalmente, talvez seja útil poder contar com aparelhos que possam testar rapidamente o efeito de diferentes variações sobre as suposições. Mas ainda tenho de ser convencido que uma régua de cálculo e um conjunto de tabelas de juros compostos não são o suficiente para fazer isso.

Imprevisibilidade e liberdade

Embora tenha opinião bastante negativa acerca da utilidade da automação no que diz respeito às previsões econômicas e outras coisas do tipo, não subestimo o valor dos computadores eletrônicos e de aparelhos semelhantes para outras tarefas, como resolver problemas matemáticos ou programar estirões de produção. Essas tarefas fazem parte das ciências exatas ou de suas aplicações. O seu foco não é humano, ou talvez seja melhor dizer: é sub-humano. A sua exatidão é um sinal da ausência da liberdade humana, da ausência de escolhas, de responsabilidade e de dignidade. Assim que a liberdade humana entra em jogo, entramos em um mundo completamente diferente, onde a proliferação dos aparelhos mecânicos representa um grande perigo. Devemos resistir com a máxima determinação às tendências que tentam eliminar essa distinção. Muitos danos à dignidade humana resultaram da tentativa errônea das ciências sociais de adotar e imitar os métodos das ciências naturais. A ciência econômica, sobretudo em seu ramo aplicado, não é uma ciência exata; é, ou deveria ser, algo muito maior: um ramo da sabedoria. Colin Clark afirmou certa vez que "os equilíbrios econômicos de longo prazo em escala mundial se desenvolvem de uma maneira própria e peculiar, completamente independente das mudanças políticas e sociais".

No embalo dessa heresia metafísica, em 1941, ele escreveu um livro chamado *The Economics of 1960* [A economia de 1960]. Seria injusto dizer que o panorama que ele delineou não é parecido com o que realmente aconteceu; há, de fato, o tipo de semelhança que se origina simplesmente do fato de que o homem usa sua liberdade dentro de um contexto imutável de leis físicas da natureza. Mas a lição do livro de Clark é que sua suposição metafísica não é verdadeira; que, na verdade, os equilíbrios econômicos mundiais, até mesmo no longo prazo, são altamente dependentes das mudanças políticas e sociais; e que os métodos engenhosos e sofisticados de previsão aplicados por Clark apenas serviram para produzir um trabalho de falsa verossimilhança.

Conclusão

Chego assim à feliz conclusão de que ainda vale a pena viver a vida, incluindo a vida econômica, pois ela é imprevisível o bastante para ser interessante. Nem o economista nem o estatístico conseguirão decifrá-la. Dentro dos limites das leis físicas da natureza, ainda somos senhores dos nossos destinos individuais e coletivos, para o bem ou para o mal.

Mas o conhecimento dos economistas, estatísticos, cientistas naturais e engenheiros, e até mesmo o dos verdadeiros filósofos, pode nos ajudar a elucidar os limites dentro dos quais nosso destino poderá se enquadrar. O futuro não pode ser previsto, mas pode ser explorado. Estudos de viabilidade podem nos mostrar para onde parecemos estar indo, e hoje isso é mais importante do que nunca, já que o crescimento se tornou um bordão da ciência econômica pelo mundo afora.

Em sua urgente tentativa de obter um conhecimento confiável sobre seu futuro essencialmente indeterminado, o ativo homem moderno pode se cercar por exércitos cada vez maiores de pessoas encarregadas de fazer previsões, por montanhas cada vez maiores de dados factuais para serem digeridos por aparelhos mecânicos cada vez mais sensacionais: temo, contudo, que o resultado seja pouco mais do que uma grande brincadeira de faz de conta e uma prova cada vez mais clara da lei de Parkinson. As melhores decisões ainda serão baseadas nos juízos de cérebros maduros e não eletrônicos, possuídos por homens que observam calma e comedidamente a situação e a veem por completo. "Pare, olhe e escute" é um lema melhor do que "Procure nas previsões".

CAPÍTULO 16
RUMO A UMA TEORIA DAS ORGANIZAÇÕES DE GRANDE ESCALA[1]

Quase todo dia ouvimos falar de fusões e aquisições; o Reino Unido entra na Comunidade Econômica Europeia para abrir mercados maiores a serem atendidos por organizações cada vez maiores. Nos países socialistas, a nacionalização produziu associações imensas, iguais ou maiores que qualquer coisa surgida nos países capitalistas. A grande maioria dos economistas e dos especialistas em eficiência econômica apoia essa tendência à grandeza.

Em contraposição, a maioria dos sociólogos e psicólogos nos avisa com insistência dos perigos inerentes ao gigantismo – perigos para a integridade do indivíduo, quando ele se sente como uma mera peça em uma máquina imensa e quando as relações humanas de sua vida profissional cotidiana se tornam cada vez mais desumanizadas; perigos também para a eficiência e a produtividade, advindos de uma burocracia parkinsoniana em perpétuo processo de crescimento.

Ao mesmo tempo, a literatura moderna pinta o quadro assustador de um admirável mundo novo dividido entre *nós* e *eles*, dilacerado pela mútua suspeita, caracterizado pelo ódio à autoridade por parte das massas e pelo desprezo pelo povo por parte

---

1. Publicado pela primeira vez como "Management Decision". *Quarterly Review of Management Technology*, Londres, 1967.

da elite. As massas reagem aos seus governantes com um espírito de taciturna irresponsabilidade, ao passo que os governantes tentam, em vão, manter tudo em movimento por meio de uma organização e uma coordenação precisas, indução tributária, incentivos e infindáveis exortações e ameaças.

Tudo isso, sem dúvida, se reduz a um problema de comunicação. Mas a única comunicação realmente eficaz é a que se produz homem a homem, face a face. O aterrorizante *O castelo*, de Franz Kafka, retrata os efeitos devastadores do controle remoto. O Sr. K., agrimensor, foi contratado pelas autoridades, mas ninguém sabe exatamente como e por quê. Tenta obter esclarecimentos sobre sua posição, pois todas as pessoas a quem encontra lhe dizem: "Infelizmente, não precisamos de um agrimensor. Não há a menor necessidade de um agrimensor aqui."

Assim, empenhando todos os esforços para se encontrar cara a cara com uma autoridade, o Sr. K. se aproxima de várias pessoas que, ao que tudo indicava, tinham alguma influência. Os outros, porém, lhe dizem: "Até agora, você não fez nenhum contato real com nossas autoridades. Todos esses contatos são meramente ilusórios, mas, em razão de sua ignorância, você os considera reais."

Ele absolutamente não consegue trabalhar, e depois recebe uma carta do castelo: "O trabalho de agrimensura que você tem feito conta, até agora, com o meu reconhecimento. [...] Não relaxe seus esforços! Leve seu trabalho a uma conclusão bem-sucedida. Qualquer interrupção poderia desagradar-me. [...] Não o esquecerei."

Na verdade, ninguém gosta das organizações de grande escala; ninguém gosta de receber ordens de um superior que recebe ordens de um superior que recebe ordens... Mesmo que as regras inventadas pela burocracia sejam humanitárias, ninguém gosta de ser governado por regras, ou seja, por pessoas cuja resposta a qualquer queixa será: "Não fui eu que fiz as regras; estou apenas aplicando-as."

Mesmo assim, parece que as organizações de grande escala vieram para ficar. Isso torna ainda mais necessário pensar e teorizar sobre o assunto. Quanto mais forte a corrente, maior a necessidade de uma navegação hábil e segura.

A tarefa fundamental consiste em realizar a pequenez *dentro* de uma organização grande.

Uma vez que uma organização grande surge, ela em geral passa por fases alternadas de *centralização* e *descentralização*, como a oscilação de um pêndulo. Sempre que nos deparamos com *opostos* como esses dois, cada um dos quais apresenta argumentos persuasivos em seu favor. Vale a pena examinar o problema a fundo em busca de algo que vá além de uma simples solução de meio-termo. Talvez o necessário não seja uma solução excludente, mas uma que englobe os dois opostos ao mesmo tempo.

Esse tipo de problema é muito conhecido e é onipresente na vida cotidiana, embora seja abominado pelas pessoas que dedicam a maior parte do seu tempo a solucionar problemas de laboratório, dos quais todos os fatores externos foram cuidadosamente eliminados. E sempre temos de enfrentar as exigências simultâneas de ordem e liberdade.

Em qualquer organização, grande ou pequena, é preciso haver certa clareza e certa ordem. Se tudo se desordenar, não será possível realizar nada. No entanto, a ordem enquanto tal é estática e sem vida. Por isso, também é preciso haver espaço e oportunidade para ir além da ordem estabelecida, fazer o que nunca foi feito, nunca foi previsto pelos guardiães da ordem, os resultados novos, imprevistos e imprevisíveis da ideia criativa de um homem.

Por isso, qualquer organização tem de buscar continuamente a regularidade da *ordem* e a irregularidade da *liberdade* criativa. O perigo específico que ocorre intrinsecamente nas organizações de grande escala é sua tendência natural a favorecer a ordem à custa da liberdade criativa.

Muitos outros pares de opostos podem ser associados a esse par básico de ordem e liberdade. A centralização é principalmente uma ideia de ordem; a descentralização, de liberdade. O homem da ordem é tipicamente o contador e, em geral, o administrador; o homem da liberdade criativa é o *empreendedor*. A ordem exige inteligência e conduz à eficiência; a liberdade exige e favorece a intuição e conduz à inovação.

Quanto maior é uma organização, mais evidente e inescapável é a necessidade de ordem. Se, no entanto, essa necessidade for atendida com tanta eficiência e perfeição que não sobre para os homens nenhum espaço para exercer sua intuição criativa, para viver a desordem *empreendedora*, a organização se torna moribunda, um deserto de frustração.

Essas considerações servem de pano de fundo para uma tentativa de formular uma teoria das organizações de grande escala, que desenvolverei agora na forma de cinco princípios.

O primeiro princípio é chamado *princípio da subsidiariedade* ou *princípio da função subsidiária*. Esta é uma formulação famosa desse princípio: "É uma injustiça, e ao mesmo tempo um mal grave e uma perturbação da ordem correta, atribuir a uma organização maior e superior algo que pode ser feito por organizações menores e subordinadas. Isso porque toda atividade social deve, por natureza, fornecer ajuda aos membros do corpo social, sem jamais destruí-los ou absorvê-los." Essas frases se referem à sociedade como um todo, mas se aplicam da mesma maneira aos diferentes níveis dentro de uma grande organização. O nível superior não deve absorver as funções do inferior com base na suposição de que, por ser superior, será necessariamente mais sábio e cumprirá tais funções com mais eficiência. A lealdade só pode se dirigir das unidades inferiores às maiores e superiores, e não o contrário – e a lealdade é um elemento essencial para a saúde de qualquer organização.

O princípio da função subsidiária implica que o ônus da prova cabe sempre aos que querem privar um nível inferior de suas funções e, portanto, sob esse aspecto, de sua liberdade e responsabilidade. São os níveis superiores que têm de provar que o nível inferior é incapaz de cumprir satisfatoriamente essa função, e que o nível superior é capaz de cumpri-la muito melhor. "Os que estão no comando" – para retomar a citação – "devem garantir que, quanto mais uma ordem graduada for preservada entre as várias associações, mediante a observação do princípio da função subsidiária, mais forte será a autoridade e a eficiência social e mais feliz e mais próspera será a condição do Estado."[2]

Os opostos da centralização e da descentralização já ficaram para trás. O princípio da função subsidiária nos ensina que o centro ganhará autoridade e eficácia se a liberdade e a responsabilidade das formações inferiores forem cuidadosamente preservadas, resultando daí que a organização como um todo será "mais feliz e mais próspera".

Como se pode realizar uma estrutura desse tipo? Do ponto de vista do administrador, ou seja, do ponto de vista da ordem, ela parecerá desarrumada e sairá perdendo na comparação com a lógica nitidamente definida de um monolito. A grande organização será formada por muitas unidades semiautônomas, que podemos chamar de *quase firmas*. Cada uma delas terá um grau expressivo de liberdade, a fim de proporcionar as melhores oportunidades possíveis à criatividade e ao *empreendedorismo*.

A estrutura da organização será simbolizada, então, por um homem com vários balões na mão. Cada um tem sua própria flutuabilidade e sustentação e não é o homem que os controla; fica debaixo deles, sem deixar de segurar com firmeza os barbantes que os prendem. Cada balão é não apenas uma unidade administrativa, mas também uma unidade *empresarial*. A organização monolítica, por sua vez, pode ser simbolizada por uma árvore de Natal, com uma estrela no alto e várias nozes e outras coisas úteis embaixo. Tudo deriva do alto e dele depende. A verdadeira liberdade e o *empreendedorismo* só podem existir no alto.

Assim, a tarefa consiste em examinar as atividades da organização uma por uma e estabelecer tantas quase firmas quanto pareça possível e razoável. O Conselho Nacional do Carvão do Reino Unido, por exemplo, uma das maiores organizações comerciais da Europa, conseguiu estabelecer quase firmas de nomes diversos para a mineração a céu aberto, as olarias e os produtos de carvão. Mas o processo não terminou aí. Formas de organização especiais, contidas em si, foram desenvolvidas para suas

---

2. [Papa Pio XI], carta encíclica *Quadragesimo Anno*, [1931].

atividades de transporte rodoviário, seus bens imóveis e suas operações varejistas, para não mencionar diversas empresas que se enquadram na categoria geral de "diversificação". A atividade principal do conselho, a extração de carvão de minas subterrâneas, foi organizada em dezessete áreas, cada uma delas com o *status* de uma quase firma. A fonte já citada descreve da seguinte maneira os resultados dessa *estruturalização*: "Assim, [o centro] poderá, com mais liberdade, poder e eficiência, fazer aquelas coisas que cabem só a ele pelo fato de só ele ser capaz de fazê-las: dirigir, vigiar, estimular, conter, segundo as exigências da ocasião e as demandas da necessidade."

Para que o controle central seja significativo e eficiente, é preciso aplicar um segundo princípio, que chamaremos de *princípio da justificação*. Justificar significa defender contra censuras e acusações; provar a veracidade ou validade de algo; sustentar. Assim, esse princípio descreve muito bem um dos deveres mais importantes da autoridade central em relação às formações inferiores. O bom governo é aquele que só é exercido em casos excepcionais. Exceto nesses casos, a unidade subsidiária deve ser amparada e defendida contra toda censura. Isso significa que as exceções devem ser definidas com clareza suficiente para que a quase firma possa saber, sem nenhuma sombra de dúvida, se está tendo ou não um desempenho satisfatório.

Os administradores do tipo puro, ou seja, como homens da ordem, são felizes quando têm tudo sob seu controle. Armados de computadores, agora podem controlar tudo e exigir que as unidades inferiores prestem contas de um número quase infinito de itens – produção, produtividade, muitos aspectos do custo, gastos não operacionais e por aí afora, que conduzem ao lucro ou ao prejuízo. Isso é bastante lógico, mas a vida real é maior que a lógica. Caso se exija a prestação de contas em relação a um número grande de critérios, toda unidade subsidiária poderá ser culpada por isto ou por aquilo. O exercício do governo somente em casos excepcionais se torna uma farsa e já ninguém pode ter certeza sobre a real situação de sua unidade.

Em sua aplicação ideal, o princípio da justificação só contemplaria um critério em uma organização comercial: a lucratividade. É claro que esse critério seria sujeito ao fato de a quase firma observar certas regras e políticas gerais estabelecidas pelo centro. Os ideais raramente podem ser atingidos no mundo real, mas não deixam de ser significativos. Isso implica que qualquer desvio em relação ao ideal tem de ser defendido e justificado de modo especial. A menos que o número de critérios de prestação de contas seja sempre muito baixo, a criatividade e o *empreendedorismo* não poderão florescer na quase firma.

Embora a lucratividade deva ser o critério final, nem sempre se deve aplicá-la mecanicamente. Algumas unidades subsidiárias podem estar excepcionalmente bem colocadas; outras, excepcionalmente mal colocadas. Algumas talvez tenham funções de serviço em relação à organização como um todo ou outras obrigações especiais que tenham de ser cumpridas sem que se postule a lucratividade como critério máximo. Nesses casos, a medida da lucratividade deve ser modificada de antemão por meio do que podemos chamar de *aluguéis* e *subsídios*.

Se uma unidade goza de vantagens especiais e inescapáveis, deve pagar um *aluguel* apropriado; mas, se tiver de lidar com desvantagens inescapáveis, terá de receber um *crédito* ou *subsídio* especial. Esse sistema pode igualar de modo suficiente as chances de lucratividade de cada unidade, de modo que o lucro se torne um indício confiável de bom desempenho. Se essa equalização for necessária, mas não for aplicada, as unidades mais privilegiadas dormirão em um colchão de plumas, ao passo que as demais dormirão em uma cama de pregos. Isso não é bom nem para o moral nem para o desempenho.

Se, seguindo o princípio da justificação, uma organização adotar a lucratividade como critério primário para prestação de contas – modificada, se necessário, por aluguéis e subsídios – o exercício do governo somente em casos excepcionais se torna possível. O centro pode, então, concentrar-se em suas atividades de "dirigir, vigiar, estimular, conter, segundo as exigências da ocasião e as demandas da necessidade", atividades que, como é óbvio, devem ser desempenhadas continuamente em relação a todas as unidades subsidiárias.

As exceções podem ser definidas com clareza. O centro terá duas oportunidades de intervir de modo excepcional. O primeira ocorre quando o centro e a unidade subsidiária não são capazes de concordar livremente quanto ao aluguel ou subsídio a ser aplicado no caso em pauta. Nessas circunstâncias, o centro tem de submeter a unidade a uma auditoria completa de eficiência a fim de fazer uma avaliação objetiva do verdadeiro potencial da unidade. A segunda oportunidade surge quanto a unidade não obtém lucro, já considerados o aluguel ou o subsídio. A administração da unidade ver-se-á então em posição precária: se a auditoria de eficiência realizada pelo centro produzir informações altamente desfavoráveis, é possível que a gestão tenha de ser trocada.

O terceiro é o *princípio da identificação*. Cada unidade subsidiária ou quase firma tem de ter contas de lucros e prejuízos e um balancete. Do ponto de vista da ordem, uma declaração de lucros e prejuízos é suficiente, uma vez que assim se pode saber se a unidade está contribuindo financeiramente para a organização. Para um *empreendedor*, no entanto, o balancete é essencial, mesmo que seja usado somente dentro da unidade. Por que não é suficiente ter um único balancete para a organização como um todo?

As empresas operam a partir de uma certa substância econômica, que diminui em razão do prejuízo e cresce em razão do lucro. O que acontece com os lucros ou os prejuízos da unidade ao final do ano fiscal? São absorvidos pela totalidade das contas da organização e, no que se refere à unidade, simplesmente desaparecem. Na ausência de um balancete ou de algo semelhante, a unidade sempre entra no novo ano fiscal com um saldo zerado. Isso não é correto.

O sucesso da unidade deve levar a mais liberdade e margem financeira, ao passo que seu fracasso – na forma de prejuízo – deve levar a restrições e impedimentos. Deve-se reforçar o sucesso e discriminar o fracasso. O balancete descreve a substância econômica que aumentou ou diminuiu em razão dos resultados atuais. Isso permite que todos os envolvidos acompanhem os efeitos das operações sobre a substância econômica. Os lucros e prejuízos são transferidos para o ano seguinte, e não simplesmente eliminados. Por isso, toda quase firma deve ter um balancete separado, em que os lucros sejam lançados como empréstimos ao centro, e os prejuízos, como empréstimos do centro. Essa questão tem grande importância psicológica.

Volto-me agora para o quarto princípio, que pode ser chamado de *princípio da motivação*. É um truísmo óbvio e banal que as pessoas agem de acordo com o que as motiva. Mesmo assim, para uma grande organização – com sua burocracia, seus controles remotos e impessoais, suas muitas regras e regulamentos abstratos e, sobretudo, a relativa incompreensibilidade que nasce de seu próprio tamanho –, a motivação é o problema central. No alto, a gestão não tem problemas de motivação, mas o problema vai se tornando cada vez mais grave à medida que se desce na hierarquia. Não cabe aqui entrarmos nos detalhes desse assunto vasto e difícil.

A moderna sociedade industrial, tipificada pela organização de grande escala, não lhe dedica atenção suficiente. Exaltamos as virtudes do trabalho duro e da economia ao mesmo tempo que pintamos um retrato utópico de consumo ilimitado, sem trabalho nem comedimento. Reclamamos quando um pedido de maior esforço encontra a indelicada resposta "Isso não me importa", ao mesmo tempo que promovemos o sonho da automação para eliminar o trabalho manual e do computador para aliviar os homens de fardo de ter de usar o cérebro.

Há pouco tempo, no programa de rádio *Reith Lectures*, um palestrante anunciou que, quando uma minoria for "capaz de alimentar, sustentar e abastecer a maioria, não fará sentido manter na corrente de produção aqueles que não desejam estar nela". Muita gente não quer estar nela, pois seu trabalho não lhes interessa, uma vez que não lhes proporciona desafios nem satisfação, tendo como único mérito o fato de produzir um cheque no final da semana. Se nossos líderes intelectuais tratam o trabalho como mero mal necessário a ser logo abolido para a maioria, a vontade de minimizá-lo agora mesmo não pode ser considerada uma reação descabida, e o problema da motivação se torna insolúvel.

Seja como for, a saúde de uma grande organização depende em extraordinária medida de sua capacidade de fazer justiça ao princípio da motivação. Qualquer estrutura organizacional que seja concebida sem levar em conta essa verdade fundamental dificilmente dará certo.

Meu quinto e último princípio é o *princípio do axioma médio*. Em uma organização grande, a alta administração inevitavelmente se vê em uma posição muito difícil. É responsável por tudo o que acontece ou deixa de acontecer em toda a organização, muito embora esteja afastada da cena dos acontecimentos. Pode lidar com muitas funções bem estabelecidas por meio de diretrizes, regras e regulamentos. Mas e os novos desenvolvimentos, as novas ideias criativas? E o progresso, a *atividade empresarial por excelência*?

Voltamos ao ponto de partida: todos os problemas reais do ser humano nascem da *antinomia* entre ordem e liberdade. Uma antinomia é uma contradição entre duas leis, um conflito de autoridade, uma oposição entre leis ou princípios que parecem ambos igualmente fundados na razão.

Excelente! Assim é a vida real: cheia de antinomias e maior que a lógica. Sem ordem, planejamento, previsibilidade, controle central, prestação de contas, instruções aos subordinados, obediência, disciplina – sem essas coisas, nada de frutífero pode acontecer, pois tudo se desintegra. Por sua vez, sem a magnanimidade da desordem, a entrega feliz, o *empreendedorismo* que se aventura pelo desconhecido e pelo que não se pode calcular, sem o risco e a jogada, sem a imaginação criativa que se lança onde os anjos da burocracia recusam pisar – sem tudo isso, a vida é uma farsa e uma ignomínia.

É fácil para o centro cuidar da ordem, mas não lhe é tão fácil cuidar da liberdade e da criatividade. O centro tem poder para estabelecer a ordem, mas não há poder capaz de evocar a contribuição criativa. Como, então, a alta gestão central pode trabalhar pelo progresso e pela inovação? Supondo que saiba o que tem de ser feito, como pode a alta administração garantir que isso seja feito em toda a organização? É aí que entra o princípio do axioma médio.

Um axioma é uma verdade evidente por si, que é objeto de assentimento assim que é enunciado. O centro pode enunciar a verdade que descobriu – que isto ou aquilo é "a coisa certa a fazer". Há alguns anos, a verdade mais importante enunciada pelo Conselho Nacional do Carvão foi a *concentração da produção*, ou seja, concentrar a extração de carvão em um menor número de frentes, dando a cada uma delas uma produção maior. É claro que todos assentiram imediatamente, mas, para surpresa de ninguém, quase nada aconteceu a partir daí.

Uma mudança desse tipo exige muito trabalho, pensamentos e planejamentos novos em cada uma das minas, com muitos obstáculos e dificuldades naturais a serem superados. Como é que o centro – nesse caso, o Conselho do Carvão – pode acelerar a mudança? É claro que ele pode pregar a nova doutrina. Mas de que serve isso, especialmente em se tratando de algo com que todos concordam? A pregação do centro preserva a liberdade e a responsabilidade das formações inferiores, mas incorre na crítica válida de que "eles só falam e não *fazem* nada". O centro pode, alternativamente, emitir instruções peremptórias, mas, estando afastado do teatro de operações propriamente dito, incorrerá, então, na crítica válida de que "tenta dirigir todo o setor a partir da sede", sacrificando a necessidade de liberdade à de ordem e perdendo a participação criativa das pessoas que integram as formações inferiores – as pessoas que estão mais em contato com a tarefa em questão. Nem o método suave do governo por exortação nem o método duro do governo por instrução atende às exigências do caso. O que se faz necessário é um meio-termo, um *axioma médio*, uma ordem vinda de cima que não seja exatamente uma ordem.

Quando decidiu concentrar a produção, o Conselho Nacional do Carvão estipulou certas exigências mínimas para abrir novas frentes de extração nas minas existentes, com a ressalva de que, se qualquer área julgasse necessário abrir uma nova frente que não atendesse a essas exigências, um registro da decisão deveria ser lavrado em um livro especialmente disponibilizado para esse fim. O registro deveria conter as respostas a três perguntas:

- *Por que essa nova frente de carvão não pode ser organizada de modo a atender à exigência de tamanho mínimo?*
- *Por que esse trecho do veio tem de ser trabalhado?*
- *Qual a lucratividade aproximada da frente, tal como foi planejada?*

Foi um jeito fiel e eficaz de aplicar o princípio do axioma médio e teve um efeito quase mágico. A concentração da produção realmente aconteceu, com excelentes resultados para o setor como um todo. O centro encontrou um jeito de ir além da mera exortação, mas sem diminuir a liberdade e a responsabilidade das formações inferiores.

Outro axioma médio pode ser encontrado no sistema da *estatística de impacto*. Em geral, as estatísticas são coletadas para beneficiar quem as coleta, quem precisa – ou imagina precisar – de certas informações quantitativas. A estatística de impacto tem outro propósito: dar a quem fornece a estatística, em geral uma pessoa responsável em uma formação inferior, ciência de certos fatos que, caso contrário, ele poderia desconsiderar. Esse sistema foi usado com sucesso no setor carvoeiro, sobretudo no campo da segurança.

A descoberta de um axioma médio é sempre uma realização considerável. Pregar é fácil e baixar instruções também é. Mas é difícil para a alta administração promover suas ideias criativas sem prejudicar a liberdade e a responsabilidade das formações inferiores.

Expus cinco princípios que me parecem ter relação com uma teoria das organizações de grande escala e dei a cada um deles um nome mais ou menos curioso. Para que serve tudo isso? Será um mero jogo intelectual? Alguns leitores acharão, sem dúvida, que sim. Outros – e é para eles que este capítulo foi escrito – dirão: "Você está pondo em palavras algo que venho tentando fazer há anos!" Excelente! Muitos de nós temos, há anos, nos visto às voltas com os problemas suscitados pelas organizações de grande escala, problemas que vêm se tornando cada vez mais graves. Para fazer um esforço mais bem-sucedido, precisamos de uma teoria construída a partir de princípios. Mas de onde vêm os princípios? Da observação e da sabedoria prática.

A melhor formulação do necessário intercâmbio entre a teoria e a prática dentre as que conheço foi a de Mao Tsé-tung. Ele disse: vá até o pessoal da prática e aprenda com eles; depois, sintetize a experiência deles em princípios e teorias; por fim, volte ao pessoal da prática e peça que ponham esses princípios e teorias em prática, de modo a resolver seus problemas e alcançarem a liberdade e a felicidade[3].

---

3. Mao Tsé-tung, *Selected Works*, vol. 3.

CAPÍTULO 17
O SOCIALISMO

Tanto as considerações teóricas quanto a experiência prática me levaram a concluir que o socialismo só tem interesse por seus valores não econômicos e pela possibilidade que cria de superar a religião da ciência econômica. Uma sociedade regida sobretudo pela idolatria do enriquecer, que celebra milionários como seus heróis culturais, não pode ganhar, com a socialização, nada que não pudesse ganhar de outra maneira.

Não surpreende, portanto, que muitos socialistas, nas chamadas sociedades avançadas, que são eles próprios – quer o saibam, quer não – devotos da religião da ciência econômica, se perguntem hoje se a nacionalização ou estatização dos meios de produção é algo que de fato vem ao caso. Causa tantos problemas – por que, então, se preocupar com ela? A extinção da propriedade privada não produz resultados magníficos em si e por si; tudo o que vale a pena ainda tem de ser obtido à custa de um trabalho dedicado e paciente e a busca da viabilidade financeira, *associada* à busca de objetivos sociais superiores, produz muitos dilemas e aparentes contradições, e impõe à administração fardos suplementares e pesadíssimos.

Se o objetivo da nacionalização for, em primeiro lugar, alcançar um crescimento econômico mais rápido, uma eficiência maior, um planejamento melhor e assim por diante, é certo que haverá decepção. Afinal de contas, a condução de toda a economia com base na cobiça dos particulares, como Marx bem reconheceu, demonstrou ter um poder extraordinário para transformar o mundo.

> Onde quer que ela tenha chegado ao poder, a burguesia destruiu todas as relações feudais, patriarcais, idílicas. Esgarçou sem piedade os variados laços feudais que uniam o ser humano a seu superior natural, sem deixar outro vínculo a ligar seres humanos que não o puro interesse, o insensível "pagamento em dinheiro". [...]
> Devido à rápida melhoria de todos os instrumentos de produção, à comunicação imensamente facilitada, a burguesia insere todos, até as nações mais bárbaras, no mundo civilizado.[1]

A força da ideia de iniciativa privada está em sua terrível simplicidade. Ela dá a entender que a totalidade da vida pode ser reduzida a um único aspecto: o lucro. O homem de negócios, como particular, pode ainda se interessar por outros aspectos da vida, talvez até pela bondade, a verdade e a beleza, mas, *enquanto homem de negócios*, só se ocupa do lucro. Sob esse aspecto, a ideia de iniciativa privada se encaixa com perfeição na ideia do mercado, que, em um capítulo anterior, chamei de "institucionalização do individualismo e da não responsabilidade". Também ele é perfeitamente compatível com a tendência à quantificação total à custa da apreciação das diferenças qualitativas, pois à iniciativa privada não interessa o que ela produz, mas somente o que ganha com o que produz.

Tudo fica muito claro quando a realidade é reduzida a um único de seus milhares de aspectos. Já sabemos o que fazer (o que quer que produza lucro); e sabemos o que evitar (o que quer que dê prejuízo). Ao mesmo tempo, tem-se à disposição uma medida perfeita do grau de sucesso ou fracasso. Que ninguém obscureça a questão perguntando se determinada ação conduz à riqueza e ao bem da sociedade ou leva ao enriquecimento moral,

---

1. Karl Marx e Friedrich Engels, *Manifesto do Partido Comunista*. São Paulo: Penguin/Companhia das Letras, 2012.

estético ou cultural. Basta descobrir se ela é financeiramente compensadora ou se há uma alternativa que seja mais compensadora. Se houver, prefira a alternativa.

Não é por acidente que os homens de negócios bem-sucedidos são, com frequência, extraordinariamente primitivos: vivem em um mundo tornado primitivo por esse processo de redução. Se encaixam nessa versão simplificada do universo e se satisfazem com ela. Quando o mundo real, às vezes, dá a conhecer sua existência e procura impor à atenção deles uma faceta diferente, que a filosofia deles não prevê, tendem a se sentir indefesos e confusos. Sentem-se expostos a perigos incalculáveis e a forças "malsãs", pondo-se então a prever uma calamidade generalizada. Em decorrência disso, seus juízos sobre ações determinadas por um ponto de vista mais amplo acerca do sentido e do propósito da vida em geral não têm grande valor. Para eles, é óbvio que um esquema diferente – uma empresa que não seja baseada na propriedade privada, por exemplo – não pode dar certo. Se der certo mesmo assim, é preciso haver uma explicação sinistra – exploração do consumidor, subsídios ocultos, trabalho semiescravo, monopólio, *dumping* ou algum acúmulo obscuro e terrível de dívidas que serão trazidas à luz de repente no futuro.

Mas estou saindo do assunto. A questão é que a verdadeira força da teoria da iniciativa privada reside nessa impiedosa simplificação, que se encaixa de modo tão admirável nos padrões mentais criados pelo sucesso fenomenal da ciência. Também a força da ciência deriva de uma redução da realidade a um ou outro de seus muitos aspectos, sobretudo da redução da qualidade à quantidade. Mas, assim como a poderosa concentração da ciência do século XIX nos aspectos mecânicos da realidade teve de ser abandonada porque a parte da realidade que não se encaixava nela era muito grande, assim também a poderosa concentração da vida econômica no lucro tem tido de ser modificada, pois não conseguiu fazer jus às necessidades reais do homem. Esse desenvolvimento foi realizado na história pelos socialistas com o resultado de que, hoje, a frase favorita dos capitalistas esclarecidos é: "Agora somos todos socialistas."

Ou seja, o capitalista de hoje gostaria de negar que todas as suas atividades visam unicamente ao lucro. Diz: "Ah, não, nós fazemos pelos nossos funcionários muitas coisas que não temos o dever de fazer: tentamos preservar a beleza do campo, dedicamo-nos a pesquisas que talvez não deem lucro e assim por diante." Todas essas alegações são muito familiares; às vezes são justificadas e, às vezes, não.

O que nos importa aqui é que a iniciativa privada à moda antiga, por assim dizer, visa o lucro e só; chega assim a uma poderosa simplificação de objetivos e adquire uma medida perfeita de sucesso ou fracasso. A iniciativa privada nova, por sua vez, busca (supostamente) uma grande variedade de objetivos. Tenta levar em conta a plenitude da vida e não somente o aspecto de ganhar dinheiro. Não alcança, assim, uma poderosa simplificação de objetivos e não possui uma medida confiável de sucesso e fracasso. Assim sendo, a iniciativa privada nova, organizada em grandes empresas de capital aberto, difere das empresas públicas em um aspecto somente: a saber, o de proporcionar aos seus acionistas uma renda a que não fizeram jus.

Está claro que os protagonistas do capitalismo não podem afirmar as duas coisas: não podem dizer "Agora somos todos socialistas" e ao mesmo tempo sustentar que o socialismo não pode funcionar. Caso eles próprios busquem objetivos que vão além do lucro, não podem mais afirmar que se torna impossível administrar com eficiência os meios de produção do país assim que sejam admitidas outras considerações que não a lucratividade. Se *eles* conseguem ser bem-sucedidos sem usar a vulgar medida de ganhar dinheiro, a indústria nacionalizada também pode conseguir.

Por sua vez, se isso tudo não passa de uma farsa e a iniciativa privada continua trabalhando pelo lucro e (praticamente) mais nada, como sempre trabalhou, e se a sua busca por outros objetivos depende unicamente da lucratividade e constitui tão somente uma opção do que fazer com parte dos lucros, quanto mais cedo isso ficar claro, melhor. Nesse caso, a iniciativa privada ainda poderá alegar para si o poder da simplicidade. Seu argumento contra as empresas públicas consistiria em que estas últimas serão necessariamente ineficientes pelo fato de buscarem vários objetivos ao mesmo tempo, e o argumento dos socialistas contra a iniciativa privada seria o argumento tradicional segundo o qual, em razão de sua simplicidade, ela degrada a vida, baseando toda a atividade econômica na motivação da cobiça dos particulares.

A rejeição total da propriedade pública implica a afirmação total da propriedade privada. Essa opinião é tão dogmática quanto a opinião oposta é comunista e fanática. No entanto, embora todo fanatismo demonstre uma fraqueza intelectual, um fanatismo *acerca dos meios* a serem empregados para se alcançarem objetivos bastante incertos é simples debilidade mental.

Como já dissemos, a questão principal da vida econômica – e, aliás, da vida em geral – é que ela exige uma reconciliação viva entre opostos que, pela lógica pura e simples, são irreconciliáveis. Na macroeconomia (a gestão de sociedades inteiras), sempre é necessário ter planejamento e liberdade *ao mesmo tempo* – não por meio de uma solução de meio-termo fraca e sem vida, mas mediante o livre reconhecimento da legitimidade e da necessidade de ambos. Do mesmo modo, na microeconomia (a gestão de empresas isoladas), por um lado é essencial que a equipe de gestão tenha plena responsabilidade e autoridade; por outro lado, é igualmente essencial que os trabalhadores tenham participação livre e democrática nas decisões de gestão. Mais uma vez, não se trata de mitigar a oposição entre as duas necessidades por meio de concessões meia-boca que não atendam a nenhuma das duas, mas de um reconhecimento de ambas. A concentração exclusiva no planejamento produz o stalinismo, ao passo que a concentração exclusiva em seu oposto produz o caos. A resposta normal a qualquer concentração exclusiva é um movimento do pêndulo rumo ao extremo oposto. Um esforço intelectual generoso e magnânimo – o oposto de uma crítica irritadiça e de má vontade – pode permitir que uma sociedade, pelo menos por algum tempo, possa encontrar um caminho intermediário que reconcilie os opostos sem degradar a ambos.

O mesmo se aplica à escolha de objetivos na vida empresarial. Um dos opostos – representado pela iniciativa privada à moda antiga – é a necessidade de simplicidade e mensurabilidade, que pode ser satisfeita da melhor maneira possível por um ponto de vista rigorosamente circunscrito à lucratividade e mais nada. O outro oposto – representado pela concepção idealista original das empresas públicas – é a necessidade de um humanitarismo amplo na condução dos assuntos econômicos. O primeiro, caso seja seguido de forma exclusiva, leva à total destruição da dignidade humana; o segundo, a uma ineficiência caótica.

Não há soluções finais para esse tipo de problema. Só há uma solução *viva* que pode ser alcançada a cada dia com base em um reconhecimento claro de que *ambos os opostos são válidos*.

A propriedade, seja pública ou privada, é apenas um elemento dessa estrutura. Ela não estabelece por si mesma os objetivos a serem buscados dentro da estrutura. Desse ponto de vista, é correto dizer que a propriedade não é a questão decisiva. Mas também é preciso reconhecer que a propriedade privada dos meios de produção sofre limitações severas na sua liberdade de escolha dos objetivos a serem alcançados, pois é obrigada a buscar o lucro e *tende* a ver as coisas de maneira estreita e egoísta. A propriedade pública fornece uma liberdade *completa* na escolha dos objetivos e, por isso, pode ser usada para qualquer finalidade que se escolha. Ao passo que a propriedade privada é um instrumento que por si mesmo determina em grande medida os fins para os quais pode ser empregado, a propriedade pública é um instrumento cujos fins são indeterminados e precisam ser conscientemente escolhidos.

Por isso, não se pode apresentar um argumento forte em favor da propriedade pública caso os objetivos a serem buscados pela indústria nacionalizada sejam tão estreitos e limitados quanto os da produção capitalista: a lucratividade e nada mais. Nisso, e não em uma imaginária ineficiência, reside o principal perigo da nacionalização no Reino Unido na época atual.

A campanha dos inimigos da nacionalização compreende duas jogadas separadas. A primeira é uma tentativa de convencer o grande público e as pessoas diretamente envolvidas no setor nacionalizado de que a única coisa que importa na administração dos meios de produção, distribuição e troca é a lucratividade e que qualquer desvio em relação a esse padrão sagrado – *e sobretudo um desvio operado pela indústria nacionalizada* – impõe um fardo intolerável sobre todos e é diretamente responsável por tudo quanto possa dar errado na economia como um todo. Essa campanha tem tido um sucesso notável. A segunda jogada consiste em afirmar que, uma vez que não há nada de especial no comportamento da indústria nacionalizada, de modo que ela não leva em si a promessa de uma sociedade melhor, qualquer progresso no rumo da nacionalização seria um caso óbvio de inflexibilidade dogmática, uma simples usurpação orquestrada por políticos frustrados, ignorantes, estúpidos e incapazes de nutrir qualquer dúvida intelectual. Esse plano simples e eficaz terá ainda mais chance de sucesso se for apoiado por uma política de preços para os produtos das indústrias nacionalizadas que lhes torne praticamente impossível obter algum lucro.

Deve-se admitir que essa estratégia, auxiliada por uma campanha sistemática de difamação contra as indústrias nacionalizadas, tem tido efeito até sobre o pensamento socialista.

A razão não é nem um erro da inspiração socialista original nem uma falha qualquer na conduta da indústria nacionalizada – acusações desse tipo não se sustentam de modo algum –, mas, antes, uma falta de visão da parte dos próprios socialistas. Eles não vão se recuperar e a nacionalização não cumprirá sua função a menos que recuperem sua visão.

O que está em jogo não é a economia, mas a cultura; não é o padrão de vida, mas a qualidade de vida. A economia e o padrão de vida podem ser promovidos do mesmo modo por um sistema capitalista moderado por algum planejamento e alguma tributação redistributiva. Mas a cultura, e de modo geral a qualidade de vida, agora só podem ser aviltadas por esse sistema.

Os socialistas devem insistir em usar as indústrias nacionalizadas não somente para ganhar dos capitalistas no próprio jogo destes – tentativa na qual talvez obtenham sucesso, talvez não –, mas para desenvolver um sistema mais democrático e digno de gestão industrial, um emprego mais humano das máquinas e um uso mais inteligente dos frutos do engenho e do esforço humanos. Se forem capazes de fazer isso, terão o futuro nas mãos. Se não forem, não terão nada a oferecer que valha o suor de homens nascidos livres.

CAPÍTULO 18
PROPRIEDADE[1]

"É óbvio, portanto, que nenhuma mudança de sistema ou de maquinário pode evitar aquelas causas de mal-estar social que consistem no egoísmo, na cobiça ou na agressividade da natureza humana. O que tal mudança pode fazer é criar um ambiente em que não sejam esses os atributos encorajados. Não pode garantir que os homens vivam à altura de seus princípios. O que pode fazer é fundar a ordem social sobre princípios que, se forem seguidos pelos homens, representem uma elevação e não uma queda. Não pode controlar as ações dos homens, mas pode oferecer-lhes um objetivo no qual fixar a mente. E, assim como for a sua mente, assim também, a longo prazo e com algumas exceções, será a sua atividade prática."

Essas palavras de R. H. Tawney foram escritas há muitas décadas. Não perderam nada de sua atualidade, a não ser pelo fato de nos vermos hoje às voltas não somente com um mal-estar *social*, mas também, e de modo mais urgente, com um mal-estar do ecossistema ou da biosfera, que põe em risco a própria sobrevivência da espécie humana. Todo problema abordado nos capítulos anteriores conduz à questão do "sistema ou maquinário", apesar

---

1. Todas as citações neste capítulo são de R. H. Tawney, *The Acquisitive Society*, [s. d.].

de, como tenho afirmado desde o começo, nenhum sistema, maquinário, doutrina ou teoria econômica, ser autônomo e independente; é sempre construído sobre um alicerce metafísico, ou seja, sobre uma visão básica do homem sobre a vida, seu sentido e seu propósito. Já falei sobre a religião da ciência econômica, a idolatria da posse de bens materiais, do consumo e do chamado padrão de vida, bem como da propensão fatal que se alegra com o fato de que "o que era um luxo para nossos pais se tornou uma necessidade para nós".

Os sistemas não são nada mais, nada menos que encarnações das atitudes mais básicas do homem. Algumas, de fato, são mais perfeitas que outras. Os indícios gerais de progresso material poderiam dar a entender que o sistema *moderno* de iniciativa privada é – ou foi – o instrumento mais perfeito para a busca do enriquecimento pessoal. O sistema *moderno* dá um emprego engenhoso aos impulsos humanos de cobiça e inveja, usando-os como motivação, mas consegue superar as deficiências mais patentes do *laissez-faire* por meio da gestão econômica keynesiana, alguma tributação redistributiva e o "poder compensatório" dos sindicatos.

É concebível, por acaso, que esse sistema seja capaz de resolver os problemas que agora temos de enfrentar? A resposta é evidente por si: a cobiça e a inveja exigem um crescimento econômico material contínuo e ilimitado, sem que se dê atenção adequada à conservação, e é impossível que esse tipo de crescimento ocorra dentro de um ambiente finito. Precisamos, portanto, estudar a natureza essencial do sistema de iniciativa privada e as possibilidades de desenvolver um sistema alternativo que possa fazer jus à nova situação.

A essência da iniciativa privada é a propriedade privada dos meios de produção, distribuição e troca. Não surpreende, portanto, que os críticos da iniciativa privada tenham defendido e, em muitos casos, conseguido impor a conversão da propriedade privada na chamada propriedade pública ou coletiva. Examinemos, primeiro de tudo, o sentido da palavra "propriedade".

No que se refere à propriedade privada, a distinção primeira e mais básica é a que se faz entre a) a propriedade que auxilia o trabalho criativo e b) a propriedade que é uma alternativa a esse trabalho. A primeira tem algo de saudável e natural (a propriedade privada do proprietário que trabalha); e a segunda tem algo de doentio e antinatural (a propriedade privada do proprietário passivo que vive como um parasita à custa do trabalho alheio). Essa distinção básica foi claramente contemplada por Tawney, que disse: "É ocioso, portanto, apresentar argumentos a favor da propriedade privada ou contra a mesma sem especificar a que formas de propriedade se faz referência."

> Pois o que corrompe o princípio da indústria não é a propriedade privada em si, mas, sim, a propriedade privada divorciada do trabalho; e a ideia de alguns socialistas de que a propriedade privada da terra ou do capital é necessariamente maligna é um exemplo de pedantismo teórico tão absurdo quanto o dos conservadores que atribuem a toda e qualquer propriedade uma espécie de santidade misteriosa.

A iniciativa privada que se leva a cabo com o primeiro tipo de propriedade será automaticamente de pequena escala, pessoal e local. Não é portadora de responsabilidades sociais mais amplas. Suas responsabilidades para com o consumidor podem ser salvaguardadas por este último. A legislação social e a vigilância dos sindicatos podem proteger os empregados. Não podem ser acumuladas grandes fortunas particulares por meio de empresas de pequena escala, ao passo que a utilidade social destas é enorme.

É imediatamente claro que, no que se refere à propriedade privada, a questão da escala é decisiva. Quando passamos da pequena à média escala, a conexão entre a propriedade e o trabalho se atenua. A iniciativa privada tende a se tornar impessoal e chega a ser um fator social significativo na localidade. Pode até assumir uma importância que vai além do nível local. A própria ideia de propriedade privada se torna cada vez mais enganosa.

1. O proprietário, empregando administradores assalariados, não precisa ser proprietário para poder trabalhar. Sua

propriedade, assim, se torna funcionalmente desnecessária. Tornar-se-á exploradora caso sua apropriação do lucro vá além de um salário justo para si e de um retorno sobre o investimento de seu capital que supere os índices atuais para o capital emprestado de fontes externas.

2. O lucro elevado ou é fortuito ou é uma conquista não do proprietário, mas de toda a organização. Por isso, é injusto, e é um fator de ruptura social, que esse lucro seja apropriado pelo proprietário e mais ninguém. Deve ser partilhado com todos os membros da organização. Se for reinvestido, deverá ser um "capital livre" de propriedade coletiva, e não deve reverter automaticamente à fortuna do proprietário original.

3. A escala média, que conduz a relacionamentos impessoais, apresenta novas questões relativas ao exercício do controle. Mesmo um controle autocrático não é problemático em uma empresa de pequena escala que, comandada por um proprietário que nela trabalha, tem um caráter quase familiar. É incompatível com a dignidade humana e com a genuína eficiência que a empresa exceda um certo tamanho – bastante modesto, por sinal. Nesse caso, torna-se necessário o desenvolvimento consciente e sistemático das comunicações e de formas de consulta que permitam a todos os membros da organização algum grau de participação real no processo de gestão.

4. A importância e o peso sociais da firma em sua localidade e suas ramificações mais amplas exigem algum grau de "socialização da propriedade" para além dos membros da própria firma. Essa socialização pode ser efetuada pela destinação regular de parte dos lucros da firma para fins públicos ou caritativos e pelo convite a pessoas de fora para que integrem o seu conselho.

No Reino Unido e em outros países capitalistas, há empresas privadas que puseram em prática essas ideias de forma bem-sucedida e, assim, superaram as características criticáveis de esgarçamento do tecido social, que são intrínsecas à propriedade privada dos meios de produção quando estes se estendem para além da pequena escala. A Scott Bader & Co., em Wollaston, Northamptonshire, é uma dessas empresas. Uma descrição mais detalhada de suas experiências e experimentos será dada em um capítulo posterior.

Quando chegamos às empresas de grande escala, a ideia de propriedade privada se torna absurda. A propriedade já não é nem pode ser privada em nenhum sentido real. Mais uma vez, R. H. Tawney viu esse fato com perfeita clareza:

> Essa propriedade pode ser chamada propriedade passiva, ou uma propriedade voltada para a aquisição, a exploração ou o poder, para distingui-la da propriedade ativamente usada por seu proprietário para exercer sua profissão ou manter sua família. É claro que, para o jurista, o primeiro tipo de propriedade é idêntico ao segundo. É questionável, no entanto, que os economistas devam mesmo chamá-la de "propriedade" [...] visto que ela não é idêntica aos direitos que garantem ao proprietário o produto de seu trabalho, mas é o oposto disso.

A chamada propriedade privada das empresas de grande escala não é, de modo algum, análoga à propriedade simples dos pequenos proprietários de terra, artesãos ou empresários. É, como Tawney diz, análoga às "contribuições feudais que roubavam dos camponeses da França parte de sua produção até que a Revolução as aboliu".

> Todos esses direitos – *royalties*, arrendamentos, lucros de monopólios, excedentes de todo tipo – são "propriedade". A crítica mais fatal que lhes pode ser endereçada [...] está contida nos argumentos pelos quais a propriedade é, em geral, defendida. Diz-se que o sentido da instituição da propriedade é encorajar a atividade industrial, assegurando ao trabalhador o produto de seu trabalho. Mas, na mesma proporção em que é importante preservar a propriedade que um homem adquire em razão de seu trabalho, é importante abolir a que ele adquire em razão do trabalho de outra pessoa.

Para resumir:

a) Na empresa de pequena escala, a propriedade privada é natural, frutífera e justa.

b) Na empresa de média escala, a propriedade privada já é, em grande medida, desnecessária do ponto de vista funcional. A ideia de "propriedade" se torna forçada, infrutífera e injusta. Se há somente um proprietário ou um pequeno grupo de proprietários, eles podem e devem entregar voluntariamente seus privilégios ao grupo mais amplo das pessoas que de fato trabalham – como no caso da Scott Bader & Co. Ltd. Esse ato de generosidade pode ser improvável quando há um grande número de acionistas anônimos, mas a legislação pode abrir caminho para tal coisa mesmo nesse caso.

c) Na empresa de grande escala, a propriedade privada é uma ficção que habilita proprietários sem função nenhuma a viver como parasitas do trabalho alheio. Não somente é injusta como é também um elemento irracional que distorce todas as relações dentro da empresa.

Para citar Tawney novamente:

> Se todos os membros do grupo contribuírem com algo para um fundo comum, com a condição de poderem retirar algo desse fundo, poderão ainda entrar em conflito acerca do tamanho das cotas de cada um. [...] No entanto, se o total for conhecido e as reivindicações forem aceitas, é somente sobre isso que poderão conflitar. [...] Na indústria, contudo, nem todas as reivindicações são aceitas, pois aqueles que não contribuem com nada exigem poder retirar alguma coisa.

Há muitos métodos para se eliminar a chamada propriedade privada nas empresas de grande escala; o mais destacado costuma ser chamado de nacionalização ou estatização.

> Mas nacionalização é uma palavra infeliz, e não é livre de ambiguidades. Quando usada como deve ser, significa a propriedade

por parte de um órgão que represente [...] o público consumidor em geral. Nenhuma língua possui um vocabulário que expresse corretamente as nuances mais sutis das numerosas variedades possíveis de organização por meio das quais se pode realizar um serviço público.

Por causa disso, a palavra nacionalização, singularmente insípida, quase sempre tende a ser investida de um conjunto de ideias altamente especializado e bastante arbitrário. Na prática, passou a ser usada como equivalente de um determinado método de administração no qual autoridades empregadas pelo Estado assumem a posição dos atuais diretores da indústria e exercem todo o poder que eles antes exerciam. Assim, aqueles que gostariam de manter o sistema sob o qual a atividade industrial é exercida não como uma profissão que serve ao público, mas para a vantagem dos acionistas, atacam a nacionalização sob a justificativa de que a gestão estatal é necessariamente ineficiente.

Vários setores de grande porte foram nacionalizados no Reino Unido e demonstraram a verdade óbvia de que a qualidade de um setor depende das pessoas que o administram e não de proprietários que nunca aparecem. No entanto, apesar das grandes conquistas dos setores nacionalizados, eles ainda são perseguidos pelo ódio implacável de certos grupos privilegiados. A propaganda incessante contra eles tende a confundir até pessoas que não partilham desse ódio e que teriam condições de obter um conhecimento mais fidedigno. Os porta-vozes da iniciativa privada nunca se cansam de demandar maior prestação de contas por parte dos setores nacionalizados. Isso pode ser considerado um pouco irônico, pois a prestação de contas por parte dessas empresas, que trabalham unicamente em vista do interesse público, já é altamente desenvolvida, ao passo que a das empresas privadas, *que declaradamente trabalham em vista do lucro privado*, praticamente inexiste.

A propriedade não é um direito único, mas um feixe de direitos. A nacionalização não consiste simplesmente em transferir esse feixe de direitos de A para B, ou seja, de particulares para o Estado, o que quer que isso signifique: consiste em fazer escolhas precisas quanto a quem serão os depositários dos diversos direitos incluídos nesse feixe, todos os quais, antes da nacionalização, eram considerados pertencentes ao chamado proprietário privado. Tawney, assim, diz de forma sintética: "A nacionalização [é] um problema constitucional." Uma vez eliminado o instrumento jurídico da propriedade privada, tem-se liberdade para inventar novos arranjos – amalgamar ou dissolver, centralizar ou descentralizar, concentrar o poder ou difundi-lo, criar unidades grandes ou pequenas, um sistema unificado, um sistema federativo ou sistema nenhum. Nas palavras de Tawney:

> A objeção à propriedade pública, na medida em que é inteligente, é, na realidade, em grande medida, uma objeção ao excesso de centralização. No entanto, o remédio para o excesso de centralização não é a conservação de uma propriedade sem função nas mãos de particulares, mas a *propriedade descentralizada dos bens públicos*.

A nacionalização extingue os direitos privados de propriedade, mas não cria por si mesma qualquer propriedade nova no sentido existencial da palavra (na medida em que se distingue do sentido jurídico). Tampouco determina por si mesma o que se deve fazer dos direitos originais de propriedade e quem deve exercê-los. É, portanto, em certo sentido, uma medida puramente negativa que anula os arranjos anteriores e cria a oportunidade e a necessidade de se estabelecerem arranjos novos. Esses novos arranjos, possibilitados pela nacionalização, devem, como é óbvio, adaptar-se às necessidades de cada caso particular. No entanto, há certos princípios que devem ser observados em todos os casos de empresas nacionalizadas que fornecem serviços públicos.

Em primeiro lugar, é perigoso misturar negócios e política. Essa mistura normalmente produz negócios ineficientes e uma política corrupta. O ato de nacionalização deve, portanto, em todos os casos, enumerar e definir cuidadosamente os direitos, se houver, que os órgãos políticos – por exemplo, o ministro ou qualquer outro órgão do governo, ou o parlamento – podem exercer sobre o órgão comercial da empresa, ou seja, seu conselho diretor. Isso tem uma importância particular no que se refere às nomeações.

Em segundo lugar, as empresas nacionalizadas que fornecem serviços públicos sempre devem visar ao lucro – no sentido de comer para viver, não viver para comer – e devem acumular reservas. Nunca devem distribuir seus lucros a ninguém, nem mesmo ao governo. O lucro excessivo – que acarreta o acúmulo de reservas excessivas – deve ser evitado pela redução de preços.

Em terceiro lugar, as empresas nacionalizadas, apesar disso tudo, devem ter a obrigação contratual de servir ao interesse público em todos os aspectos. A interpretação do que é o interesse público deve ser deixada a cargo da própria empresa, a qual deve ser estruturada de acordo com essa interpretação. É inútil pretender que a empresa nacionalizada vise apenas ao lucro, como se trabalhasse para acionistas privados, e que a interpretação do interesse público seja deixada a cargo do governo somente. Essa ideia infelizmente invadiu a teoria de como os setores nacionalizados devem ser administrados no Reino Unido, de modo que se espera que esses setores trabalhem somente em vista do lucro e só se desviem desse princípio se forem instruídos pelo governo a fazê-lo e forem, ademais, compensados pelo governo por tê-lo feito. Essa rígida divisão de funções pode ser cômoda para os teóricos, mas não tem nenhum mérito no mundo real, pois destrói o próprio espírito da gestão dentro dos setores nacionalizados. Servir ao interesse público em todos os aspectos não significa nada a menos que isso permeie o comportamento cotidiano da gestão, e este não pode e não deve ser controlado, e muito menos compensado financeiramente, pelo governo. Não se nega que pode haver conflitos ocasionais entre a busca do lucro e o serviço do interesse público. Isso, no entanto, significa simplesmente que a tarefa de gerir um setor nacionalizado é mais exigente que a de gerir uma empresa privada. A ideia de que se pode criar uma sociedade melhor sem impor exigências maiores é contraditória e quimérica.

Em quarto lugar, para que o interesse público seja reconhecido e salvaguardado pelos setores nacionalizados, são necessários arranjos por meio dos quais todos os interesses legítimos possam encontrar expressão e exercer influência – a saber os funcionários, a comunidade local, os consumidores e também os concorrentes, sobretudo se estes últimos também forem setores nacionalizados. Muita experimentação ainda será necessária para que este princípio seja implementado de modo eficaz. Não há um modelo perfeito disponível em algum lugar. O problema é sempre o de salvaguardar esses interesses sem prejudicar de modo indevido a capacidade gestora do corpo diretor.

Por fim, o principal perigo da nacionalização é o apego dos planejadores ao excesso de centralização. Em geral, devem ser preferidas as pequenas empresas a empresas grandes. Em vez de criar uma única grande empresa nacionalizada – como sempre aconteceu até agora – e depois tentar descentralizar o poder e a prestação de contas com formações menores, em geral será melhor criar primeiro pequenas unidades semiautônomas e depois centralizar certas funções em um nível superior, *caso* se venha a demonstrar a absoluta necessidade de uma coordenação melhor.

Ninguém contemplou e compreendeu essas questões tão bem quanto R. H. Tawney, e por isso convém fechar este capítulo com mais uma citação sua:

> Então, a organização da sociedade com base em funções, e não em direitos, implica três coisas. Significa, em primeiro lugar, que os direitos de propriedade serão mantidos quando forem acompanhados pela realização de um serviço, e serão abolidos quando não forem. Significa, em segundo lugar, que os produtores terão uma relação direta com a comunidade para quem produzem, de modo que sua responsabilidade para com ela seja evidente e indiscutível, e não seja perdida, como é hoje, em razão de sua subordinação imediata a acionistas cujo interesse não é o serviço, mas o ganho. E significa, em terceiro lugar, que a obrigação de prestar o serviço caberá às organizações profissionais dos que o prestam, e que, sujeitas à supervisão e às críticas do consumidor, essas organizações terão, no governo do setor, a voz que for necessária para garantir que tal obrigação seja cumprida.

CAPÍTULO 19
NOVOS MODELOS DE PROPRIEDADE

John Kenneth Galbraith falou sobre o enriquecimento privado e a pobreza pública. É significativo que tenha se referido aos Estados Unidos, em tese e de acordo com as medidas convencionais, o país mais rico do mundo. Como pode haver pobreza pública no país mais rico – na verdade, uma pobreza muito maior do que em muitos países cujo PNB, corrigido segundo o tamanho da população, é bem menor? Se o crescimento econômico no nível que se vê hoje nos Estados Unidos não foi capaz de eliminar a pobreza pública – ou talvez tenha sido até acompanhado pelo seu aumento –, como se pode ter a expectativa razoável de que um maior "crescimento" possa mitigá-la ou eliminá-la? Como se explica que, no geral, os países com as taxas mais altas de crescimento sejam os mais poluídos e sejam também afligidos pela pobreza pública em um grau impressionante? Se o PNB do Reino Unido crescesse em 5%, digamos – cerca de 2 bilhões de libras por ano –, poderíamos usar todo esse dinheiro ou a maior parte dele, essa riqueza adicional, para realizar as aspirações da nossa nação?

É certo que não, pois, sob o regime de propriedade privada, toda a riqueza, assim que surge, é apropriada pelos *particulares* de modo imediato e automático. O poder público mal tem renda, e fica reduzido a arrancar do bolso dos cidadãos um dinheiro que eles consideram seu por direito. Não surpreende que isso conduza a uma infindável batalha de esperteza entre os coletores de impostos e os cidadãos, na qual os ricos, com a ajuda de tributaristas bem pagos, normalmente se saem muito melhor que os pobres. Em um esforço para combater as brechas, as leis tributárias vão se tornando cada vez mais complexas e a demanda por tributaristas especializados – e, portanto, o ganho deles – vai crescendo. Pelo fato de sentirem que algo que lhes pertence por direito lhes está sendo tirado, os contribuintes não somente tentam explorar todas as possibilidades legais de evasão fiscal – para não mencionar as práticas ilegais de sonegação –, mas também passam a se manifestar em favor da diminuição dos gastos públicos. "Mais tributação para mais gastos públicos" não seria um *slogan* muito bem-visto em uma campanha eleitoral, por mais evidente que seja a discrepância entre a riqueza privada e a pobreza pública.

Não há como sair desse dilema a menos que a necessidade de gastos públicos seja reconhecida na própria estrutura de propriedade dos meios de produção.

Não se trata somente da pobreza pública que se vê nos hospícios, nas prisões e em inúmeros outros serviços e instituições mantidos pelo poder público; esse é apenas o lado negativo da questão. O lado positivo se manifesta quando uma grande quantidade de dinheiro público é gasta no que geralmente se chama de infraestrutura e os benefícios que daí procedem são apropriados sobretudo pela iniciativa privada sem custo nenhum. Trata-se de um fato bem conhecido de quem quer que já tenha aberto ou dirigido uma empresa em uma sociedade pobre, cuja infraestrutura é incipiente ou ausente. Essa pessoa não pode fazer uso de transportes baratos e outros serviços públicos; pode ter de proporcionar, a sua própria custa, muitas coisas que obteria de graça ou a baixo custo em uma sociedade com infraestrutura altamente desenvolvida. Além disso, não pode contar com a contratação de um pessoal já qualificado; terá ela mesma de qualificá-los, e assim por diante. As instituições educacionais, de assistência médica e de pesquisa em qualquer sociedade, rica ou pobre, fornecem benefícios incalculáveis pelos quais a iniciativa privada não paga *diretamente*, mas somente de modo indireto, por meio dos tributos, que, como já dissemos, são objeto de resistência, ressentimento e campanhas contrárias e muitas vezes são evitados com grande habilidade. É altamente ilógico, e é algo que produz infinitas complicações e mistificações, que o pagamento pelos benefícios que a iniciativa privada tem da infraestrutura não possa ser cobrado pelo poder público mediante uma participação direta nos lucros, mas somente *depois* de os lucros já terem sido apropriados pela iniciativa privada. Esta alega que obtém lucro por seu próprio esforço e que uma parte substancial desse lucro é, então, tributada pelo poder público. De maneira geral, isso não reflete corretamente a verdade. A verdade é que boa parte dos custos da iniciativa privada foram assumidos de antemão pelo poder público – pois é *ele* que paga pela infraestrutura – e que os lucros da iniciativa privada, portanto, são muito maiores do que suas reais realizações.

A situação real só poderá se refletir na prática se a contribuição dos gastos públicos para os lucros da iniciativa privada for reconhecida na própria estrutura de propriedade dos meios de produção.

Vou apresentar agora dois exemplos de como a estrutura da propriedade pode – ou poderia – ser modificada de modo a fazer jus às duas críticas fundamentais apresentadas. O primeiro exemplo é o de uma empresa de escala média que vem funcionando de fato com base em uma reforma da propriedade. O segundo é um plano especulativo acerca de como a estrutura da propriedade de empresas de grande escala poderia ser reformada.

A Scott Bader Commonwealth

Ernest Bader fundou a Scott Bader Co. Ltd. em 1920, com trinta anos. Trinta e um anos depois, ao cabo de muitas tribulações durante a guerra, ele era dono de uma próspera empresa de média escala que empregava 161 pessoas, com um faturamento de cerca de 625 mil libras por ano e um lucro líquido de mais de 72 mil libras. Tendo começado sem possuir praticamente nada, ele e sua família haviam alcançado a prosperidade. Sua firma se consolidara como uma das principais produtoras de resinas de poliéster e também fabricava outros produtos sofisticados, como alquídicos, polímeros e plastificantes. Na juventude, ele se sentira profundamente insatisfeito com a perspectiva de viver como empregado; ressentia-se contra as ideias de um mercado de trabalho e de um sistema salarial e, sobretudo, contra o pensamento de que era o capital que empregava os homens e não os homens que empregavam o capital. Encontrando-se na posição de empregador, nunca se esqueceu de que seu sucesso e prosperidade não tinham sido conquistados somente por ele, mas também por todos os seus colaboradores e pela própria sociedade dentro da qual tinha o privilégio de operar. Para citar suas próprias palavras:

> Como acontecera há muitos anos, quando tive coragem de deixar de ser empregado, percebi que estava me defrontando contra a filosofia capitalista que divide as pessoas entre aquelas que administram, de um lado, e as que são administradas, de outro. O verdadeiro obstáculo, no entanto, era o próprio direito comercial, que prescreve o poder ditatorial dos acionistas ou cotistas e a hierarquia de gestão por eles controlada.

Decidiu então introduzir "mudanças revolucionárias" em sua firma, "baseadas em uma filosofia que procura adaptar a indústria às necessidades humanas".

> O problema tinha dois aspectos: 1) como organizar ou combinar uma máxima sensação de liberdade, felicidade e dignidade humana em nossa firma sem perder a lucratividade; 2) fazer isso por meios que pudessem ser aceitos pela generalidade das empresas privadas do setor.

Bader percebeu na hora que nenhuma mudança *decisiva* poderia ser feita sem duas coisas: em primeiro lugar, uma transformação da propriedade – a mera participação nos lucros, que ele praticara desde o começo, não era suficiente; e, em segundo lugar, a aceitação voluntária de certos estatutos autorrestritivos. Para alcançar o primeiro objetivo, criou a Scott Bader Commonwealth, à qual transferiu (em duas etapas: 90% em 1951 e os 10% restantes em 1963) a propriedade de sua empresa, a Scott Bader Co. Ltd. Para implementar o segundo, acordou com seus novos sócios – ou seja, os membros da Commonwealth [Comunidade], seus ex-empregados – o estabelecimento de uma *constituição*, não somente para definir a distribuição do "feixe de poderes" implicados na propriedade privada, mas também para impor as seguintes restrições à liberdade de ação da empresa:

Em primeiro lugar, a empresa será sempre um empreendimento de tamanho limitado, de tal modo que cada pessoa dentro dela consiga abarcá-la em sua mente e em sua imaginação. Não crescerá para além de 350 funcionários, mais ou menos. Se as circunstâncias derem a impressão de exigir um crescimento que vá além desse limite, serão atendidas ajudando-se a criar unidades novas e plenamente independentes, organizadas segundo as linhas da Scott Bader Commonwealth.

Em segundo lugar, a remuneração pelo trabalho dentro da organização não deve variar, entre o menor salário e o maior salário, e independentemente de idade, sexo, função ou experiência, mais que em uma proporção de 1:7, antes de deduzidos os impostos.

Em terceiro lugar, visto serem os membros da Comunidade sócios e não empregados, não podem ser demitidos por seus sócios por nenhuma outra razão senão por faltas pessoais graves. É claro que podem sair voluntariamente a qualquer tempo, mediante aviso prévio.

Em quarto lugar, o conselho diretor da firma Scott Bader Co. Ltd. prestará contas à Comunidade. Sob as regras estipuladas na constituição, a Comunidade tem o direito e o dever de confirmar ou negar a nomeação de diretores e de consentir com seu nível de remuneração.

Em quinto lugar, não mais que 40% do lucro líquido da Scott Bader Co. Ltd. será apropriado pela Comunidade; um mínimo de 60% será retido para tributação e para investimento na própria Scott Bader Co. Ltd. A Comunidade dedicará metade do lucro por ela apropriado ao pagamento de bônus aos que trabalham na empresa, e a outra metade a fins caritativos fora da organização Scott Bader.

Por fim, nenhum produto da Scott Bader Co. Ltd. será vendido a clientes que sabidamente os usam para fins bélicos.

Quando Ernest Bader e seus colegas introduziram essas mudanças revolucionárias, muitos previram que uma empresa que operasse nessas bases de propriedade coletiva e restrições autoimpostas não poderia sobreviver. Na prática, ela se tornou cada vez mais forte, embora não tenham faltado crises e reveses. No ambiente altamente competitivo em que a empresa operava, entre 1951 e 1971 ela aumentou seu faturamento de 625 mil para 5 milhões de libras; o lucro líquido aumentou de 72 mil para quase 300 mil libras por ano; o número de pessoas que trabalhavam na firma aumentou de 161 para 379; bônus equivalentes a mais de 150 mil libras (nesse período de vinte anos) foram distribuídos ao pessoal, e uma quantidade idêntica foi doada pela Comunidade a finalidades caritativas externas; e várias firmas pequenas e novas foram criadas.

Quem quiser poderá alegar que o sucesso comercial da Scott Bader Co. Ltd. foi provavelmente devido a circunstâncias excepcionais. Além disso, há empresas convencionais da iniciativa privada que foram tão bem-sucedidas quanto ela, se não mais. Mas não é essa a questão. Se a Scott Bader Co. Ltd. tivesse fracassado comercialmente depois de 1951, só poderia servir como um terrível alerta; seu sucesso inegável, medido pelos padrões convencionais, não *prova* que o sistema de Bader é necessariamente superior à luz desses mesmos padrões: apenas demonstra que não é incompatível com eles. Seu mérito reside exatamente em ter alcançado objetivos que escapam aos padrões comerciais, objetivos *humanos* que geralmente vêm em segundo lugar ou são completamente esquecidos pela prática comercial. Em outras palavras, o sistema de Bader supera o *reducionismo* do sistema de propriedade privada e emprega a organização industrial como uma serva do homem, em vez de deixá-la empregar os homens como simples meios para o enriquecimento dos donos do capital. Para citar Ernest Bader:

> A propriedade comum, ou *Commonwealth*, é um desenvolvimento natural da participação nos lucros, da copropriedade ou de qualquer outro esquema em que os indivíduos sejam detentores de interesses seccionais em um empreendimento comum. Todos es-

ses esquemas se encaminham para a propriedade comum, e, como veremos, a propriedade comum tem certas vantagens exclusivas.

Embora eu não pretenda entrar nos detalhes da longa evolução das ideias e dos novos estilos de gestão e cooperação nos mais de vinte anos que se passaram desde 1951, vale a pena cristalizar certos princípios gerais a partir dessa experiência.

O primeiro é que a transferência de propriedade de uma pessoa ou uma família – neste caso, a família Bader – para uma coletividade, a Comunidade, muda o caráter existencial da propriedade de maneira tão fundamental que seria melhor conceber que essa transferência efetua a *extinção* da propriedade privada, e não o estabelecimento da propriedade coletiva. A relação entre uma pessoa ou um pequeno número de pessoas e um certo conjunto de bens físicos é bem diferente da relação entre uma Comunidade, que compreende um grande número de pessoas e os mesmos bens físicos. Não surpreende, portanto, que uma mudança drástica na *quantidade* de proprietários produza uma mudança profunda na *qualidade* do sentido da propriedade e isso ocorre de modo particular quando – como no caso da Scott Bader – a propriedade é transferida para uma coletividade, a Comunidade, e não são estabelecidos os direitos de propriedade individuais de quaisquer membros da Comunidade. Na Scott Bader, é juridicamente correto afirmar que a empresa operante, a Scott Bader Co. Ltd., é de propriedade da Comunidade; mas não é nem jurídica nem existencialmente correto afirmar que os membros da Comunidade, enquanto indivíduos, possuem quaisquer direitos de propriedade sobre a Comunidade. Na verdade, a propriedade foi substituída por certos direitos e deveres específicos relativos à administração dos bens.

Em segundo lugar, embora ninguém tenha *adquirido* qualquer propriedade, Bader e sua família se privaram da sua. Abandonaram, por livre vontade, a possibilidade de se tornarem excessivamente ricos. Ora, não é preciso crer na igualdade total (o que quer que isso signifique) para ser capaz de ver que a existência de pessoas excessivamente ricas em qualquer sociedade, hoje em dia, é um mal tremendo. Algumas desigualdades de riqueza e de renda são, sem dúvida, "naturais" e têm alguma justificativa funcional e é pequeno o número de pessoas que não reconhece espontaneamente esse fato. Mas também aqui, como em todos os assuntos humanos, a escala é importante. A riqueza excessiva, como o poder excessivo, tende a corromper. Mesmo que os ricos não sejam ociosos, mesmo quando trabalham mais que qualquer outra pessoa, seu trabalho é diferente, os padrões que aplicam são diferentes e eles se separam da humanidade comum. Corrompem-se pela prática da cobiça e corrompem o restante da sociedade por suscitar inveja. Bader tirou as consequências dessas ideias, recusou-se a se tornar excessivamente rico e, assim, tornou possível a construção de uma *comunidade* real.

Em terceiro lugar, embora o experimento da Scott Bader Co. Ltd. tenha demonstrado com a máxima clareza que uma transformação da propriedade é essencial – sem ela, tudo permanece no reino do faz de conta –, também demonstrou que a transformação da propriedade não passa, por assim dizer, de um ato que abre certas possibilidades: é uma condição necessária, mas não suficiente, para que objetivos superiores sejam atingidos. Assim, a Comunidade reconheceu que a tarefa de uma organização comercial na sociedade não consiste somente em lucrar, maximizar os lucros, crescer e ganhar poder. Pelo contrário, a Comunidade postulou quatro tarefas para a empresa, todas as quais têm a mesma importância:

1. A tarefa econômica: assegurar encomendas que possam ser previstas, feitas e atendidas de maneira a se obter lucro.

2. A tarefa técnica: permitir que o *marketing* assegure encomendas lucrativas, fornecendo-lhe um *design* atualizado de produtos.

3. A tarefa social: proporcionar aos membros da empresa oportunidades de satisfação e desenvolvimento por meio de sua participação na comunidade trabalhadora.

4. A tarefa política: encorajar outros homens e mulheres a mudar a sociedade, dando-lhes o exemplo de uma empresa economicamente saudável e socialmente responsável.

Em quarto lugar, é o cumprimento da tarefa social que apresenta tanto os maiores desafios quanto as maiores dificuldades. Nos vinte e poucos anos de sua existência, a Comunidade passou por diversas fases constitucionais, e acreditamos que, com a nova constituição de 1971, chegou agora a desenvolver um conjunto de órgãos que lhe permitirão realizar uma façanha que parece quase tão impossível quanto a quadratura do círculo – a saber, combinar a democracia real com a gestão eficiente. Não pretendo desenhar aqui um organograma da organização da Scott Bader para mostrar – no papel – como os diversos órgãos devem se relacionar entre si, pois a realidade viva não pode ser representada no papel nem pode ser realizada mediante a cópia de modelos desenhados no papel. Para citar o próprio Ernest Bader:

> Prefiro muito mais conduzir a pessoa interessada em um passeio pela nossa antiga propriedade rural de 180 mil m², na qual se distribuem nossos laboratórios e fábricas, a escrever com dificuldade [um] artigo que certamente suscitará um número de perguntas tão grande quanto o das respostas que poderá oferecer.

A evolução da organização Scott Bader foi e ainda é um *processo de aprendizado*, e o sentido essencial do que vem acontecendo ali desde 1951 é que ela permitiu a todas as pessoas ligadas à empresa aprender e praticar muitas coisas que vão muito além da tarefa de ganhar a vida, ganhar um salário, ajudar uma empresa a lucrar e agir de maneira economicamente racional "para que todos sejamos mais prósperos". Dentro da organização Scott Bader, todos têm a oportunidade de se elevar a um nível mais alto de humanidade, não por buscar, de modo privado e individual, certas metas de autotranscendência que nada têm a ver com os objetivos da empresa – *isso* é algo que qualquer um pode fazer em qualquer ambiente, até no mais degradado –, mas por assumir para si, com liberdade e satisfação, os objetivos da própria organização. Isso tem de ser aprendido e o processo de aprendizado leva tempo. A maioria das pessoas que se uniram à Scott Bader – embora não todas – aproveitaram, e ainda estão aproveitando, essa oportunidade.

Por fim, pode-se dizer que o arranjo pelo qual metade dos lucros apropriados pela Comunidade têm de ser dedicados a fins caritativos fora da organização não só ajudou a promover muitas causas que a sociedade capitalista tende a negligenciar – em trabalhos com os jovens, os idosos, os deficientes e as pessoas esquecidas pela sociedade – como também serviu para dar aos membros da Comunidade uma consciência social que raramente se encontra em qualquer organização comercial convencional. Quanto a isso, também vale a pena mencionar que se buscou garantir, na medida do possível, que a Comunidade não venha a se transformar em uma organização em que o egoísmo individual se transforme em egoísmo grupal. Estabeleceu-se um conselho de curadores que funciona como uma espécie de monarca constitucional e em que personalidades que não pertencem à organização Scott Bader desempenham papel decisivo. Os curadores são os guardiães da constituição e não têm poder de intervir na gestão. No entanto, têm o direito de fazer a arbitragem caso surja um conflito grave em matérias fundamentais entre os órgãos democráticos e funcionais da organização.

Como mencionado no começo deste relato, Ernest Bader se dispôs a fazer mudanças revolucionárias em sua empresa, mas quis "fazer isso por meios que pudessem ser aceitos pela generalidade das empresas privadas do setor". Sua revolução não derramou sangue; ninguém se deu mal, nem mesmo Bader e sua família. Com o país sendo assolado pelas greves, o pessoal da Scott Bader pode afirmar com orgulho que não há greves em sua organização. E, embora todos os participantes tenham consciência da lacuna que ainda existe entre os objetivos da Comunidade e suas realizações atuais, nenhum observador externo poderia, em sã consciência, discordar de Ernest Bader quando ele diz:

> A experiência adquirida nos muitos anos de esforço para estabelecer um modo de vida cristão em nossa empresa nos dá grande encorajamento; trouxe-nos bons resultados em nossas relações uns com os outros, bem como na qualidade e quantidade da nossa produção.
>
> Agora, queremos levar adiante e consumar o que já conquistamos até aqui, dando contribuições concretas para uma sociedade melhor a serviço de Deus e de nossos semelhantes.

Não obstante, embora a revolução silenciosa de Bader pudesse ser "aceita pela generalidade das empresas privadas do setor", na prática ela não foi. Há milhares de pessoas, mesmo no mundo dos negócios, que contemplam as tendências atuais e clamam por uma nova ordem. Mas a Scott Bader, junto com algumas outras empresas, continua sendo uma pequena ilha de sanidade no meio de uma imensa sociedade regida pela cobiça e pela inveja. Parece verdade que, por mais que se ofereçam exemplos de um novo jeito de fazer as coisas, "não se ensina truques novos a um cachorro velho". Também é verdade, por sua vez, que "cachorrinhos novos" estão nascendo a todo instante e fariam bem em estudar o que a Scott Bader Commonwealth Ltd. *mostrou ser possível.*

Novos métodos de socialização

Uma sociedade cuja atenção é predominantemente voltada para os assuntos econômicos parece ter três opções principais: a opção entre a propriedade privada dos meios de produção e, alternativamente, diversos tipos de propriedade pública ou coletivizada; a opção entre uma economia de mercado e diversos arranjos de planejamento; e a opção entre a liberdade e o totalitarismo. Desnecessário dizer que, em relação a cada um desses três pares de opostos, sempre haverá algum grau de mistura – pois em certa medida todos eles são complementares e não opostos –, mas a mistura terá uma preponderância para um lado ou para outro.

Pode-se observar que aqueles que têm forte preferência pela propriedade privada quase sempre tendem a afirmar que a propriedade não privada acarreta, de modo inevitável e necessário, o planejamento e o totalitarismo, ao passo que a liberdade seria impensável exceto com base na propriedade privada e em uma economia de mercado. Do mesmo modo, aqueles que favorecem diversas formas de propriedade coletivizada tendem a afirmar, embora não de modo tão dogmático, que ela necessariamente exige um planejamento centralizado; a liberdade, segundo pensam, só pode se realizar por meio da propriedade socializada e do planejamento, ao passo que a suposta liberdade da propriedade privada e da economia de mercado é apenas "a liberdade de jantar no Ritz e de dormir sob as pontes do Tâmisa". Em outras palavras, todos afirmam que a liberdade será alcançada por seu próprio sistema e acusam todos os outros sistemas de acarretar inevitavelmente a tirania, o totalitarismo ou anarquia que conduz a ambos.

Em geral, esse tipo de argumentação gera mais calor do que luz, como acontece com toda argumentação que pretende derivar a realidade de uma estrutura conceitual em vez de derivar uma estrutura conceitual da realidade. Quando há três grandes alternativas, o número de combinações possíveis é de 2^3, ou seja, 8. É sempre razoável ter a expectativa de que a vida real venha a implementar todas as possibilidades em um momento ou outro, ou mesmo no mesmo momento em diferentes lugares. Os 8 casos possíveis, sob a ótica das três opções que mencionei, são os seguintes[2]:

Caso 1 Liberdade Economia de mercado Propriedade privada	Caso 5 Totalitarismo Economia de mercado Propriedade privada
Caso 2 Liberdade Planejamento Propriedade privada	Caso 6 Totalitarismo Planejamento Propriedade privada
Caso 3 Liberdade Economia de mercado Propriedade coletivizada	Caso 7 Totalitarismo Economia de mercado Propriedade coletivizada
Caso 4 Liberdade Planejamento Propriedade coletivizada	Caso 8 Totalitarismo Planejamento Propriedade coletivizada

---

2. Vou dispô-los segundo a dicotomia liberdade *versus* totalitarismo, pois essa é a mais importante no quadro do ponto de vista metafísico adotado neste livro.

É absurdo afirmar que os únicos casos possíveis são o 1 e o 8: estes são apenas, do ponto de vista dos propagandistas cuja mente está dominada por conceitos, os casos mais *simples*. A realidade, graças a Deus, é mais imaginativa, mas deixo à diligência do leitor a tarefa de identificar exemplos atuais ou históricos de cada um dos 8 casos indicados, e recomendo aos professores de ciência política que sugiram esse exercício aos seus alunos.

O que pretendo fazer agora é especular sobre a possibilidade de conceber um sistema de propriedade para empresas de grande escala que se caracterize por uma economia realmente mista, pois é a mistura, mais que a pureza, que, com a maior probabilidade, poderá atender às múltiplas exigências do futuro caso pensemos na situação atual do mundo industrializado, em vez de partirmos do zero, como se todas as opções estivessem disponíveis de fato.

Já argumentei em favor da ideia de que a iniciativa privada em uma sociedade avançada se beneficia imensamente da infraestrutura visível e invisível que essa sociedade construiu por meio de gastos públicos. Mas o poder público, embora arque com boa parte dos custos da iniciativa privada, não participa diretamente de seus lucros. Todos esses lucros são, a princípio, apropriados por agentes privados, e o poder público, então, para cobrir suas necessidades financeiras, tem de extrair parte desses lucros dos bolsos privados. O moderno homem de negócios nunca deixa de se queixar de que, em grande medida, "trabalha para o Estado", de que o Estado é como se fosse seu sócio, na medida em que a tributação do lucro absorve uma parte substancial da receita que ele crê pertencer por direito a ele somente ou aos seus acionistas. Isso dá a entender que a participação pública nos lucros privados – ou seja, a tributação do lucro das empresas – pode igualmente ser convertida em uma participação pública na *propriedade* das empresas privadas, pelo menos no que se refere às empresas de grande escala.

Na exposição a seguir, postulo que o poder público deve receber metade dos lucros distribuídos por empresas privadas de grande escala, e que não deve receber essa parte por meio da tributação do lucro, mas por meio de uma participação de 50% na propriedade dessas empresas.

1. Para começar, deve-se definir o tamanho mínimo das empresas a serem incluídas no esquema. Uma vez que toda empresa perde seu caráter privado e pessoal e se torna na prática uma empresa pública quando o número de seus empregados ultrapassa certo limite, provavelmente será melhor definir o tamanho mínimo em termos do número de funcionários. Em alguns casos especiais, talvez seja necessário defini-lo em termos de capital investido ou de faturamento.

2. Todas as empresas que alcancem esse tamanho mínimo ou o ultrapassem têm de ser empresas de capital aberto.

3. Seria desejável que todas as ações dessas empresas fossem ações sem valor nominal, segundo o modelo norte-americano.

4. O número de ações já emitido, incluindo as preferenciais e quaisquer outros papéis que representem participações na propriedade da empresa, deve ser duplicado mediante a emissão de um número equivalente de novas ações para o poder público, de modo que, para cada ação antiga, uma nova ação, com direitos idênticos, venha a ser possuída pelo poder público.

Em um esquema desse tipo, não surgiria mais a questão da compensação, pois não haveria expropriação no sentido estrito da palavra, mas somente uma conversão do direito do poder público de tributar o lucro em uma participação direta nos ativos econômicos por meio de cujo uso são obtidos os lucros tributáveis. Essa conversão seria um reconhecimento explícito do fato indubitável de que o poder público – ou seja, forças sociais não capitalistas – desempenha um papel importantíssimo na criação da riqueza econômica privada e que os bens criados pela contribuição pública devem ser reconhecidos como propriedade pública, e não privada.

As primeiras questões que se levantam podem ser divididas em três grupos. Em primeiro lugar, o que exatamente significa o "poder público"? A quem devem ser atribuídas as novas ações e quem deve representar o poder público nesse contexto? Em segundo lugar, quais direitos de propriedade devem ser implicados pela posse dessas novas ações? E, em terceiro lugar, questões relativas à transição do sistema existente para o novo, como devem ser tratados os grupos multinacionais e outros, o levantamento de novo capital e por aí afora.

Em relação ao primeiro conjunto de questões, sugiro que as ações recém-criadas, representando 50% da propriedade da empresa, sejam atribuídas a um órgão local do distrito onde a empresa em questão se situa. O objetivo seria maximizar tanto o grau de descentralização da participação pública quanto a integração das empresas comerciais com o organismo social dentro do qual operam e do qual derivam incalculáveis benefícios. Assim, metade das ações de uma empresa que opere no Distrito X deve ser gerida por um órgão local que represente de modo geral a população do Distrito X. No entanto, nem as personalidades (políticas) eleitas pela localidade nem os funcionários públicos locais são necessariamente as pessoas mais adequadas para exercer os direitos associados às novas ações. Antes de entrarmos mais fundo na questão do pessoal, precisamos definir um pouco melhor que direitos são esses.

Volto-me assim para o segundo conjunto de perguntas. Em princípio, os direitos associados à propriedade podem sempre ser divididos em dois grupos: direitos de gestão e direitos pecuniários.

Estou convicto de que, em circunstâncias normais, nada seria ganho e muito seria perdido se um poder público interviesse nos órgãos gestores das empresas ou restringisse sua liberdade de ação e a plenitude de sua responsabilidade. Os gestores privados das empresas devem, portanto, permanecer no cargo, ao passo que os direitos de gestão da metade pública das ações devem permanecer latentes, a menos que surjam circunstâncias especiais. Ou seja, as ações pertencentes ao poder público não acarretariam direito de voto, mas somente o direito de observar e obter informações. O poder público teria o direito de indicar um ou mais observadores para o conselho diretor da empresa, mas o observador não teria, normalmente, nenhum poder decisório. Somente se concluísse que o interesse público exige uma intervenção nas atividades da gestão existente é que o observador poderia *pedir*, em um tribunal especial, que os direitos de voto adormecidos fossem ativados. Seria preciso apresentar provas preliminares fortes em favor da intervenção, quando então os direitos de voto do poder público seriam ativados por um período limitado. Dessa maneira, os direitos de gestão associados às novas ações, de propriedade pública, permaneceriam normalmente como uma mera possibilidade de fundo e só se efetivariam em decorrência de medidas específicas, formais e públicas tomadas pelo poder público. Mesmo nas ocasiões em que essas medidas sejam tomadas e os direitos de voto das ações públicas sejam ativados, a nova situação só deve persistir por certo tempo, de modo que não haja dúvida quanto ao que se considera ser o normal e o anormal na divisão de funções.

Muitas vezes se considera que, para que o interesse público seja protegido na condução dos negócios privados, funcionários públicos de primeiro ou segundo escalão devem ser destacados para participar da gestão. Essa crença, que normalmente é uma das peças-chave das propostas de nacionalização, me parece tão ingênua quanto pouco prática. Não é pela partilha das responsabilidades de gestão, mas pela garantia da transparência e da prestação de contas ao público que as empresas podem ser induzidas do modo mais eficaz possível a prestar mais atenção ao interesse público do que fazem atualmente. As esferas da administração pública, de um lado, e do empresariado, de outro, são diametralmente opostas – muitas vezes, até no que se refere à remuneração e à segurança oferecidos – e só podem ser esperados danos em qualquer tentativa de misturá-las.

Embora os direitos de gestão do poder público devam, portanto, permanecer normalmente adormecidos, os direitos pecuniários devem ser efetivos sempre e desde o começo – o que, aliás, é óbvio, uma vez que substituem a tributação que, de outro modo, seria imposta à empresa. Metade dos lucros distribuídos iriam automaticamente para o poder público detentor das novas ações. As ações de propriedade pública, contudo, devem ser, em princípio, inalienáveis (assim como o direito de cobrar impostos não pode ser vendido como se fosse um bem de capital). Não podem ser convertidas em dinheiro; se podem ou não servir de garantia para os empréstimos tomados pelo poder público é um assunto que podemos deixar para discutir depois.

Assim, depois de delinear os direitos e os deveres associados às novas ações, podemos voltar à questão do pessoal. O objetivo geral do esquema é integrar as empresas comerciais de grande escala o máximo possível ao seu ambiente social e esse objetivo deve reger também a solução que damos para a questão do pessoal. O exercício dos direitos e deveres pecuniários e de gestão que derivam da propriedade da empresa deve, sem dúvida alguma, ser mantido a salvo de quaisquer controvérsias que envolvam a política partidária. Ao mesmo tempo, não deve ser entregue a funcionários públicos, que são nomeados para fins muito diferentes. Sugiro, portanto, que tais direitos e deveres sejam exercidos por um corpo especial de cidadãos que, para os fins desta exposição, chamarei de "conselho social". Esse órgão deve ser formado localmente de acordo com diretrizes amplas e fixas, sem nenhum tipo de eleição e sem a assistência de qualquer autoridade do governo. Seria formado da seguinte maneira: um quarto dos membros do conselho seria indicado pelos sindicatos locais; um quarto seria indicado pelos sindicatos patronais locais; um quarto seria indicado pelas associações profissionais; e um quarto seria escolhido entre os moradores do local de maneira semelhante à empregada para a seleção de pessoas para o tribunal do júri. Os membros seriam nomeados por cinco anos, digamos, e um quinto dos membros seria renovado a cada ano.

O conselho social teria direitos e faculdades de ação definidos por lei, os quais, dentro desse quadro legal, seriam irrestritos. É claro que teria de prestar contas ao público e seria obrigado a publicar relatórios de sua atuação. Como salvaguarda democrática, talvez seja considerado desejável dar à autoridade local certos "poderes de reserva" em relação ao conselho social, semelhantes ao que este tem em relação à gestão das empresas individuais. Ou seja, a autoridade local teria o direito de ter um observador no conselho social de seu distrito e, em caso de conflito ou insatisfação severos, acionar um "tribunal" apropriado para solicitar poderes temporários de intervenção. Também nesse caso deve ficar perfeitamente claro que essa intervenção seria a exceção e não a norma, e que, em todas as circunstâncias normais, o conselho social teria total liberdade de ação.

Os conselhos sociais teriam pleno controle sobre as receitas que recebessem na forma de dividendos das ações públicas. Os princípios gerais relativos ao uso desse dinheiro poderiam ter de ser definidos em lei, mas devem insistir em um alto grau de independência e de responsabilidade local. A objeção imediata segundo a qual não se poderia confiar nos conselhos sociais para usar seus fundos da melhor forma possível suscita a resposta óbvia de que esse tipo de garantia tampouco existiria caso os fundos fossem controlados pela autoridade local ou, como são em geral no presente, pelo governo central. Pelo contrário, parece seguro supor que os conselhos sociais, sendo verdadeiramente representativos da comunidade local, preocupar-se-iam muito mais em destinar recursos para necessidades sociais essenciais do que se poderia esperar de funcionários públicos do governo local ou central.

Passemos agora ao terceiro conjunto de questões. A transição do sistema atual para o sistema aqui proposto não apresentaria nenhuma dificuldade grave. Como já mencionado, a questão da compensação não surge, pois metade das ações está sendo comprada pela abolição dos impostos sobre a empresa, e todas as empresas acima de um certo tamanho são tratadas da mesma maneira. O tamanho pode ser definido de tal modo que, no começo, apenas um pequeno número de empresas muito grandes seja afetado, de maneira que a transição seja gradual e experimental. Se as grandes empresas inclusas no esquema vierem a pagar, na forma de dividendos para o poder público, um pouco mais do que pagariam na forma de impostos fora do esquema, isso serviria como incentivo socialmente desejável para evitar a grandeza excessiva.

Vale a pena sublinhar que a conversão do imposto sobre o lucro em participação no patrimônio altera significativamente a atmosfera psicológica em que são tomadas as decisões de negócios. Se o imposto sobre o lucro tiver uma alíquota de (digamos) 50%, o homem de negócios sempre será tentado a argumentar que a Fazenda Pública pagará metade de todas as despesas marginais que poderiam ter sido evitadas. (Evitar essas despesas aumentaria o lucro, mas, de qualquer modo, metade dos lucros irão embora na forma de impostos.) A atmosfera psicológica é muito diferente quando se abole a tributação do lucro e se introduz em seu lugar uma participação pública no patrimônio da empresa, pois a ciência de que metade do patrimônio da empresa é de propriedade pública não obscurece o fato de que *todas* as despesas que se podem evitar reduzem os lucros na quantia exata das despesas em questão.

Várias questões surgiriam no que diz respeito a empresas que operam em diversos distritos diferentes, inclusive as multinacionais. Mas não pode haver dificuldades sérias se dois princípios forem compreendidos com firmeza: que o imposto sobre o lucro foi convertido em participação no patrimônio e que o envolvimento do poder público será local, ou seja, será efetuado na localidade em que os funcionários de empresa de fato trabalham, moram, viajam e fazem uso de serviços públicos de todo tipo. Não há dúvida de que casos complicados de estruturas empresariais entrelaçadas dariam um trabalho interessante para contadores e advogados, mas não devem implicar nenhuma dificuldade real.

Como uma empresa enquadrada nesse esquema poderia levantar mais capital? A resposta, de novo, é muito simples: para cada ação emitida para acionistas particulares, seja mediante pagamento, seja como bonificação, uma ação deve ser emitida gratuitamente para o poder público. À primeira vista, isso pode parecer injusto – se os investidores privados têm de pagar pela ação, por que o poder público a recebe de graça? A resposta evidente é que a empresa como um todo não paga impostos sobre o lucro. O lucro proveniente do novo capital, do mesmo modo, também escapará a esses impostos. E o poder público recebe suas ações gratuitas em lugar dos impostos sobre o lucro que, em uma outra hipótese, teriam de ser pagos.

Por fim, poderiam surgir problemas especiais relativos à reorganização de uma empresa, a aquisições, liquidações e assim por diante. Tudo isso pode ser resolvido de acordo com os princípios já declarados. No caso de liquidação de uma empresa, seja por falência, seja por outro motivo, o patrimônio pertencente ao poder público seria tratado exatamente da mesma maneira que o pertencente a investidores privados.

As propostas podem ser consideradas como mero exercício da arte de fazer constituições. Esse esquema seria *exequível*; reestruturaria a propriedade das grandes empresas industriais sem revolução, expropriação, centralização ou substituição da flexibilidade privada pelo peso da burocracia. Poderia ser introduzido de maneira experimental e evolutiva – começando com as grandes empresas e depois descendo gradativamente na escala, até se concluir que o interesse público já adquiriu peso suficiente nas cidadelas das empresas comerciais. Tudo indica que a estrutura atual das empresas industriais de grande escala, apesar dos impostos escorchantes e de uma proliferação infinita da legislação, não conduz ao bem público.

EPÍLOGO

Animado com o desenvolvimento de seus poderes científicos e técnicos, o homem moderno construiu um sistema de produção que arrasa a natureza e um tipo de sociedade que mutila o homem. A ideia é que, se a riqueza aumentasse mais e mais, tudo o mais entraria no lugar. O dinheiro é considerado onipotente; mesmo que não possa de fato comprar valores não materiais, como a justiça, a harmonia, a beleza ou até mesmo a saúde, pode contornar a necessidade que se tem deles ou compensar sua perda. O desenvolvimento da produção e a aquisição de riqueza se tornaram, assim, os objetivos mais elevados do mundo moderno, em relação aos quais todos os outros objetivos, por mais que ainda sejam louvados com os lábios, ficaram em segundo lugar. Os objetivos mais elevados não precisam ser justificados; todos os objetivos secundários têm, em última instância, de justificar-se por aquilo em que sua realização contribui para a realização dos mais elevados.

Essa é a filosofia do materialismo e é essa filosofia – ou metafísica – que está sendo agora posta em xeque pelos acontecimentos. Em qualquer sociedade e em qualquer parte do mundo, nunca houve uma época que não tivesse seus sábios e mestres para desafiar o materialismo e defender uma outra ordem de prioridades. As línguas são diferentes, os símbolos variam, mas a mensagem foi sempre a mesma: "Busquem *primeiro* o reino de Deus, e essas coisas [as coisas materiais de que vocês também precisam] lhes serão *acrescentadas*." Diz-se que serão acrescentadas ainda aqui na Terra, onde precisamos delas, e não simplesmente em uma vida póstuma além da nossa imaginação. Hoje em dia, contudo, essa mensagem nos é comunicada não somente pelos sábios e santos, mas também pelo próprio curso dos acontecimentos físicos. Ela nos é comunicada pela língua do terrorismo, do genocídio, do colapso, da poluição, do esgotamento. Parece que vivemos em um período único de convergências. Está ficando claro que essas palavras incríveis sobre o reino de Deus trazem em si não somente uma promessa, mas também uma ameaça: "A menos que vocês busquem primeiro o reino, essas outras coisas, de que vocês também precisam, não lhes serão mais disponibilizadas." Nas palavras de um escritor recente, que não se referem à economia e à política, mas se referem diretamente, mesmo assim, à condição do mundo moderno:

> Se se pode dizer que o homem, coletivamente, se afasta cada vez mais da Verdade, também se pode dizer que a Verdade, por todos os lados, vem se aproximando cada vez mais do homem. Quase se pode dizer que, para receber um influxo da Verdade, o que no passado exigia uma vida inteira de esforços, tudo o que se pede do homem hoje é que não se afaste. Mas como isso é difícil![1]

Nós nos afastamos da verdade quando pensamos que as forças destrutivas do mundo moderno podem ser controladas pela simples mobilização de mais recursos – de riqueza, educação e pesquisa – para combater a poluição, preservar a vida selvagem, descobrir novas fontes de energia e chegar a acordos mais eficazes em vista da coexistência pacífica. Não é preciso insistir em que a riqueza, a educação, a pesquisa e muitas outras coisas são necessárias para qualquer civilização, mas o mais necessário hoje é uma revisão dos fins a que esses meios devem servir. E isso

---

1. Martin Lings, *Ancient Beliefs and Modern Superstitions*. Londres: Perennial Books, 1964.